金子美明の菓子
パリセヴェイユ
LES CRÉATIONS DE LA PÂTISSERIE PARIS S'ÉVEILLE

Yoshiaki Kaneko

Il est cinq heures.

Paris s'éveille.

2003年初夏、東京・自由が丘にParis S'éveille（パリセヴェイユ）という店が誕生しました。＜パリが目覚める＞という店名にかけた思い、それは街の一角に佇む日常、少しの上質、けっして宝石のような菓子作りではなく、日々日常の中に溶け込む上質を目指しました。そしてチーム・パリセヴェイユが稼働し始めました。

　あれから13年、私の菓子作りを改めて噛み砕いてみると、それは非常にバランスの悪い土台の上に成り立っています。その大半は想像の世界であり、いかに現実ではない、空想の世界を現実にするか、具現化するかということ。とかくパティシエの世界は哲学よりも化学・科学について語られる傾向がありますが、私はそれを一道具として扱います。誤解しないでいただきたいのは、化学・科学を軽視しているわけではありません。長い時間をかけて習得した技術も、疲れて帰ったあとに家で紐解いたコツや科学も、学生時代得意だった数学も、大好きだった化学や科学も、想像する世界観に夢や驚きがなければ、出番はないということです。

　では、私の想像の引き出しはどこから始まったかといえば、子供時代に親が買ってくれた、勉強机の右側に4つついていた引き出しの、下から2番目から始まります。子供の頃、私はスーパーのお菓子コーナーが大好きでした。小遣いを貯めては親に内緒で（もちろん知っていたはずですが）箱菓子や袋菓子を買っては下から2番目の引き出しにしまい、その自分のお気に入りの「菓子の世界」を眺め、時には机に広げ、また入れ替えてはしまい、大事に少しずつ食べるのが好きでした。新しい菓子、箱が綺麗な菓子、流行りのキャラクター菓子、プロ野球スナック、キオスクで買うトローチ、そして値が張るためめったに買えない、百貨店のお菓子コーナーに並んでいた海外の菓子……これが絵本で見た「菓子でできた家」から発想した私の空想の箱だったのです。このように子供の頃に蓄積した想像力や世界観、そして青年期に感動した多くのことは、大人になってから体験すること以上に感動的で、自分にとって大きな存在になります。そしていつしか、その自分独自の引き出しを開く時がきます。逆に言えば、感動や想像するものがなければ引き出しを開けてもそこは空っぽ、ということです。

　そして想像の世界は現実に変わります。私はあるパリの名店の東京支店でパティシエとしての第一歩を踏み出します。未熟な私にとって想像の世界を実現させる、長い道のりが始まりました。頭の中の世界は誰にも劣らない気がしていたのに、それを実現できない自分が目の前にいるのです。それを実現するには日々繰り返し習得する技術、素材が持つ性質、科学的な理解、数学。時には歴史や地理。これらを持って初めて自分の想像を具現化でき、時には説得力に変わり、人を感動させる味に変わるという現実を少しずつ噛み砕き、理解します。

　そして13年前にスタートしたパリセヴェイユという箱は、私がたくさん貯め込んできた想像の世界を具現化する場となりました。そして、そのまだ形になっていないものを形にしてくれるのは、まぎれもなく共に働くチームのスタッフです。ある時には100求めたつもりが120になるなど、思わぬ形となり返ってきます。多くの想像力は、習得した技や科学的理解を加えた時に、思いがけない形に発展することがあります。

　本書はこの13年間私が蓄積し、常に変化し続ける想像の引き出しから「菓子」という形で具現化されたものを紹介しています。まずは写真を眺め空気感に触れ、そして文章から想像し、具体的に一つひとつの菓子について噛み砕いてみてください。私が子供時代にたくさんのものから想像をふくらませたように、この本を手に取ってくださった方々の想像の引き出しを具現化するヒントになれば幸いです。

もくじ
SOMMAIRE

005　はじめに
010　作り始める前に

プティガトーとアントルメ
Les petits gâteaux et les entremets

1
ルノートルとの出会い
La rencontre avec Lenôtre

014　バガテル　Bagatelle
019　シュクセ・ヌガー・アブリコ　Succès nougat abricot
024　パラディ　Paradis
030　サヴァラン・ヴァン・ルージュ　Savarin vin rouge

2
パリへの憧れ
Paris m'inspire

038　シュープレーム　Suprême
043　ムッシュ・アルノー　Monsieur Arnaud
048　フォレ=ノワール　Forêt-Noire
054　テアートル　Théâtre
060　ジヴェルニー　Giverny
066　ポンパドール　Pompadour
069　タルト・ショコラ・プラリネ・ノワゼット　Tarte chocolat praliné noisette
072　アン・ディマンシュ・ア・パリ　Un dimanche à Paris

3
"ベル・エポック"のパリで
La belle époque de la pâtisserie parisienne

- 080 タルト・プランタニエール　Tarte printanière
- 086 アルルカン　Arlequin
- 091 ヴァシュラン・エキゾティック　Vacherin exotique
- 096 ボワ・ルージュ　Bois rouge
- 101 キューバ　Cuba
- 106 タルト・ペッシュ・カシス　Tarte pêche cassis
- 111 タルト・オ・フィグ　Tarte aux figues
- 114 マロン・パッション　Marron Passion

4
削ぎ落としたデザインの美しさ
L'esthétique épurée

- 122 ガトー・ヴァニーユ　Gâteau vanille
- 127 マカロン・プロヴァンサル　Macaron provençal
- 131 ショコラ・カフェ・トンカ　Chocolat café tonka
- 134 エクレール・ブルトン　Éclair breton
- 137 バッカス　Bacchus
- 141 カプチーノ　Cappuccino

5
日常の中の上質
L'excellence tous les jours

- 148 ボネ　Bonnet
- 154 ビュッシュ・バロック　Bûche baroque
- 158 ガレット・デ・ロワ　Galette des rois
- 164 リンゴとアプリコットのガレット・デ・ロワ　Galette des rois pomme abricot

6
普遍性を追い求めて
A la recherche de la pâtisserie intemporelle

- 170 サン゠トノーレ・デテ　Saint-Honoré d'été
- 176 エクレール・フォレ゠ノワール　Éclair Forêt-Noire
- 181 エクレール・モン゠ブラン　Éclair Mont-Blanc
- 186 タルト・ポム・ユズ　Tarte pomme yuzu
- 190 エクレール・プランタニエ　Éclair printanier
- 192 タンタシオン・フレーズ　Tentation fraise
- 195 ミロワール・ペッシュ・ヴェルヴェーヌ　Miroir pêche verveine

デザート
Les desserts à l'assiette

7
レストランの悦び
Le plaisir sucré au restaurant

- 202 カリフラワー／ココナッツ／オレンジ　Chou-fleur / Noix de coco / Orange
- 204 自家製干しぶどう　Raisins mi-secs faits maison
- 206 人参／オレンジ／生姜　Carotte / Orange / Gingembre
- 210 トマト／イチゴ／赤パプリカ　Tomate / Fraise / Poivron rouge
- 214 よもぎ／レモン　Yomogi / Citron
- 216 いちじく／ハイビスカス　Figue / Hibiscus
- 218 りんご／栗／ヘーゼルナッツ　Pomme / Marron / Noisette
- 222 米／レモン／ゆり根　Riz / Citron / Bulbe de lys
- 225 じゃがいも／バナナ／ラム酒　Pomme de terre / Banane / Rhum
- 228 ビール／ヘーゼルナッツオイル／ガヴォット　Bière / Huile de noisette / Gavotte
- 230 サクラのチップの香り／ビール　Fumé au sakura / Bière
- 233 パン・ペルデュ　Pain perdu
- 236 あんず／ラヴェンダー／レモン　Abricot / Lavande / Citron
- 240 桃／水　Pêche / Eau
- 242 アボカド／あんず　Avocat / Abricot
- 244 ピッツァ・オ・ポム　Pizza aux pommes

基本のパーツと動作
Les préparations de base

- 248 クリーム、メレンゲ、シロップ
- 252 チョコレート
- 255 ナッツ類
- 258 ナパージュ
- 259 グラサージュ、フロッカージュ
- 263 フルーツ、飾り用パーツ
- 265 基本の動作
- 269 細かい仕事を積み重ねる

- 270 パリセヴェイユの日常
- 272 チーム・パリセヴェイユ
- 275 私に創作する楽しさを教えてくれた人たちへ

取材・文／瀬戸理恵子
撮影／合田昌弘
ポラロイド撮影／金子美明
アートディレクション／成澤 豪（なかよし図工室）
デザイン／成澤宏美（なかよし図工室）
フランス語校正／高崎順子
編集／鍋倉由記子

用語解説

アパレイユ　appareil　液状の生地。
アンフュゼ　infuser　風味を抽出する。
ヴェリーヌ　verrine　グラスデザート。
ヴェルジョワーズ　vergeoise　粗糖。
エミュルション　émulsion　エマルジョン、乳化した液体。
オー・ド・ヴィー　eau-de-vie　果物や穀物で作る蒸留酒。
OPPシート　透明フィルム。
オンクチューズ　onctueuse　なめらかな、とろりとした。
カードル　cadre　四角い枠、底のない型。
ガトー　gâteau　菓子、ケーキ。
ガナッシュ　ganache　チョコレートに生クリームや牛乳を混ぜ合わせたもの。
ガルニチュール　garniture　詰めもの、中身。
キャラメリゼ　caramèliser　キャラメル化する。アメがけする。
キャラメル・ア・セック　caramel à sec　キャラメルを作る時に、水を加えずにキャラメル化させること。
クーベルチュール　couverture　カカオバターを多く含む製菓用チョコレート。
クーリ　coulis　野菜や果物をすりつぶしたピュレ。
クネル　qunelle　紡すい型（両端が細く尖った円柱形）。
グラサージュ　glaçage　上がけ。
グラス　glace　アイスクリーム。
グラス・ロワイヤル　glace royale　ロイヤルアイシング。粉糖、卵白などを使った粘度の高い糖衣。
クランブル　crumble　薄力粉、砂糖、バターの生地をそぼろ状にしたもの。
グリオット　griotte　グリオット種のさくらんぼ。
グリオッティーヌ　griottine　キルシュ漬けのグリオット。
クルスティヤン　croustillant　カリカリした。
クレーム　crème　クリーム。
クレーム・アングレーズ　crème anglaise　卵黄、牛乳、砂糖で作るヴァニラ風味のクリーム。
クレーム・オ・ブール　crème au beurre　バタークリーム。
クレーム・ダマンド　crème d'amande　アーモンドクリーム。
クレーム・パティシエール　crème pâtissière　カスタードクリーム。
グロゼイユ　groseille　すぐり。
クロッカン　croquant　歯ごたえのある、カリカリした。
コポー　copeau　チョコレートを削り取ったもの。
コルネ　cornet　円すい形。紙を円すい形に巻いた絞り袋。
コンフィ　confit　砂糖やシロップに漬けた、または漬けたもの。
コンフィチュール　confiture　ジャム。
コンポート　compote　シロップ煮。
サイフォン　sifon　液体にガスを注入し、ソーダや泡を作る調理器具。
シノワ　chinois　円すい形の漉し器。
ジュリエンヌ　julienne　せん切り。
ジュレ　gelèe　ゼリー。

ショックフリーザー　急速冷凍機。
シルパット　シリコンとグラスファイバーで作られたベーキングシート。
シルパン　網目加工が施された、ドゥマール社製のベーキングシート。
スユエ　suer　素材の水分を出すように、色づけずに炒めること。
セルクル　cercle　底のない円型。
デトランプ　dètrempe　フイユタージュのベースとなる小麦粉生地。
テンパリング　tablage　おもにクーベルチュールの温度調整。
ドリュール　dorure　生地にぬる卵液。
トレモリン　trimoline　転化糖。
ナパージュ　nappage　つや出し用の上がけ。
ナパージュ・ヌートル　nappage neutre　透明のナパージュ。
ノワゼット　noisette　ヘーゼルナッツ
パータ・グラッセ　pâte à glacer　コーティング用チョコレート。
パータ・ボンブ　pâte à bombe　卵黄にシロップを加え、泡立てたもの。
パイシーター　フイユタージュを薄くのばす機械。
パスティヤージュ　pastillage　装飾用の砂糖生地。
パレットナイフ　クリームをぬったり生地を平らにする際に使う金属製のへら。
ピストレ　pistolet　噴きつけ器。
フイヤンティーヌ　feuillantine　砕いたクレープ生地。
フイユタージュ　feuilletage　折り込みパイ生地。
プードル・ア・フラン　poudre de flan　フランパウダー。カスタードパウダー。
フォンサージュ　fonçage　型の底や内側に生地を敷き込むこと。
プラケット　plaquettes　薄く小さな板。
プラリネ　praliné　アメがけしたナッツのペースト。
ブランシール　blanchir　白くする。卵に砂糖を加えて白っぽくなるまですり混ぜる。
フランボワーズ　framboise　ラズベリー、木イチゴ。
Brix糖度　Brix計（屈折率糖度計）で測る糖度。
フリュイ・ルージュ　fruits rouges　赤いベリー類。
フロッカージュ　flocage　噴きつけることでビロードのような質感を与えるチョコレート液。
マカロナージュ　macaronnage　マカロンを作る際に気泡をつぶしながら、粉類とメレンゲを合わせる作業。
マジパン　パート・ダマンド。ローマジパン（パート・ダマンド・クリュ）とデコレーション用マジパン（パート・ダマンド・デコール）がある。
マセレ　macérer　液体に漬ける。浸す。
ムラング・イタリエンヌ　meringue italienne　イタリアンメレンゲ。
ロザス　rosace　バラ。星口金で円く絞った形状。

作り始める前に

●ルセットは「パリセヴェイユ」で作る単位を基準にしています。本書用に調整した場合に、細かい数字になっていることがあります。また、まとめて作って保存するもの、少しずつ作る方がふさわしいものなどは、必ずしもそのでき上がり量がお菓子の個数に必要な量とは限りません。
●とくに記載がない場合、卵は室温にもどしておきます。1個約55g(卵黄約20g、卵白約35g)です。
●とくに記載がない場合、バターは無塩バターを使用します。
●粉類(アーモンドパウダーやカカオパウダー、粉糖も含む)は、使う前にふるいます。
●とくに記載がない場合、打ち粉は強力粉を使います。
●板ゼラチンは、氷水に浸けて約20分間ふやかしてから水洗いし、手でしっかり絞ってペーパーで包み、軽く水気をとって使用します。「溶かした板ゼラチン」とある場合には、これを耐熱ボウルに入れ、電子レンジで溶かしてから使います。
●クーベルチュールやカカオマス、パータ・グラッセは、扱いやすいフェーヴ状のものか、ブロックの場合はきざんでから使用します。
●とくに記載がない場合、フルーツのピュレは冷凍品を使います。使用前に冷蔵庫で解凍します。
●ドリュールは、卵黄20gを泡立て器でほぐし、生クリーム10gを加えて混ぜたものです。
●ミキサーはホイッパーを装着して攪拌します(ビーターやフックを装着する際には、個別に記載します)。
●ミキサーやフードプロセッサーで攪拌中に「ゴムべら(またはカード)ではらう」とある場合は、一度機械を止めて、ゴムべらまたはカードでボウルの内側やアタッチメントについた生地・クリームをきれいにはらい落とします。
●オーブンの温度や焼成時間は、あくまでも目安です。オーブンの機種やクセなどに応じて適宜調整してください。
●焼成の際は、全体に均一に焼き色がつくよう、途中で一度天板の前後を入れ替えます。
●室温の目安は約25℃です。

＊現在、パリセヴェイユでは以下のものを使用しています。本文中で使用する素材も含め、好みのものを適宜使ってください。
●板ゼラチンは、エバルド社「ゼラチンリーフ(ゴールド)」を使用。
●ヴァニラビーンズはタヒチ産を使用。
●プードル・ア・フランはアルティザル社「フランプードル」を使用。

＊作る前にp248～「基本のパーツと動作」もご確認ください。

天板協力／ZUKO、UTUWA

Les petits gâteaux et les entremets

プティガトーとアントルメ

1
ルノートルとの出会い
La rencontre avec Lenôtre

　小学校高学年の頃に、父に連れられて行った梅田駅近くの旭屋書店は、私にとってファンタジーの入口でした。料理やお菓子の専門書がたくさんあり、ページをめくると学校の勉強とも、自分の日常ともまったく違う世界が広がっていて、絵本のように夢中で眺めていました。きっと一生食べることはないだろうし、細かくは理解していないけれど、学校の友達はきっと知らないすごい世界。自分だけの秘密のようにその世界を知ることが、楽しくてたまらなかったのです。そうして夢中になった一冊が、辻静雄さん監修の『ヨーロッパのデザート』(鎌倉書房)です。美しい写真集のような不思議な世界観で、当時ケーキ屋さんで見るのとは違うお菓子の世界に私を連れて行ってくれました。なかでもソルベ・カシスの原色のような鮮烈な色は、今も目に焼きついています。

　中学を卒業し、私はパティシエを志して東京へ向かいました。数多くの店を見て歩くなか、ハッとしたのが「ルノートル」です。店名は欧文でよくわからなかったけれど、ショーケースに並ぶお菓子といい、シェフのガストン・ルノートルさんの写真といい、「ここで何かすごいことが起きている！」と直感しました。以前どこかで見た気がして、山本益博さんの『パリのお菓子屋さん』(文化出版局)を見返したところ、「ここだ！」と。支店とはいえ、日本にいながらにして、その本に載っているお店で働けるという衝撃は大きく、ここにたどり着いた自分を誇らしくさえ思いました。

　念願叶ってルノートルで働き始め、配送の仕事に携わったあとに厨房に入ったのが16歳の時です。お菓子から惣菜まで見たことも食べたこともないものばかりで、まるでスパイになって宝の山に潜入したような気分でした。シャンブル・フロワ(冷蔵室)で鍋のふたを開ければ、スープに浮かんだ豚の頭が目に飛び込んできて驚き、初めて食べたうさぎ肉のテリーヌが放つ独特のくさみと味も、忘れられません。おいしいとは感じなかったはずだけれど、「これがフランスの旨さだ！」と素直に受け入れられた自分がいました。ムラング・シャンティイを食べた時には、その姿からは想像もつかない、フワフワでもしっとりでもないザクザクした食感と、頭に激痛が走るほどの甘さにびっくり。サヴァランの辛さすら感じるお酒の風味も、フォンダン・グラッセの甘さも、煮詰めてねっとりしたジャムの旨みも、何もかもが衝撃でした。それでも「これがフランス菓子のおいしさなんだ！」とすべてに感動する日々。今考えれば、しっとりふわふわのショートケーキとはまるで無縁の、ダイナミックなフランス菓子のおいしさを舌と体で覚え、自分に叩き込んでいたのだと思います。コンフィチュールやプラリネなどの副材料もイチから自家製するものが多く、おいしさの本質に触れられたことも本当に幸運でした。何もかもがおもしろく、やってみたくて、夢中になった3年間。間違いなく私のお菓子作りのベースが築かれた、大切な時代でした。

　ルノートル出身の人たちとは、今でも付き合いがあり、いろいろな面で支えられています。当時は全員が一匹狼のようでしたが、今は打ち解けた仲間同士。ガストン・ルノートルという偉大なパティシエの下、フランス菓子のテクニックだけでなくエスプリまで掘り下げて追求しようという、熱い心を持つ職人に出会えたことは私にとって幸せなことです。今も集まると一気に当時に引き戻され、「その話はもう何度も聞いた」と大笑いしながら、思い出話を語り合います。「もう帰ろうよ」と口では言いながらもその場を離れず、気づくと明け方……。この関係はこれからもずっと続くのだろう、と思っています。

右上：パティシエやブーランジェの守護聖人、サン＝ミッシェル／右下：晩秋のシャンゼリゼ通り／左上：緑あふれるサン＝マルタン運河／左下：古きよきブーランジュリーのファサード

014　1　La rencontre avec Lenôtre

$\mathcal{B}$agatelle バガテル

「ルノートル」には、出身者の間で語られるいくつかの伝説的菓子があります。「カジノ」、「パラディ」、「シュクセ」、「プログレ」、そしてこの「バガテル」……。どれも私たちがルノートルで学び、フランス菓子の真髄に魅了されたスペシャリテです。時にはオリジナルそのままに、時にはアレンジを加え、幾度となくショーケースに並べてきました。パリのブーローニュの森にあるバガテル公園から名づけられたという「バガテル」は、クレーム・オ・ブールとイチゴをジェノワーズではさんだ、いわゆる「フレジエ」。表面を緑色のパート・ダマンドで覆い、公園の緑を表現しています。みずみずしいイチゴの酸味によく合う油脂分が高くて甘いクリーム、力強いお酒使い、シャリッとしたパート・ダマンドのおいしさは衝撃でした。ジェノワーズのすみずみまでシロップを行き渡らせるよう厳しく言われ、ムッシュ・ルノートルが来日するたびにチェックしていたのをよく憶えています。私は、ジェノワーズとクリームをピスタチオ風味に変え、パータ・ボンブがベースのクレーム・オ・ブールでやさしい口当たりに仕上げました。パート・ダマンドに華やかな模様を施し、王道の高級菓子らしい雰囲気をいっそう引き立てています。

上から
・パート・ダマンド
・キルシュのシロップ
・ピスタチオのジェノワーズ
・ピスタチオのクレーム・ムースリーヌ
・イチゴ
・キルシュのシロップ
・ピスタチオのジェノワーズ

上にかぶせた緑色をつけたパート・ダマンドには、草の模様のスタンプを押し、粉糖をふって立体感のある模様を浮き上がらせる。

バガテル　Bagatelle

材料（36×11cm、高さ5cmのカードル・1台分）

ピスタチオのジェノワーズ
Génoise à la pistache
(60×40cmの天板1枚分)
- 全卵　œufs entiers　616g
- グラニュー糖　sucre semoule　396g
- 中力粉*　farine　231g
- ピスタチオパウダー　pistaches en poudre　215g
- 溶かしバター　beurre fondu　132g

*リスドオル（日清製粉）を使用。

キルシュのシロップ　sirop à imbiber kirsch
- 基本のシロップ(p250)　base de sirop　150g
- キルシュ　kirsch　53g

*材料を混ぜ合わせる。

ピスタチオのクレーム・ムースリーヌ
Crème mousseline à la pistache
- クレーム・オ・ブール(p249)　crème au beurre　500g
- クレーム・パティシエール(p248)　crème pâtissière　200g
- ピスタチオペーストA*　pâte de pistache　19g
- ピスタチオペーストB*　pate de pistache　12g

*クレーム・オ・ブールとクレーム・パティシエールは室温にもどしておく。
*ピスタチオペーストAはフガー社「パート・ド・ピスターシュ」、Bはセバロメ社「アローム・ド・ピスターシュ」を使用。

イチゴ（Mサイズ）　fraises　52〜56個

パート・ダマンド　pâte d'amandes
- 粉糖（打ち粉）　sucre glace　適量
- パート・ダマンド（市販）　pâte d'amandes crue　300g
- 色粉（緑、黄）　colorant vert et jaune　各適量

デコレーション用粉糖(p264)　sucre décor　適量

*色粉は約10倍量のキルシュで溶いておく。

作り方

ピスタチオのジェノワーズ

① ミキサーボウルに全卵とグラニュー糖を入れ、ざっと混ぜる。湯煎にかけ、泡立て器で混ぜながら約40℃に温める。

② 湯煎をはずし、空気を含んでフワフワになるまで高速のミキサーで泡立てる。中速にし、気泡が細かくなったら低速にしてキメを整える(1)。
*キメを整えて細かい泡をたくさん含ませることで、しぼみにくく、ふっくら焼き上がる。

③ ミキサーからおろし、合わせてふるった中力粉とピスタチオパウダーを加える。粉が見えなくなり、生地に粘りが出るまでカードで混ぜ合わせる(2)。
*ダマになりやすいので、手早く混ぜていく。

④ 約60℃の溶かしバターに③をひとすくい加え、泡立て器で均一に混ぜる。③にもどし入れながら、ツヤが出るまでカードで混ぜ合わせる。

⑤ オーブンペーパーを敷いた天板に流し入れ、平らにならす(3)。175℃のコンベクションオーブンで約17分間焼く。天板ごと室温で冷ます(4)。
*天板の角まで生地を行き渡らせ、角をきれいに焼き上げる。

⑥ ジェノワーズの端を切り落とし、1枚36×11cmに切る（1台につき2枚使用）。2枚のうち、上面用は高さ1.3cmのバールに合わせて焼き面をそぎ落とす(5)。もう1枚は底面を薄くそぎ落としたのち、高さ1cmのバールに合わせて焼き面をそぎ落とす。

ピスタチオのクレーム・ムースリーヌ

① ピスタチオペーストAとBをボウルに入れ、クレーム・パティシエールをひとすくい加えてゴムべらで均一に混ぜる(6)。残りのクレーム・パティシエールを同様に加えては混ぜ、そのつどしっかり乳化させる。
＊このあとクレーム・オ・ブールときれいに混ざるよう、ピスタチオの油脂とクレーム・パティシエールの水分がきちんと乳化するまでよく混ぜる。
② クレーム・オ・ブールを、ビーターをつけた中高速のミキサーでほぐし、①を約5回に分けて加えては混ぜる。半量混ぜた時と混ぜ終わりに、ボウルやビーターについたクリームをゴムべらではらい、ムラのないよう底からすくい混ぜる(7)。

組み立て

① イチゴの高さを揃えるようにへたを切り落とし、切り口を下にしてキッチンペーパーに並べ、汁気をとる。
② 底面用のジェノワーズを天板にのせる。焼き面をそぎ落とした面と側面に、キルシュのシロップを刷毛でしっかり打つ(8)。カードルをかぶせる(9)。
＊ここで打つシロップは約70g。
③ 口径14mmの丸口金をつけた絞り袋にピスタチオのクレーム・ムースリーヌを入れる。②の縁に沿ってぐるりと絞ってから、中央を埋めるように3筋絞る。
＊クリームの厚さは約1cmになる。
④ カードで平らにならし、型の長辺の側面にクリームを薄く添わせる(シュミネする・10)。
⑤ イチゴ4個を縦半分に切り、切り口を短い辺の内壁に貼りつけ、クリームの中に埋め込む(11)。
⑥ 残りのイチゴは丸ごと使用する。クリームに埋め込みながら整然と並べていく。並べ終わりも、⑤と同様に縦半分に切ったイチゴを並べる。
＊底に敷いたジェノワーズに届くまでイチゴを埋め込む。
⑦ イチゴのすき間を埋めるようにクレーム・ムースリーヌを絞り入れる(12)。イチゴを覆うように上に薄く絞り、パレットナイフで平らにならす(13)。
＊上にジェノワーズが入るよう、クリームをならした時に型の上から1cm下になるのが目安。
⑧ 上面用のジェノワーズの、焼き面をそぎ落とした面と側面にキルシュのシロップを軽く打つ。その面を下にして⑦にかぶせ、手のひらで軽く押さえる。天板をのせ、上から押さえて密着させる。表面にもシロップをしっかり打つ(14)。
＊②と合計して100gのシロップを使う。
⑨ 残りのピスタチオのクレーム・ムースリーヌを、表面に薄く平らにならす(15)。パレットナイフで余分なクリームをすり切り、冷蔵庫で冷やし固める。
＊このあとかぶせるパート・ダマンドが湿らないよう、マスキングするためにクレーム・ムースリーヌをぬる。

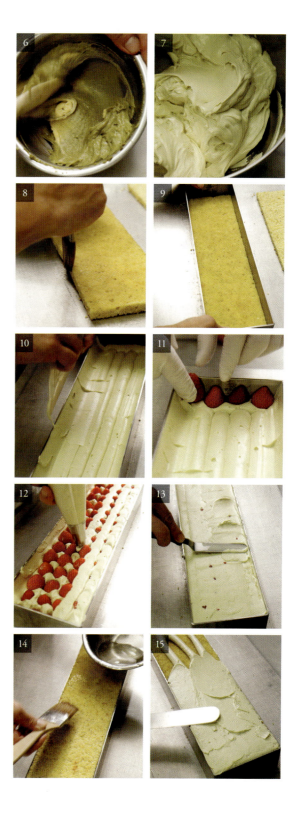

仕上げ

① 打ち粉代わりの粉糖をたっぷりふりながらパート・ダマンドを手でもみ込み、少し固さを出す。
＊耳たぶくらいの固さが目安。粉糖が入りすぎるとボソボソになるので注意。
② キルシュでのばした色粉を少量たらし、粉糖をふりながら、手でもんで色をなじませる。少しずつ色粉をたらしてはもみ、若草色に着色する(16・17)。
③ ひとまとめにし、粉糖をまぶしてざっと正方形に整える。高さ3mmのバールに合わせてめん棒で長方形にのばし、約45×20cmに切る。
＊ガトーの大きさ(36×11cm)より、ふた周りほど大きく切っておく。
④ 表面にデコレーション用粉糖をふり、草の模様のスタンプをランダムに、すき間なく押す(18・19)。スタンプの溝に入った粉糖は、時々刷毛ではらい落とす。
＊スタンプは少し重なってもよいので、すき間なく押す。
⑤ デコレーション用粉糖をふって手でやさしくこすり、模様を白く浮かび上がらせる(20)。足りないところがあればスタンプを押し、再びデコレーション用粉糖をふって手でやさしくこする。幅11cmに切り出す。
⑥ カードルをバーナーで軽く温め、菓子を取り出す。⑤を上面にかぶせて形を整え(21)、はみ出したパート・ダマンドを切り落とす。
＊切り分ける時は、平刃包丁をバーナーで軽く温め、細かく前後に動かしながらまず上のジェノワーズ・ピスターシュまで切り、もう一度包丁を温めてから下まで切る。

クレーム・オ・ブールは乳化が要です。しかしながら、「ルノートル」のそれはクレーム・アングレーズがベースで乳化しにくく、作るのが難しいものでした。当時はうまくできない自分が悪いと思っていましたが、どうやらルノートル出身者はみんな同じ経験をしていた模様。集まると、よくその話になります🖊

*S*uccès nougat abricot
シュクセ・ヌガー・アブリコ

「ルノートル」で働いていた当時、「日本人には好まれないけれど、フランス人は大好き」とよく言われたのが、メレンゲのお菓子です。初めて食べた時は、フワフワとは違う食感と、頭のてっぺんまで突き刺すような甘さに驚かされました。それでも「きっと、これを克服できないとフランス菓子が好きと言ってはいけないんだ」と思い、何度も食べるうちに自然とおいしく感じるようになったのですから、不思議なものです。なかでも「シュクセ」は、アーモンド入りのメレンゲ生地の間に、砕いたヌガチン入りのクレーム・オ・ブールをはさんだアントルメで、表面がサクッ、中がしっとりしたメレンゲ生地が絶品でした。ムラング・イタリエンヌを加えたクリームの軽やかさも、印象に残っています。将来自分がお店を持った時には、こういうフランスらしい菓子を作ろうと心に決めていました。「シュクセ・ヌガー・アブリコ」は、オリジナルの基本的な構成は守りつつ、現代の味覚に合うバランスを考えてアレンジしたひと品です。アンズのジュレとコンポートの酸味がアクセントとなり、コクのあるクレーム・オ・ブールと相性抜群。ザクッとしたメレンゲ生地の食感も、心地よく楽しんでいただけると思います。

上から
・金箔
・アプリコットのコンポート
・フォン・ド・シュクセ
・ヌガチン入りクレーム・オ・ブール
・アプリコットのジュレ（中央）
・フォン・ド・シュクセ
・側面はアーモンドのクロッカン

シュクセ・ヌガー・アブリコ Succès nougat abricot

材料 （直径6.5cm、30個分）

フォン・ド・シュクセ　Fond de succés
卵白* blancs d'œufs	300g
グラニュー糖 sucre semoule	90g
コーンスターチ fécule de maïs	60g
ヘーゼルナッツパウダー（皮付き） noisettes en poudre	240g
粉糖 sucre glace	240g

＊卵白は冷やしておく。

アプリコットのジュレ　Gelée d'abricot
（1個12g使用）
アプリコットのピュレ purée d'abricot	880g
レモン果汁 jus de citron	44g
グラニュー糖 sucre semoule	176g
板ゼラチン gélatine en feuilles	15g

ヌガチン入りクレーム・オ・ブール
Crème au beurre à la nougatine
クレーム・オ・ブール (p249) crème au beurre	1200g
ムラング・イタリエンヌ (p249) meringue italienne	240g
ヌガチン・アマンド (p257) nougatine d'amandes	355g

＊クレーム・オ・ブールとイタリアンメレンゲを室温にしておく。

アプリコットのコンポート、白ワイン風味
Compote d'abricots au vin blanc
白ワイン vin blanc	375g
アンズ（ドライ） abricots secs	350g
グラニュー糖 sucre semoule	90g

アーモンドのクロッカン
Croquants aux amandes bâtonnets
（作りやすい量）
縦割りアーモンド amandes	200g
粉糖 sucre glace	50g
卵白 blancs d'œufs	15g

デコレーション用粉糖 (p264) sucre décor	適量
ナパージュ・ヌートル nappage neutre	適量
金箔 feuille d'or	適量

作り方

フォン・ド・シュクセ

① ヘーゼルナッツパウダーをオーブンペーパーに広げ、150℃のコンベクションオーブンで約18分間、軽く色づくまでローストする。室温で冷ます(1)。

② 卵白を高速のミキサーで泡立てる。4分立て、6分立て、8分立てのタイミングでグラニュー糖を⅓量ずつ加え、しっかり角が立つまで泡立てる(2)。

＊4分立ての目安は白っぽく粗い泡で、ホイッパーの筋がうっすら入り始める頃。6分立てはかなりボリュームが出て、ホイッパーの筋がはっきりしてくる頃、8分立ては泡がきめ細かくなり、筋がしっかり入ってモコモコと泡立った状態が目安。

③ ボウルに移し、合わせたコーンスターチ、①、粉糖を一気に加え、粉が見えなくなるまでゴムべらで混ぜ合わせる(3)。

＊ダマになりやすいので、粉類は一気に加え、ていねいに混ぜていく。

④ 9切・11番の星口金をつけた絞り袋に③を入れ、直径6cmのリング状に30個絞る(4)。

＊天板に直径6cmの円を描いた紙、オーブンペーパーの順にのせ、その大きさに合わせて絞る。紙は抜き取る。

⑤ 口径10mmの丸口金をつけた絞り袋に③を入れ、直径6cmのうず巻きの円盤状に30個絞る(5)。④とともに軽く粉糖をふる(6)。

＊④と同様に天板に直径6cmの円を描いた紙、オーブンペーパーの順にのせ、その大きさに絞る。紙は抜く。

⑥ 130℃のコンベクションオーブンで約3時間焼く(7・8)。ペーパーごと網にのせて室温で冷まし、乾燥剤とともに密閉容器で保存する。

アプリコットのジュレ
① アプリコットのピュレを人肌程度に温める。レモン果汁、グラニュー糖を加え、ゴムべらで混ぜ溶かす。
② ①の1/5量を、溶かした板ゼラチンに少しずつ加えながらゴムべらで混ぜる。残りの①にもどし入れながら混ぜ合わせる(9)。
③ 直径4cm、高さ2cmの円形のフレキシパンに12gずつ流し入れ、ショックフリーザーで冷凍する。固まったら型からはずし、冷凍しておく(10)。

ヌガチン入りクレーム・オ・ブール
① クレーム・オ・ブールにムラング・イタリエンヌを1/5量ずつ4回加え、そのつど、気泡を極力つぶさないよう、泡立て器の羽根の間を通すようにやさしく混ぜ合わせる(11)。完全に混ざる一歩手前で、次のメレンゲを入れるようにする。
＊冷たいクレーム・オ・ブールを使う場合は室温にもどし、高速のミキサーでなめらかにしてから使用する。
② 残りのムラング・イタリエンヌとヌガチン・アマンドを加え(12)、ゴムべらで混ぜる。分離しやすいので、混ぜすぎないこと。

組み立て1
① OPPシートを貼った天板に、直径6.5cm、高さ2.5cmのセルクルを並べる。口径17mmの丸口金をつけた絞り袋にヌガチン入りクレーム・オ・ブールを入れ、半分の高さまで絞り込む(13)。
② スプーンの背で型の側面にクリームを添わせ、すりばち状にならす。
③ 冷凍したアプリコットのジュレを中央にのせ、指で押してクリームの高さまで沈める(14)。
④ 型いっぱいの高さまで残りの①を絞り入れ、パレットナイフで平らにならす(センター・15)。

アプリコットのコンポート、白ワイン風味
① 白ワインを沸騰させ、強火にしてフランベし、火を止める。アンズを加え、沸いたら弱火にして時折へらで混ぜて1〜2分間煮る。
＊アンズが固くなるので、この時点ではまだグラニュー糖を入れない。
② アンズの皮と筋がふやけて白くなってきたら、グラニュー糖を加える(16)。汁気が少なくなるまで弱火で煮る。
③ アンズがやわらかくなったら火を止め、ボウルに移して煮汁に浸けたまま粗熱をとる(17)。冷蔵庫で一晩休ませる。

アーモンドのクロッカン
① 粉糖と卵白をゴムべらで均一になるまで混ぜる。縦割りアーモンドを加えてしっかり混ぜからめる。
② シルパットを敷いた天板に手で散らす。170℃のコンベクションオーブンで、少し焼き固まるまで約8分間焼く。
③ いったんオーブンから取り出し、カードでこそげるようにして全体を混ぜる(18)。再び広げてさらに約3分間焼き、全体に色づける。室温で冷まし、乾燥剤とともに密閉容器で保存する。

仕上げ

① セルクルの側面をバーナーで温め、〈組み立て1〉のセンターを取り出し、冷蔵庫で解凍する。
＊冷凍状態のまま組み立てると生地が湿ってしまうので、先に解凍する。
② 円盤状のフォン・ド・シュクセの焼き面を上にして置き、①をのせる(19)。指先で軽く押さえて接着させる。
③ リング状のフォン・ド・シュクセの焼き面を上にして並べ、中心を口径15mmの丸口金をクルクル回してくり抜く(20)。
＊割れやすいので、下まで到達する前に止め、最後はペティナイフの先で少しずつ砕いてくり抜く。
④ ③を②にのせ、指で軽く押さえて接着させる。
⑤ アーモンドのクロッカンを側面にランダムに貼りつける(21)。そこにデコレーション用粉糖をふる。
＊立体的に見えるよう、アーモンドはクレーム・オ・ブールに刺すようにして動きを出す。
⑥ アプリコットのコンポートをキッチンペーパーに並べ、汁気をとる。表面にナパージュ・ヌートルを薄くぬり、③でくり抜いたところに立ててのせる。金箔をつける(22)。

何といってもアントルメで切りづらいのがこのお菓子。このように1人分サイズで作るのが適正だと思いますが、そういうことが気になるのは日本人だからかもしれません。「シュクセ」はフランス語で「成功」の意味。ムッシュ・ルノートルが地方菓子から想を得て作り、好評を博したことから名づけたそうです

*P*aradis
パラディ

シャルロットは、今ではフランス菓子の定番としてごく一般的な存在となっていますが、まだこの道に足を踏み入れたばかりの私には、何にも勝る王道の力強さを感じさせるお菓子でした。今のようにアシンメトリーな飾りつけはせず、どこからでも同じようにカットできる美しいお菓子の典型。おいしさと美しさが同時進行した、アントルメのお手本のようなものを感じます。サクッと乾いた食感のビスキュイと、たっぷりのバヴァロワ……美しい！ おいしい！ 他になんの賞賛が必要でしょうか？ 作るたび、気持ちがワクワクしてしまうのです。私が作る「パラディ」は、キルシュをニュアンスとして香らせたバヴァロワに、ベリーのコンポートとムースを重ね、ベリーをたっぷりのせた果実感たっぷりのシャルロット。フランス・ヴェルサイユの私の店、「オー・シャン・デュ・コック」でも飛び抜けて人気の高い、子供から大人まで愛されるひと品です。じつは「ルノートル」にも、チョコレートケーキで同じ名前のお菓子がありました。味も構成もまったく違いますが、みんなが幸せな気持ちになる素直なおいしさはどちらも同じ。パラディ（天国）の響きがぴったりだと感じ、名前をもらうことにしました。

上から
・コンフィチュールをからめたフリュイ・ルージュ
・フリュイ・ルージュのムース
・フリュイ・ルージュのコンポート
・キルシュ風味のバヴァロワ
・イチゴのシロップ
・ジェノワーズ・オ・ザマンド
・側面にビスキュイ・ア・ラ・キュイエール・ロゼ

パラディ　Paradis

材料 （直径15cm、高さ4cmのセルクル・5台分）

ビスキュイ・ア・ラ・キュイエール・ロゼ
Biscuit à la cuiller rosé

(5×1.8cm、約120本分)

グラニュー糖	sucre semoule	70g
色粉(赤)	colorant rouge	適量
卵白*	blancs d'œufs	80g
卵黄	jaunes d'œufs	40g
薄力粉	farine ordinaire	50g
コーンスターチ	fécule de maïs	13g
粉糖	sucre glace	適量

*卵白は充分冷やしておく。

ジェノワーズ・オ・ザマンド
Genoise aux amandes

(60×40cmの天板・1枚分)

全卵	œufs entiers	504g
グラニュー糖	sucre semoule	360g
薄力粉	farine ordinaire	162g
プードル・ア・フラン	flan en poudre	126g
アーモンドパウダー	amandes en poudre	126g
溶かしバター	beurre fondu	54g

イチゴのシロップ　Sirop à imbiber fraise

(1台30g使用)

イチゴのピュレ	purée de fraise	76g
基本のシロップ(p250)	base de sirop	76g
水	eau	46g
イチゴのリキュール*	crème de fraise	14g

*すべての材料を混ぜ合わせる。
*イチゴのリキュールは「クレーム・ド・フレーズ」を使用（以下同）。

フリュイ・ルージュのコンポート
Compote de fruits rouges

イチゴ(冷凍)	fraises	400g
フランボワーズ(冷凍)	framboises	130g
フレーズ・デ・ボワ(野イチゴ・冷凍) fraises des bois		200g
グラニュー糖	sucre semoule	100g
レモン果汁	jus de citron	30g
板ゼラチン	gélatine en feuilles	11.5g
イチゴのリキュール	crème de fraises	15g

キルシュ風味のバヴァロワ
Bavaroise au kirsch

(1台140g使用)

牛乳	lait	300g
ヴァニラビーンズ	gousse de vanille	½本
卵黄	jaunes d'œufs	105g
グラニュー糖	sucre semoule	96g
板ゼラチン	gélatine en feuilles	8g
フランボワーズのオー・ド・ヴィ eau-de-vie de framboise		5g
キルシュ	kirsch	5g
生クリーム(乳脂肪35%) crème fraîche 35% MG		260g

フリュイ・ルージュのムース
Mousse aux fruits rouges

イチゴのピュレ	purée de fraise	429g
フランボワーズのピュレ purée de framboise		75g
グラニュー糖	sucre semoule	86g
板ゼラチン	gélatine en feuilles	18g
グレナデンシロップ	grenadine	32g
イチゴのリキュール	crème de fraise	39g
生クリーム(乳脂肪35%) crème fraîche 35% MG		343g

フリュイ・ルージュのコンフィチュール
Confiture de fruits rouges

(作りやすい量)

イチゴのピュレ	purée de fraise	300g
フランボワーズのピュレ purée de framboise		200g
グラニュー糖A	sucre semoule	300g
NHペクチン	pectine	6g
グラニュー糖B	sucre semoule	50g

イチゴ(小ぶりのもの)	fraises	適量
フランボワーズ	framboises	適量
ブルーベリー	myrtilles	適量
ブラックベリー(シロップ漬け)	mûres	適量
グロゼイユ	groseilles	適量
クレーム・シャンティイ(p248) crème Chantilly		適量
フリュイ・ルージュのコンフィチュール confiture de fruits rouges		適量
基本のシロップ(p250)	base de sirop	適量

[作り方]

ビスキュイ・ア・ラ・キュイエール・ロゼ
① グラニュー糖のうち少量を、色粉と指でなじませておく(1)。
② ミキサーボウルに卵白と①を入れ、泡立て器でざっと混ぜたのち、高速のミキサーで泡立てる。残りのグラニュー糖を4分立て、6分立て、8分立てのタイミングで1/3量ずつ加え、ホイッパーにモコモコとからみつき、しっかり角が立つまで泡立てる(2)。
＊泡立ちの目安は、p21〈フォン・ド・シュクセ〉②を参照。
③ 溶きほぐした卵黄を加え、高速でざっと混ぜる。
④ ミキサーからおろし、合わせた薄力粉とコーンスターチを加えながら、ゴムべらで均一になるまで混ぜる(3)。
⑤ 口径10mmの丸口金をつけた絞り袋に④を入れ、長さ5cm、幅1.8cmの棒状に120本ほど絞る(4)。オーブンペーパーごと天板にのせて粉糖を軽くふり、しばらく置いて粉糖が溶けたらもう一度ふる。
＊天板に長さ5cmの線を描いた紙、オーブンペーパーの順にのせ、その線の上に絞ると大きさが揃う。紙は抜く。
⑥ 上火210℃・下火190℃のデッキオーブンで約8分間焼く。ペーパーごと網にのせて室温で冷ます(5)。

ジェノワーズ・オ・ザマンド
① ミキサーボウルに全卵とグラニュー糖を入れ、ざっと混ぜる。湯煎にかけて、泡立て器で混ぜながら約40℃まで温める(6)。
② 空気をしっかり含んでフワフワになるまで高速のミキサーで泡立てる。中速に落とし、気泡が細かくなったら、低速にしてキメを整える(7)。
③ 合わせた薄力粉、プードル・ア・フラン、アーモンドパウダーを手早く加えながら、粉が見えなくなり、粘りが出てくるまでカードで混ぜ合わせる。
④ 約60℃の溶かしバターに③をひとすくい加え、均一になるまで混ぜる。これを③にもどし入れながら、ツヤが出るまでカードで混ぜる(8)。
＊すくい上げると、リボン状に生地が流れ落ちる状態になる。
⑤ オーブンペーパーを敷いた天板に④を流し入れ、平らにならす(9)。
⑥ 175℃のコンベクションオーブンで約17分間焼く。天板ごと室温で冷ます(10)。

フリュイ・ルージュのコンポート
① イチゴ、フランボワーズ、フレーズ・デ・ボワを冷凍のまま銅鍋に入れ、グラニュー糖、レモン果汁を加えて火にかける。泡立て器の先でざっとつぶしながら加熱する(11)。
② 沸騰したら火を止め、板ゼラチンを加えてゴムべらで混ぜ溶かす(12)。ボウルに移して氷水にあてて冷まし、イチゴのリキュールを加え混ぜる。OPPシートを貼ったバットに流し入れてショックフリーザーで冷凍する。

③　固まったら直径13cmの円型で抜く(13)。ショックフリーザーで冷やしておく。

組み立て1
①　ジェノワーズ・オ・ザマンドを天板からはずし、底面を波刃包丁で薄く削ぎ落とす。
②　直径15cmのセルクルの内側に合わせて、波刃のペティナイフで生地を切り抜く(14)。高さ1cmのバールに合わせて焼き面を波刃包丁でそぎ落とす(15)。
③　②でそぎ落とした面にイチゴのシロップをたっぷりしみ込ませる。その面を上にしてセルクルに入れる(16)。

キルシュ風味のバヴァロワ
①　銅鍋に牛乳、ヴァニラビーンズの種とサヤを入れ、火にかけて沸騰させる。
②　並行して、ボウルに卵黄とグラニュー糖を入れ、泡立て器でグラニュー糖が溶けるまですり混ぜる。
③　①の1/3量を②に加えながら泡立て器でよく混ぜる。銅鍋にもどし入れて中火にかけ、へらで混ぜながら82℃まで炊く(クレーム・アングレーズ/17)。
＊火が入りすぎないよう、82℃の少し手前で火を止め、余熱で炊き上げる。
④　板ゼラチンを加え、混ぜ溶かす。網で漉し(18)、氷水にあててへらで混ぜながら約25℃まで冷ます。フランボワーズのオー・ド・ヴィとキルシュを加え混ぜる(19)。
⑤　生クリームを7分立てにし、1/3量を④に加えてざっと混ぜ合わせる。残りの生クリームを少しずつ加えながら、泡立て器で混ぜ合わせる(20)。
⑥　底に混ぜ残しがないように生クリームのボウルに移し替え、泡立て器でムラなく混ぜる。
⑦　〈組み立て1〉のセルクルに140gずつ流し入れ(21)、ショックフリーザーで冷凍する。

フリュイ・ルージュのムース
①　イチゴとフランボワーズのピュレを約40℃に温める。グラニュー糖を加え、ゴムべらで混ぜ溶かす。
②　溶かした板ゼラチンに①を少量加えてよく混ぜる。①にもどし、しっかり混ぜる。
③　グレナデンシロップとイチゴのリキュールを合わせて②に加え、ゴムべらで混ぜる(22)。氷水にあて、混ぜながら約25℃まで冷ます。
④　生クリームを7分立てにし、1/3量を③に加え、泡立て器でざっと混ぜ合わせる。残りの生クリームを加えながら混ぜ、ほぼ混ざったらゴムべらに持ち替えて均一になるまで混ぜ合わせる(23)。底に混ぜ残しがないよう、生クリームのボウルに移し替えてムラなく混ぜる。

組み立て2
① フリュイ・ルージュのコンポートを、キルシュ風味のバヴァロワにのせて指で押さえ、密着させる(24)。
② フリュイ・ルージュのムースを型いっぱいに流し入れ(25)、ショックフリーザーで冷凍する。

フリュイ・ルージュのコンフィチュール
① 銅ボウルにイチゴとフランボワーズのピュレ、グラニュー糖Aを加えて強火にかける。へらで混ぜながら沸騰させる。
② ペクチンとグラニュー糖Bを混ぜ合わせて①に加え、泡立て器でよく混ぜる(26)。へらで混ぜながら、糖度63％ brixまで煮詰める(27)。
③ バットに流し入れ、ラップを密着させてかける。室温で冷まし、容器に移して冷蔵庫で保存する。

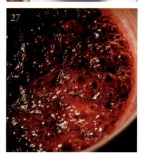

仕上げ
① イチゴのうち1個はへたをつけたまま取りおき、残りはへたをとる。そのうちの半量は縦半分に切る。
② セルクルの側面をバーナーで温めて〈組み立て2〉の菓子をはずし、回転台にのせる。ビスキュイ・ア・ラ・キュイエール・ロゼの裏面に、固く泡立てたクレーム・シャンティイを少量つけ、側面に並べて接着する(28)。
＊1台あたり約19個が目安。
③ フリュイ・ルージュのコンフィチュールを少量の基本のシロップで溶きのばす。フランボワーズ、ブルーベリー、イチゴ(へたつきを除く)にからめる(29)。
④ 菓子の表面に、③とブラックベリーを動きが出るよう、彩りよくこんもりと盛りつける。最後にグロゼイユと①のへたつきのイチゴをのせる。
⑤ フリュイ・ルージュのコンフィチュールをコルネに入れ、ビスキュイ・ア・ラ・キュイエール・ロゼの間に上から約½の高さまで絞る(30)。

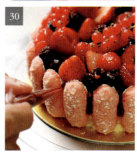

パティシエの仕事の多くは、日々の繰り返し。手を抜かずにきちんと作ることができ上がったお菓子に表れていくので、一つひとつの仕事をていねいに行おうといつも心がけています。たとえば、バヴァロワやムースを作る時は、混ぜ残しがないよう最後にボウルを移し替えて、もうひと混ぜ。細かい部分まで譲れません

S *savarin vin rouge*
サヴァラン・ヴァン・ルージュ

「ルノートル」の「サヴァラン」を初めて食べた時、私は激しい衝撃を受け、日本の洋菓子との違いに動揺しました。ラム酒のシロップに浸しているのですが、とにかくすごいインパクトで、お酒が効いているのを超えて辛い！ それまで食べてきたサヴァランは何だったのだろうと思いました。シロップをたっぷり含んでいるにもかかわらず、しっかり生地感を堪能できるおいしさも心に残っています。今ではお酒を使わないサヴァランも多くなりましたが、私としてはサヴァランにお酒は不可欠。「サヴァラン・ヴァン・ルージュ」も、サングリアから発想しました。赤ワインやオレンジ、シナモンなどサングリアに用いられる素材を使い、クリームやジュレをバランスよく組み合わせて、みずみずしいヴェリーヌ（グラスデザート）に仕立てています。「さわやかですっきりした味を」と考えて、フランス菓子にはめずらしいヨーグルト風味をクレーム・シャンティイに取り入れたのも、うまくマッチしました。サヴァランの生地はしっかりこねてグルテンを出すのが伝統的なやり方ですが、私は生地をつなぐ程度にこねるだけ。フランス人のパティシエたちは、「生地のきめ細かく上品な口当たりが、いかにもサヴァランらしい」と言います。

上から
・オレンジの皮のジュリエンヌ
・アマンド・キャラメリゼ
・ヨーグルトとシナモンのクレーム・シャンティイ
・オレンジの果肉
・赤ワインとフランボワーズのジュレ
・オレンジのマーマレード
・赤ワインのシロップに浸けたパータ・サヴァラン
・クレーム・ディプロマット

サヴァラン・ヴァン・ルージュ　Savarin vin rouge

材料　（口径5.5cm、高さ7cmのグラス・20個分）

パータ・サヴァラン　Pâte à savarin
（口径5cm、高さ3cmのマフィン型20個分。1個20g 使用）

生イースト	levure fraîche	16g
水*	eau	75g
全卵	œufs entiers	80g
強力粉	farine de gruau	167g
グラニュー糖	sucre semoule	10g
脱脂粉乳	lait écrémé en poudre	8.5g
塩	sel	3.2g
溶かしバター	beurre fondu	50g

＊水温は23℃。

赤ワインのシロップ
Sirop de trampage au vin rouge

赤ワイン	vin rouge	1650g
オレンジの皮*	zestes d'orange	2個分
レモンの皮*	zestes de citron	2個分
グラニュー糖	sucre semoule	730g
オレンジ果汁	jus d'orange	180g
グランマルニエ	Grand-Marnier	18g

＊オレンジとレモンの皮は薄くむいておく。

赤ワインとフランボワーズのジュレ
Gelée au vin rouge et à la framboise
（1個15g 使用）

赤ワインのシロップ*	sirop de trampage au vin rouge	260g
フランボワーズのピュレ	purée de framboise	36g
板ゼラチン	gélatine en feuilles	4g

＊パータ・サヴァランに浸したあとのもの。

ヨーグルトとシナモンのクレーム・シャンティイ
Crème Chantilly yaourt à la cannelle
（1個30g 使用）

ヤオルトシャンティイ*	"yaourt Chantilly"	373g
生クリーム（乳脂肪40％）	crème fraîche 40% MG	187g
シナモンパウダー	cannelle en poudre	1g
粉糖	sucre glace	56g

＊「ヤオルトシャンティイ」は中沢乳業のヨーグルト風味の発酵乳。ホイップできる。

クレーム・ディプロマット
Crème diplomate
（1個30g 使用）

クレーム・パティシエール (p248)	crème pâtissière	500g
クレーム・シャンティイ (p248)	crème Chantilly	100g

アマンド・キャラメリゼ (p256)	amandes caramelisées	適量
オレンジの皮のジュリエンヌ (p263)	écorces d'orange juliennes confites	適量
オレンジのマーマレード	marmalade d'orange	240g
オレンジの果肉*	oranges	80切れ

＊カルチエに切っておく。

作り方

パータ・サヴァラン

① ミキサーボウルに水とほぐした生イーストを入れ、泡立て器で混ぜ溶かす。溶きほぐした全卵を加え、さらに混ぜる(1)。

② 強力粉とグラニュー糖、脱脂粉乳を合わせてふるい、①に加える。フックをつけた低速のミキサーで、粉が見えなくなるまで混ぜる(2)。
＊脱脂粉乳がダマになるので、ふるったらすぐに混ぜ合わせる。

③ 塩を加え、低速で混ぜる。ミキサーをいったん止め、フックやボウルについた生地をカードではらう。

④ 塩がなじんだら中低速に上げてこねる。生地が少し引っ張られるようになったら(3)、再びミキサーを止め、生地をはらう。
＊歯切れのよい生地にするため、グルテンはそれほど強く出さない。

⑤ 低速でこねながら、人肌程度の溶かしバターを3回に分けて加え、そのつどつながるまでしっかり混ぜる(4)。
＊バターを加えるとグルテンが切れてゆるんだ状態になるが、こね続けると再びつながって「引き」が出てくる。

⑥　ミキサーからおろし、ゴムべらでよく混ぜる。仕上がりはとろりとやわらかい状態(5)。
＊なめらかさに欠けて分離気味に見えるのは、サヴァラン生地特有の質感。
⑦　口径16mmの丸口金をつけた絞り袋に⑥を入れ、オイル(食品用離型剤)を吹きつけたフレキシパンに20gずつ絞り入れる(6)。
⑧　約2倍にふくらむまで、室温で10〜15分間発酵させる(7)。
⑨　190℃のコンベクションオーブンで約12分焼く。逆さにしてフレキシパンをはずし、サヴァラン生地を天板に移す。
⑩　160℃のコンベクションオーブンでさらに約20分間、乾燥させるように焼く(8)。室温で冷ます。

赤ワインのシロップ
①　鍋に赤ワインの半量、オレンジとレモンの皮を入れて火にかける。沸騰したら火を止め、ふたをして5分間ほど置いてアンフュゼする(9)。
②　別鍋に残りの赤ワイン、グラニュー糖、オレンジ果汁を入れて45〜50℃に温め、グラニュー糖を溶かす。
③　①と②を深めのバットに入れ、混ぜる。グランマルニエを加え混ぜる(10)。
＊この時点でシロップが約55℃になる。

組み立て
①　パータ・サヴァランの丸くふくらんだ頭の部分を薄くそぎ落とす。
②　そぎ落とした面を下にして赤ワインのシロップに浸す。ふたをして5分間、裏返して45分間漬ける(11)。網にのせ、余分なシロップをきる。

赤ワインとフランボワーズのジュレ
①　鍋に赤ワインのシロップとフランボワーズのピュレを入れ、人肌程度に温める。
②　溶かした板ゼラチンに少量の①を2回に分けて加え、そのつど泡立て器で均一に混ぜる(12)。①に戻し、泡立て器で混ぜてから漉す。

ヨーグルトとシナモンのクレーム・シャンティイ
①　ヤオルトシャンティイ(13)を泡立て器でほぐし、なめらかな状態にする。生クリームを3回に分けて加え、そのつど均一になるまで混ぜる。
②　シナモンパウダーを加え混ぜ(14)、ラップをかけて冷蔵庫で一晩休ませる。
＊一晩休ませることで、シナモンパウダーが全体になじむ。
③　使用する直前に粉糖を加え、高速のミキサーで角が立つまでしっかり泡立てる(15)。
＊このクリームは泡立ちにくく、しっかり泡立ててもボソボソにはならない。

クレーム・ディプロマット
①　クレーム・パティシエールをゴムべらでなめらかに混ぜ、しっかり泡立てたクレーム・シャンティイを加えて均一になるまで混ぜ合わせる(16)。

仕上げ

① 〈組み立て〉のパータ・サヴァランを、高さ2.5cmのバールに合わせて切る。切り口から一部を逆円すい状に切り抜く(17)。
＊波刃の包丁を使い、生地を回しながら切ると切りやすい。
② クレーム・ディプロマットを口径12mmの丸口金をつけた絞り袋に入れ、グラスに30gずつ絞り入れる。布巾の上でグラスを軽く打ちつけ、クリームを平らにする。
③ ①の切り口を下にして②に入れる。上から軽く押し、クレーム・ディプロマットに密着させる(18)。
④ オレンジのマーマレードを12gずつ中央にのせ、スプーンの背で平らにする。
⑤ 赤ワインとフランボワーズのジュレを室温に調整し、④に15gずつ流し入れる。
⑥ オレンジの果肉4切れを、ロザス状(花形)になるように並べる。ジュレが固まるまで冷蔵庫で冷やす(19)。
⑦ ヨーグルトとシナモンのクレーム・シャンティイを、パレットナイフで隙間のないように⑥に詰める。表面をなだらかなすり鉢状にならす。
⑧ 残りのヨーグルトとシナモンのクレーム・シャンティイを、8切・10番の星口金をつけた絞り袋に入れ、ロザス状にこんもり絞る(20)。
⑨ アマンド・キャラメリゼを3〜5mm角にきざみ、粒の大きいもの、細かく砕いたものに分ける(21)。順に⑧の表面に散らす。
＊細かく砕いたアーモンドもふることで、ナチュラルな印象になる。
⑩ オレンジの皮のコンフィをピンセットでふんわりのせる(22)。

パリ郊外のナンテール・ヴィルに住んでいた時、マルシェにフェルミエ(農家製)の乳製品屋が店を出していました。そこでキャラメルのヨーグルトを目にして食べてみたところ、おいしかったのです。「意外にヨーグルトはいろいろな素材に合わせられる」という発見になりました

2
パリへの憧れ
Paris m'inspire

　パリが好きです。どこが好きかと問われても、どうにも答えられないくらい憧れています。言葉にしてしまうと気恥ずかしいし、パリを想う自分の気持ちとは違う気がしてしまう。それはなぜなんだろうと、ずっと思っていました。私の頭に浮かぶパリは、ガイドブックやファッション誌のお洒落で優雅でキラキラ輝く姿とはほど遠い、グレートーンの街です。曇り空を映すセーヌ川の流れや、石造りの建物がずっと続く街並みを心から美しいと思います。25歳で初めて訪れたパリは冬で、雪は降っていないけれど冷たくて、それがすごくパリっぽいと感じました。たぶんその原風景は、映画好きな母の影響で子供の頃に見た、古いフランス映画の中にあるのだと思います。

　中学生時代から通い始めた映画のパンフレットを売るお店には、プレミアがつくような古い映画のパンフレットやポスターがいっぱいありました。そこで目にした『太陽がいっぱい』のポスターがすごく大人っぽく見えて、好きになったのがルネ・クレマンという映画監督です。『居酒屋』では、昔ながらのギャルソンのいで立ちと立ち振る舞いにフランスっぽさを感じ、『禁じられた遊び』では、世の中には怖いこともたくさんあることを知りました。『パリは霧に濡れて』という心理サスペンスも、どこかミステリアスですごく魅かれて……。彼の映画はどれも、華やかで非日常的なエンターテインメントとは大きく異なり、どれも現実的で生活感があります。だからこそ映し出される街並みもリアルに見えて、自分に近いものとして感じられたのでしょう。彼の映画から伝わってくるものは、ストーリーや雰囲気も含めてグレー以外の何ものでもなく、自然にそれが僕にとってのパリの風景になっていったのだと思います。映画だけでなく、古い『ヴォーグ』で見たパリの街並みも、愛読書の山本益博さんの『パリのお菓子屋さん』（文化出版局）で感じた街の雰囲気も、やっぱり同じようにグレーでした。

　実際に修業でパリに渡り、肌に合うと感じたのがセーヌ川右岸の地区でした。古きよきビストロ「シャルティエ」や、「ア・ラ・メール・ド・ファミーユ」がある2区や9区のごちゃっとした下町っぽい感じが、今でも大好きです。『パリのお菓子屋さん』や辻静雄さんの本から思い描いていたパリの景色とも重なり、胸が高鳴りました。少し歩けばオペラ座やシテ島があり、細い道をたどるのも楽しくていくらでも歩いてしまいます。考えごとをしたい時は、遊歩道に腰かけてセーヌ川の静かな流れを見ていると、心が落ち着きます。明け方にレ・アールからモンマルトルまで歩いて坂を上り、ムーラン・ルージュが現れた時の幻想的な風景といったら！　そういう言葉ではなかなか伝えにくい景色やニュアンスが、すごくいいなと思います。「パリセヴェイユ」という店名も、歌や映画のタイトルになってもいますが、"パリが目覚める"という直訳した日本語ではけっして伝わらない、フランス的な景色やニュアンスが感じられる言葉。店を訪れるフランス人は決まって、お菓子より先に店名を褒めてくれます。

　パリで時間がある時は、今も昔も変わらず、とりあえずセーヌ川右岸のカフェへ。椅子に腰かけてエスプレッソを2杯ほど飲んで、ぼーっとしたり、書類を広げたり。お腹がすいたら、ステック・フリット（ステーキとフライドポテト）や、サラダ・ランデーズ（ランド地方の具だくさんのサラダ）、サラダ・ニソワーズ（ニース風サラダ）を頬張り、大満足。そういう何気ない時間が好きなのです。

右上：セーヌ川に浮かぶボート／右下：夕暮れのセーヌ川／左上：夕陽に輝くセーヌ川とエッフェル塔／左下：モンマルトルの朝

Suprême
シュープレーム

フランスでアルノー・ラエールと出会えたことは、私の宝物です。彼が前オーナーから引き継いでお菓子を作っていた、「ペッシュ・ミニョン」という小さな店。そこを初めて訪れた時の輝きは、今も忘れられません。どのお菓子も数個ずつしか並んでいませんでしたが、どれも工夫してていねいに作られているのがわかりました。その時に食べたのが、「シュープレーム」です。パリッとしているのは周りのチョコレートだけ。非常にやわらかくて一体感のあるテクスチャーの中で、ミュール（ブラックベリー）や紅茶を合わせ、チョコレートの味わいに広がりを持たせていて、感銘を受けました。その後移転し、「アルノー・ラエール」と改名した店で、幸運にも私は彼と一緒に厨房に立つことになりました。何より共感したのは、お客さまの期待を裏切らず、純粋においしさを伝えたいという、ブルターニュ人らしい実直な姿勢です。個人店の原点を見た気がして、自分の進むべき方向が定まっていきました。そして帰国する際、日本でこのお菓子を作ることを許してくれたアルノー。今ではシェフとスタッフという関係も国境も越え、お互いに経営者として語り合い、教え合う友達同士となっています。

上から
・ブラックベリー
・ヌガチン・グリュエ
・グラサージュ・ミロワール・ショコラ
・ブラックベリー風味のチョコレートムース
・カシスとフランボワーズのシロップ
・ビスキュイ・アマンド・ショコラ
・ブラックベリー風味のチョコレートムース
・ブラックベリーティーのクリーム
・ブラックベリー風味のチョコレートムース
・カシスとフランボワーズのシロップ
・ビスキュイ・アマンド・ショコラ
・側面はビターチョコレートのプラケット

シュープレーム　　Suprême

材料　（4.5×4.5×高さ4cm・48個分）

ビスキュイ・アマンド・ショコラ
Biscuit aux amandes au chocolat
（57×37cm、高さ1cmのシャブロン型・1台分）

パート・ダマンド	pâte d'amande	221g
粉糖	sucre glace	83g
卵黄	jaunes d'œufs	138g
全卵	œufs entiers	83g
卵白*	blancs d'œufs	200g
グラニュー糖	sucre semoule	198g
薄力粉	farine ordinaire	69g
カカオパウダー	cacao en poudre	69g
溶かしバター	beurre fondu	69g

＊卵白は冷やしておく。

カシスとフランボワーズのシロップ
Sirop à imbiber cassis et framboise

基本のシロップ（p250）	base de sirop	150g
カシスのリキュール*	crème de cassis	75g
フランボワーズのオー・ド・ヴィー	eau-de-vie de framboise	38g

＊すべての材料を混ぜ合わせる。
＊カシスのリキュールは「クレーム・ド・カシス」を使用。

ブラックベリー風味のチョコレートムース
Mousse chocolat à la mûre

クーベルチュールA*（ビター、カカオ64％） couverture noir		257g
クーベルチュールB*（ミルク、カカオ40％） couverture au lait		153g
ブラックベリーのピュレ	purée de mûre	295g
生クリームA（乳脂肪35％） crème fraîche 35% MG		165g
バター	beurre	42g
卵黄	jaunes d'œufs	83g
グラニュー糖	sucre semoule	83g
生クリームB（乳脂肪35％） crème fraîche 35% MG		365g
生クリームC（乳脂肪35％） crème fraîche 35% MG		580g

＊クーベルチュールAは「マンジャリ」を、Bは「ジヴァラ・ラクテ」（ともにヴァローナ社）を使用。

ブラックベリーティーのクリーム
Crème au thé mûre

生クリーム（乳脂肪35％） crème fraîche 35% MG		525g
ブラックベリーティーの茶葉 thé de mûrier		35g
卵黄	jaunes d'œufs	130g
グラニュー糖	sucre semoule	210g
板ゼラチン	gélatine en feuilles	7g

ブラックベリー（シロップ漬け） compote de mûre		48粒
グラサージュ・ミロワール・ショコラ（p259） glaçage miroir chocolate noire		適量
ビターチョコレートのプラケット（p253） plaquette de chocolate noir		1個あたり4枚使用
ヌガチン・グリュエ（p257） nougatine grué		適量

作り方

ビスキュイ・アマンド・ショコラ

① パート・ダマンドを約40℃に温めてミキサーボウルに入れ、粉糖を加える(1)。ビーターをつけた低速のミキサーで、そぼろ状になるまで混ぜる。

② 全卵と卵黄を溶きほぐし、約40℃に温める。そのうち半量を①に少量ずつ加え、混ぜていく。⅓量と半量を混ぜ終わった時に、ビーターとボウルについた生地をゴムべらで払う。

③ 残りの卵を一度に加え、高速で混ぜる。充分に空気を含み、白くもったりした状態になったら、中速→中低速→低速と速度を落とし、キメを整える(2)。リボン状に流れ落ちる状態になったら、ボウルに移す。

④ ③で低速にしたタイミングで、卵白を高速のミキサーで泡立てる。グラニュー糖を4分立て、6分立て、8分立てのタイミングで⅓量ずつ加え、目が詰まり、ねっとりしたメレンゲを作る。

＊泡立ての目安はp21〈フォン・ド・シュクセ〉②を参照。泡立てすぎると、焼く間に一度ふくらんだあとしぼんでしまうので、一歩手前で止める。

⑤ ミキサーからおろし、泡立て器でキメを整えるように混ぜる。⅓量を③に加え、ゴムべらで混ぜ合わせる(3)。

⑥ 合わせた薄力粉とカカオパウダーを加えながら混ぜ、ほぼ混ざったら残りのメレンゲを少しずつ加え、均一になるまで混ぜる(4)。

⑦ 約60℃の溶かしバターに⑥をひとすくい入れ、泡立て器でよく混ぜる。これを⑥にもどし、少しツヤが出るまでゴムべらで混ぜ合わせる。
⑧ オーブンペーパーに57×37cm、高さ1cmのシャブロン型をのせ、⑦を流し入れて平らにならす(5)。
⑨ 型をはずし、ペーパーごと天板にのせ、175℃のコンベクションオーブンで約17分間焼く。ペーパーごと網にのせ、室温で冷ます(6)。
＊パート・ダマンドを泡立てて作る生地はとろんと重めの質感に。メレンゲに加える砂糖も多いため、目が詰まってしっとり焼き上がる。

<u>組み立て1</u>
① ビスキュイ・アマンド・ショコラの焼き面を薄くそぎ落とす(7)。端を切り落とし、37×28.5cm、高さ4cmのカードルの外側に合わせて2枚切る。
② 天板にカードルをのせ、内側にビスキュイを1枚、そぎ落とした面を上にして敷き込む。もう1枚はラップをかけて取りおく。
③ カシスとフランボワーズのシロップ125gを、刷毛でまんべんなく打つ(8)。

ブラックベリー風味のチョコレートムース
① 2種のクーベルチュールを湯煎にかけ、⅓ほど溶かす。
② ブラックベリーのピュレ、生クリームA、バターを銅ボウルに入れ、沸騰させる(9)。
③ 並行して別のボウルに卵黄を溶きほぐし、グラニュー糖を加えて泡立て器ですり混ぜる。
④ ②の⅓量を③に加え、よく混ぜる(10)。これを②にもどし入れて中火にかけ、クレーム・アングレーズの要領で、へらで混ぜながら82℃になるまで加熱する(11)。
⑤ ④を漉して①に入れる。泡立て器で中心から混ぜ始め、徐々に周りに広げて全体をすり混ぜる(12)。
⑥ スティックミキサーで、ツヤが出てなめらかに乳化するまで混ぜる(13)。
＊ブラックベリーのピュレが入っているので、少しざらっとした質感になる。
⑦ ⑥から390gをボウルに取り、約40℃に調整する。生クリームBを7分立てにし、そのうち¼量を加え、泡立て器で均一に混ぜる(14)。
＊残ったブラックベリー入りクリームは〈組み立て2〉で使う。
⑧ ⑦を残り¾量の生クリームBに少しずつ加えながら、混ぜ合わせる。ゴムべらに持ち替えて底からムラなく混ぜる。
⑨ 〈組み立て1〉のビスキュイの上に流し入れ、パレットナイフで平らにならす(15)。天板ごと台に軽く打ちつけ、表面を平らにする。ショックフリーザーで冷凍する。残ったムースは取りおく。

ブラックベリーティーのクリーム
① 生クリームを沸かし、火を止めてブラックベリーティーの茶葉を入れる。ふたをして10分間アンフュゼする。
② 漉して銅ボウルに入れる。茶葉をゴムべらでぎゅっと押してクリームをきっちり絞り入れ、525gを計量する(16)。足りないぶんは生クリーム(分量外)を加え、中火にかける。

③　並行して卵黄とグラニュー糖をすり混ぜ、グラニュー糖を溶かす。
④　②がフツフツと沸いてきたら⅓量を③に加え、泡立て器でよく混ぜる。これを②にもどし入れる。中火にかけ、クレーム・アングレーズの要領で、82℃になるまでへらで混ぜながら加熱する(17)。
⑤　火を止め、板ゼラチンを加えて混ぜ溶かす。漉して氷水にあて、混ぜながら15℃まで冷やす(18)。
⑥　〈ブラックベリー風味のチョコレートムース〉⑨で冷凍したムースの上に、⑤を全量流し入れる(19)。パレットナイフで表面をならし、天板ごと台に軽く打ちつけ、平らにする。ショックフリーザーで冷凍する。

組み立て2

①　取りおいたブラックベリー風味のチョコレートムースを約40℃に温め、スティックミキサーにかけてなめらかに乳化させる。
②　生クリームCを7分立てにし、¼量を①に加えて泡立て器で混ぜる。
③　②を残りの生クリームに加えながら、やさしく混ぜる(20)。ゴムべらに持ち替え、均一になるまで混ぜる。
④　③を750g計量し、冷凍したブラックベリーティーのクリームの上に流し、パレットナイフで平らにならす(21)。残ったムースは取りおく。
⑤　取りおいたビスキュイ・アマンド・ショコラを、そぎ落とした焼き面を下にして④にかぶせる。バットをのせて上から押さえ、ビスキュイを密着させつつ平らにする。
⑥　カシスとフランボワーズのシロップ138gを刷毛でまんべんなく打つ。
⑦　高さ1cmのバールをカードルの下に入れてカードルを1cm持ち上げ、残りの④を流し入れる(22)。パレットナイフで表面をならしてから平刃包丁を全体にすべらせて平らにし、縁についたムースを取り除く。ショックフリーザーで冷凍する。
＊バールをかませたのは、菓子に対してカードルの高さが1cm足りないため。カードルの高さが5cmあればこの工程は不要。
⑧　側面をバーナーで温めてカードルをはずし、平刃包丁で4.5cm角に切り分ける。ショックフリーザーで冷凍する。

仕上げ

①　グラサージュ・ミロワール・ショコラを温め、スティックミキサーでなめらかにする(23)。菓子の上面を浸したら傾け、パレットナイフをすべらせて余分なグラサージュを落とす。ショックフリーザーで冷やし固める。
②　グラサージュ・ミロワール・ショコラに、次は上面から約1cmまで浸す(24)。菓子を傾け、パレットナイフをひとつの側面にすべらせて余分なグラサージュを落とす。台紙にのせ、グラサージュにつかないようにふたをし、霜がとれるまで室温で解凍する。
③　ビターチョコレートのプラケットを、側面に1枚ずつ、重ならないようにずらして貼りつける(25)。上面のグラサージュの一部をペティナイフで削り、汁気をきったブラックベリーのシロップ漬けをのせる(26)。ヌガチン・グリュエを二等辺三角形になるよう手で割り、飾る。

「シュープレーム」の奥深い味わいは、アルノーの人柄そのものだと思います。言葉数が少なく、おとなしい印象でありながら、お菓子の中では驚くほど雄弁。お店の地下にある厨房で、2人で一緒に生菓子の仕上げをしながら、お菓子やお互いのことを話し、徐々に距離を縮めていった日々が懐かしく思い出されます🖊

ムッシュ・アルノー
Monsieur Arnaud

「パリセヴェイユ」の開店にあたって、アルノー・ラエールへのオマージュとして作ったのが、このお菓子です。彼が好きなオレンジとチョコレートを組み合わせ、彼の「レシフ」というプティガトーのフォルムをモチーフに、パリで私が受けたさまざまな衝撃を詰めて形にしました。その衝撃とは、たとえばミルクチョコレートを使ったお菓子のおいしさ。それまではお菓子に使うチョコレートといえばビターが当たり前でしたが、ピエール・エルメの「プレジール・シュクレ」をはじめ、ミルクチョコレートでお菓子を作ることが広がりつつあったのがこの時期でした。薄いチョコレートやフイヤンティーヌをはさむなど、食感が重視され始めたのもこの時期。また、セルクルを使わず、各パーツを作りながら組み立てていくお菓子の構成も、私の目には新しく映ったものでした。つまりこのお菓子は、私があの時代にパリにいて、アルノーとともに働いていたことの象徴であり、当時の自分の思いも込めた大切なひと品なのです。2004年にアルノーが初来日した際、私の店に来てこのお菓子を見つけ、すごく喜んでくれました。フランスに帰ってからも、折に触れてこのお菓子のことを仲間たちに話しているようです。

上から
・デコール・ショコラ
・オレンジの皮のコンフィ
・ビターチョコレートのフロッカージュ
・オレンジ風味のクレーム・シャンティイ・ショコラ
・ミルクチョコレートのプラケット
・オレンジ風味のガナッシュ
・ミルクチョコレートのプラケット
・オレンジ風味のガナッシュ
・ヘーゼルナッツのプラリネ・クルスティヤン
・ビスキュイ・ダコワーズ・ノワゼット

ムッシュ・アルノー
Monsieur Arnaud

材料 （8×4cm・30個分）

オレンジ風味のクレーム・シャンティイ・ショコラ
Crème Chantilly à l'orange et au chocolat
(1個35g使用)

- 生クリーム（乳脂肪35％） crème fraîche 35% MG　668g
- オレンジの皮（細かくすりおろす） zestes d'orange　1個分
- クーベルチュール*（ミルク、カカオ40％） couverture au lait　465g

＊クーベルチュールはヴァローナ社「ジヴァラ・ラクテ」を使用（以下同）。

ビスキュイ・ダコワーズ・ノワゼット
Biscuit dacquoise à la noisette
(8.5×4cmのフィナンシェ型・30個分)

- 卵白* blancs d'œufs　234g
- グラニュー糖 sucre semoule　78g
- ヘーゼルナッツパウダー noisettes en poudre　210g
- 粉糖 sucre glace　210g
- ヘーゼルナッツ（皮付き） noisettes　225g

＊卵白は冷やしておく。

オレンジ風味のガナッシュ
Ganache chocolat au lait à l'orange
(1個18g使用)

- 生クリーム（乳脂肪35％） crème fraîche 35% MG　400g
- オレンジの皮（細かくすりおろす） zestes d'orange　1個分
- クーベルチュール*（ミルク、カカオ40％） couverture au lait　460g
- グランマルニエ Grand-Marnier　10g

ヘーゼルナッツのプラリネ・クルスティヤン
Praliné croustillant de noisettes
(1個20g使用)

- クーベルチュール（ミルク、カカオ40％）* couverture au lait　83g
- ヘーゼルナッツのプラリネ praliné de noisettes　330g
- 溶かしバター beurre fondu　33g
- フイヤンティーヌ feuillantine　198g

その他
- ミルクチョコレートのプラケット (p253) plaquette de chocolat au lait　60枚
- ビターチョコレートのフロッカージュ (p262) flocage de chocolat noir　適量
- デコール・ショコラ (p254) décor chocolat　30枚
- オレンジの皮のコンフィ (p263) écorces d'orange confites　60枚

作り方

オレンジ風味のクレーム・シャンティイ・ショコラ

① クーベルチュールを湯煎にかけ、¾ほど溶かす。
＊④で生クリームと合わせた時に40℃になるよう、溶かし具合を加減する。

② 鍋に生クリームとすりおろしたオレンジの皮を入れ、沸騰させる。火を止めてふたをし、10分間アンフュゼする。

③ ②を漉す。オレンジの皮をゴムべらでぎゅっと押し、クリームをきっちり絞る(1)。

④ ③を140g計量し、①に入れる。泡立て器で中心からすり混ぜ、徐々に周りに広げて全体を混ぜる(2)。
＊先にクリームの3割ほどとクーベルチュールを充分に乳化させ、ガナッシュの基盤を作る。このように2段階に分けてクリームを加えるほうが、しっかりした乳化状態を得られる。

⑤ 深い容器に移し、スティックミキサーでツヤのあるなめらかな状態になるまで乳化させる(3)。

⑥ ボウルに入れ、残りの③を加えてなめらかな状態になるまで、ゴムべらでていねいに混ぜる(4)。冷蔵庫で4日ほど休ませる。

＊あとから加えるクリームは、泡立てるためのもの。ここで完全に乳化させると泡立ちが悪く、質感が重くなるのでスティックミキサーは使わない。4日ほど休ませることでチョコレートの粒子が整い、安定する。

ビスキュイ・ダコワーズ・ノワゼット

① フィナンシェ型にポマード状のバター（分量外）を刷毛でぬり、強力粉（分量外）をふって余分な粉を落とす。冷蔵庫に入れておく(5)。
② 皮付きヘーゼルナッツを天板に広げ、160℃のコンベクションオーブンで約12分間ローストする。目の粗いザルに入れてこすりつけ、皮を取り除く。半分に割り、細かく砕いたものと分けてそれぞれ取りおく(6)。
＊ヘーゼルナッツの芯まで火を入れるが、焼きすぎると甘みがなくなり、苦みが出るので注意。
③ 卵白を高速のミキサーで泡立て、4分立て、6分立て、8分立てのタイミングでグラニュー糖を1/3量ずつ加え、しっかり角が立つまで泡立てる(7)。
＊泡立ちの目安は、p21〈フォン・ド・シュクセ〉②を参照。
④ ミキサーからおろし、ゴムべらでざっと混ぜる。合わせたヘーゼルナッツパウダーと粉糖を加えながら、粉が見えなくなるまで底から混ぜる(8)。いったんボウルやへらについた生地をはらい、少し粘りが出るまで再び混ぜる(9)。
＊生地が軽いと焼いた時に一度ふくらんでからしぼみ、中心に芯が残るので、ここである程度生地を殺しておく。
⑤ 口径13mmの丸口金をつけた絞り袋に④を入れ、型に丸みを持たせて絞り入れる(10)。
＊型の高さまで絞るが、角まできっちり絞り入れる必要はない。
⑥ ②のヘーゼルナッツを、半割→細かく砕いたものの順にふる(11)。手で軽く押さえる。
＊大きさを分けておくことで、バランスよくふりかけられる。
⑦ 170℃のコンベクションオーブンで約20分間焼く(12)。型からはずし、網にのせて室温で冷ます。

オレンジ風味のガナッシュ

① クーベルチュールを湯煎にかけ、2/3ほど溶かす。
＊生クリームと合わせた時に40℃になるように、溶かし具合を調整する。
② 鍋に生クリームとすりおろしたオレンジの皮を入れ、沸騰させる(13)。火を止めてふたをし、10分間アンフュゼする。
③ ②を漉す。オレンジの皮をゴムべらでぎゅっと押し、クリームをきっちり絞る。
④ ③を230g計量し、①に入れる。泡立て器で中心からすり混ぜ、徐々に周りに広げて全体を混ぜる(14)。
＊〈オレンジ風味のクレーム・シャンティイ・ショコラ〉④と同様に、クーベルチュールにクリームを2段階に分けて加え、しっかりした乳化状態にする。
⑤ 深い容器に移し、スティックミキサーでツヤのあるなめらかな状態になるまで乳化させる。
⑥ 残りの③とグランマルニエを加え、泡立て器で混ぜる。スティックミキサーに持ち替え、ツヤのあるなめらかな状態になるまで乳化させる(15)。
⑦ バットに流し、表面に膜ができないようにふたをする(16)。ショックフリーザーで15分間冷やし固めたら、室温で保存する。

ヘーゼルナッツのプラリネ・クルスティヤン

① クーベルチュールを湯煎にかけて溶かし、40℃に調整する。
② ヘーゼルナッツのプラリネに①を加え、ゴムべらで均一になるまで混ぜる。
③ 約40℃の溶かしバターを加え混ぜる(17)。フイヤンティーヌを加え、ゴムべらでさっくり混ぜ合わせる(18)。

<u>組み立て</u>

① オレンジ風味のガナッシュを2時間ほど室温でもどし、ゴムべらでなめらかな状態になるまで混ぜる。
② ビスキュイ・ダコワーズ・ノワゼットに、ヘーゼルナッツのプラリネ・クルスティヤンを20gずつのせ、パレットナイフですき間がないよう押さえながら平らにのばす(19)。
③ 口径5mmの丸口金をつけた絞り袋に①を入れ、②に9gずつ絞る(20)。
＊ガナッシュが多いと食べた時の印象が重くなるので、絞る量は適量にとどめる。
④ ミルクチョコレートのプラケットをのせ、軽く押さえて接着させる。
⑤ ③〜④をもう一度繰り返す(21)。冷蔵庫で冷やし固める。
⑥ オレンジ風味のクレーム・シャンティイ・ショコラを氷水にあて、もったりとするまでゴムべらで混ぜる(22)。サン=トノーレの口金をつけた絞り袋に入れ、⑤の上に32gずつ絞る。
＊絞り終わりは外にはみ出さないよう、内側へ向かって切る。絞り始めのクリームもパレットナイフで整える(23)。
⑦ ふたをしてショックフリーザーで冷やし固める。

<u>仕上げ</u>

① 菓子を天板に並べ、約50℃に温めたビターチョコレートのフロッカージュを全体にピストレする(24)。別の天板に移す。
② デコール・ショコラのフィルムをはがし、温めたペティナイフで端を斜めに切る。①の中央に刺す。オレンジの皮のコンフィの水気をきり、2枚ずつあしらう(25)。

アルノーと働いていた時、いつか彼が日本でデモンストレーションをする際は、私がアシスタントをするというのが、2人の約束でした。2004年にそれが果たせたことを、一緒に喜び合いました

F
orêt-Noire
フォレ=ノワール

「ル・ストゥブリ」は、パリのお菓子屋さんの中でも大好きなお店のひとつでした。木造りの佇まいも素敵でしたし、ドイツ菓子はどれもおいしかった！ シナモンが香るリンゴのコンポートをぎっしり詰めた、背の高いタルト・ポムも、ザッハトルテも、リンツァートルテも！ フランス菓子にはなかなか出せないダイナミックなおいしさがあり、難しいことを言わない簡潔さがいいと思いました。すごく働きたかったのですが、フランス菓子ではないことに躊躇して、結局踏み出せないまま。唯一、「これならば私にもフランス菓子として取り入れられる！」と喜んだのが、シュヴァルツヴァルダーキルシュトルテ（フォレ＝ノワール）です。東欧でもフランスでも作られていて、私にとっていわば、うらやましくても踏み込めない世界との境界線にあるお菓子。シンプルながらお酒が上手に使われていて、よくできたお菓子だと思います。私の「フォレ＝ノワール」はキルシュをしっかり効かせ、クレームはゼラチンの代わりにジュレ・デセールを使って軽やかに。表面にはがっつり噛みごたえのあるコポーをまとわせました。「コポーは分厚くしちゃだめ」と決まり文句のように言われますが、私はこれもまたおいしいと思います。

上から
・ビターチョコレートのコポー
・グリオッティーヌ
・ムース・オ・ショコラ
・ビスキュイ・ショコラ
・クレーム・キルシュ
・グリオッティーヌ
・スパイス風味のグリオットのマセレ
・キルシュ風味のグリオットのシロップ
・ビスキュイ・ショコラ

フォレ=ノワール Forêt-Noire

材料　材料（直径12cm、高さ5cmのセルクル・5台分）

ビスキュイ・ショコラ
Biscuit au chocolat
（60×40cm、高さ2cmの天板・1枚分）
- 卵白*　blancs d'œufs　500g
- グラニュー糖　sucre semoule　500g
- 卵黄　jaunes d'œufs　188g
- 薄力粉　farine ordinaire　65g
- コーンスターチ　fécule de maïs　85g
- カカオパウダー　cacao en poudre　100g

*卵白を冷やしておく。

キルシュ風味のグリオットのシロップ
Sirop à imbiber griottes au kirsch
- グリオットのシロップ*　sirop aux griottes　138g
- キルシュ　kirsch　36g
- 基本のシロップ（p250）　base de sirop　43g

*p264「スパイス風味のグリオットのマセレ」の漬け汁を使用。
*すべての材料を混ぜ合わせる。

クレーム・キルシュ　Crème kirsch
（1台100g使用）
- クレーム・パティシエール（p248）
- crème pâtissière　165g
- キルシュ　kirsch　20g
- ジュレ・デセール*　"gelée dessert"　15g
- 生クリーム（乳脂肪35％）
- crème fraîche 35% MG　390g

*DGF社「ジュレ・デセール」を使用。ゼラチンに甘みやでんぷんを加えてあり、水でもどす必要がなく、直接加えることができる。

ムース・オ・ショコラ
Mousse au chocolat noir
（1台105g使用）
- クーベルチュール（ビター、カカオ61％）*
- couverture noir　160g
- グラニュー糖　sucre semoule　33g
- 水　eau　13g
- 卵黄　jaunes d'œufs　45g
- 生クリーム（乳脂肪35％）
- crème fraîche 35% MG　275g

*クーベルチュールはヴァローナ社「エクストラ・ビター」を使用。

ビターチョコレートのコポー（p254）
- copeaux de chocolat noir　適量
- カカオパウダー　cacao en poudre　適量
- スパイス風味のグリオットのマセレ（p264）
- griottes macerées aux épices　適量
- グリオッティーヌ　griottines　適量
- ナパージュ・ヌートル
- nappage neutre　適量

作り方

ビスキュイ・ショコラ

① 卵白を高速のミキサーで泡立てる。4分立て、6分立て、8分立てのタイミングでグラニュー糖を⅓量ずつ加え、しっかり角が立ち、ホイッパーにモコモコとからみつくまで泡立てる(1)。
*泡立ちの目安は、p21〈フォン・ド・シュクセ〉②を参照。

② 溶きほぐした卵黄を加え、高速でざっと混ぜ合わせる。ミキサーからおろし、ホイッパーやボウルについた生地をはらう。

③ 合わせた薄力粉、コーンスターチ、カカオパウダーを加えながら、底から混ぜる(2)。ツヤが出て、すくい上げるとゆっくりと流れ落ちる状態になるまで混ぜ合わせる。

④ オーブンペーパーを敷いた天板に流し入れ、表面を平らにならす(3)。

⑤ 175℃のコンベクションオーブンで約20分間焼く(4)。天板ごと網にのせて室温で冷まし、天板をはずしてペーパーごと網にのせる。

組み立て1
① ビスキュイ・ショコラを天板にのせ、直径12cmと直径10.5cmの円型で各5枚ずつ抜く(5)。
＊1台あたり1枚ずつ使用する。
② 直径12cmのビスキュイは、高さ1.3cmのバールに合わせて焼き面を波刃包丁でそぎ落とす(6)。
③ 直径10.5cmのビスキュイは、高さ1cmのバールに合わせて焼き面を波刃包丁でそぎ落とす。ラップをかけて取りおく。
④ OPPシートを貼った天板に直径12cmのセルクルをのせ、②を敷く。キルシュ風味のグリオットのシロップを刷毛でたっぷり打つ(7)。

クレーム・キルシュ
① クレーム・パティシエールの半量を湯煎で約40℃に温め、ゴムべらでなめらかにする。
② ジュレ・デセールを加え、混ぜる(8)。湯煎にかけて約50℃に温め、しっかり混ぜ溶かす。
＊ジュレ・デセールはふやかす必要がないので余計な水分が加わらず、ふんわり仕上がる。
③ 残りのクレーム・パティシエールをなめらかにほぐし、キルシュを4回に分けて加え、そのつど泡立て器でよく混ぜる(9)。
④ ③を②に加えてゴムべらでよく混ぜる。温度が30℃になるようにし、低ければ湯煎にかけて温める。
⑤ 生クリームを8分立てにし、¼量を④に加えて泡立て器でよく混ぜる。これを残りの生クリームにもどし入れながら、均一に混ぜ合わせる(10)。ゴムべらに持ち替え、底からすくい上げてムラなく混ぜる。

組み立て2
① スパイス風味のグリオットのマセレとグリオッティーヌをキッチンペーパーにのせ、余分な汁気をとる(11・12)。
② 口径12mmの丸口金をつけた絞り袋にクレーム・キルシュを入れる。〈組み立て1〉のビスキュイ・ショコラの上に、縁から中心に向かってうず巻き状に60g絞る。
③ 型から1cm内側に、グリオットのマセレを1周並べる。そのすぐ内側にグリオッティーヌを1周並べる。グリオットのマセレ→グリオッティーヌともう1周ずつ並べ、中心にグリオットのマセレを置く。全体を軽く押さえて高さを整える(13)。
④ 残りのクレーム・キルシュ40gを、グリオットが隠れる程度にうず巻き状に薄く絞り入れる(14)。
⑤ 取りおいた直径10.5cmのビスキュイに、キルシュ風味のグリオットのシロップを軽く打つ。その面を下にして④にのせ、上から平らなもので押さえ、クレーム・キルシュをビスキュイの周りから浮き上がらせる(15)。
＊シロップは、ビスキュイの焼き面を切り落とした面に打つ。
⑥ ビスキュイの表面に、グリオットのシロップを刷毛でたっぷり打つ。
⑦ パレットナイフで縁のクリームを平らにし、余分なクリームをぬぐう(16)。ショックフリーザーで冷凍する。

ムース・オ・ショコラ

① クーベルチュールを湯煎にかけて溶かし、約60℃に調整する。
② グラニュー糖と水を沸騰させ、ほぐした卵黄に加えて泡立て器でよく混ぜ、漉す。
③ ミキサーボウルに入れ、沸騰直前の湯煎にかけながら泡立て器で混ぜる(17)。
④ 泡が消え、とろみがついてきたら、高速のミキサーにかける。白っぽくなり、人肌程度に冷めるまで泡立てる(18)。
⑤ 7分立てにした生クリームを①にひとすくい加え(19)、泡立て器でよく混ぜる。これを2回繰り返し、ツヤのあるガナッシュにする(20)。
⑥ 残りの生クリームを加え、泡立て器で手早く混ぜ合わせる。混ざりきらないうちに④を加え、混ぜ合わせる(21)。ゴムべらに持ち替え、均一になるまで混ぜる。

組み立て3

① 口径12mmの丸口金をつけた絞り袋にムース・オ・ショコラを入れる。〈組み立て2〉のセルクルの縁にぐるりと1周絞り入れ、スプーンの背で浅いすり鉢状にぬり広げる(22)。
② 中央に残りのムースを入れ、パレットナイフで広げてざっと平らにする。上面にパレットナイフをすべらせて平らにならし(23)、ショックフリーザーで冷凍する。

仕上げ

① セルクルの側面をバーナーで温めて型をはずし、バットにのせる。ビターチョコレートのコポーを1個ずつ、菓子の上面→側面の順に貼りつけていく(24)。全体がふんわり丸く仕上がるよう、コポーの形や大きさを組み合わせて立体感を出す。
② コポーの間を埋めるように、カカオパウダーをまんべんなくふる(25)。バットを傾け、側面にもふる。
③ 水気を取り除いたグリオッティーヌをナパージュ・ヌートルに浸し、キッチンペーパーにのせて余分なナパージュを取り除く。ピンセットでつまみ、②にのせる。
＊グリオッティーヌがコポーに埋もれないように意識し、立体感を持たせてのせる。

ちなみに私の妻は「ル・ストゥブリ」に3年間勤めていました(うらやましい！)。そんなことから私もしばしば足を運んでは、サロンでお店の人たちと話しながらコーヒーを飲み、お菓子を楽しんでいました。アットホームな雰囲気で居心地がよく、ドイツ人のパトロンも真面目でやさしい人でした

Théâtre テアートル

フランス人はチョコレートが本当に好きで、非常に敏感だと思います。とくにテクスチャーへの意識が高く、微妙な違いを、まるで使っているフルーツが違うかのように語るからすごい！ そんな彼らに、「このテクスチャーはすばらしい！」と言われるのが、「テアートル」です。主役となるのは、フワフワに泡立てたサバイヨンをたっぷり加え、形が保てるギリギリの固さに仕上げた2種のムース。なめらかですごく軽く、口に入れるとふわりと溶けます。その中から、サクサクで香ばしいフイヤンティーヌと、ほろ苦いカカオのシロップに浸したビスキュイが現れるという、シンプルな構成。レシピを吟味し、一つひとつのパーツをただただおいしく作ることだけを考えて作りました。フランスに渡って、人とは違うお菓子を作ることにとらわれ、おいしさを複雑に考えすぎていた自分に気づかされて、もう一度「お菓子作りとは？」を見つめ直す機会を与えられたからこそ、こうしたお菓子が生まれたのだと思います。丸いフォルムを形作るうち、頭に浮かんできたのはパリのオペラ座の屋根です。そう、「テアートル」とは、オペラ座のこと。大好きなその姿を私は、何度眺めたことでしょう。

上から
・ヌガチン・グリュエ
・グラサージュ・ミロワール・ショコラ
・ビターチョコレートのフロッカージュ
・ミルクチョコレートのムース・サバイヨン
・カカオのシロップ
・ビスキュイ・アマンド・ショコラ
・ビターチョコレートのムース・サバイヨン
・アーモンドのプラリネ・クルスティヤン
・側面にクラックラン・アマンド入りグラサージュ・ブロンド

テアートル　　Théâtre

材料 （直径5.5cm、高さ4cmのセルクル・20個分）

カカオのシロップ　Sirop à imbiber cacao
基本のシロップ (p250)　base de sirop　158g
水　eau　60g
カカオパウダー　cacao en poudre　18g

ビスキュイ・アマンド・ショコラ
Biscuit aux amandes au chocolat
(37×28.5、高さ1cmのシャブロン型・1枚分)
パート・ダマンド　pâte d'amandes　110g
粉糖　sucre glace　103g
全卵　œufs entiers　48g
卵黄　jaunes d'œufs　90g
卵白　blancs d'œufs　103g
グラニュー糖　sucre semoule　17g
コーンスターチ　fécule de maïs　58g
カカオパウダー　cacao en poudre　29g
溶かしバター　beurre fondu　33g

アーモンドのプラリネ・クルスティヤン
Praliné croustillent d'amandes
(60×40cmの天板・1枚分)
クーベルチュール (ミルク、カカオ40%)*
couverture au lait　222g
アーモンドのプラリネ
praliné d'amandes　890g
溶かしバター　beurre fondu　91g
フイヤンティーヌ　feuillantine　445g
＊クーベルチュールはヴァローナ社「ジヴァラ・ラクテ」を使用。

ビターチョコレートのムース・サバイヨン
Mousse sabayon au chocolat noir
クーベルチュール (ビター、カカオ61%)*
couverture noir　180g
基本のシロップ (p250)　base de sirop　98g
卵黄　jaunes d'œufs　78g
生クリーム (乳脂肪35%)
crème fraîche 35% MG　261g
＊クーベルチュールはヴァローナ社「エキストラ・ビター」を使用。

ミルクチョコレートのムース・サバイヨン
Mousse sabayon au chocolat au lait
クーベルチュールA (ミルク、カカオ40%)*
couverture au lait　157g
クーベルチュールB (ビター、カカオ61%)*
couverture noir　24g
卵黄　jaunes d'œufs　44g
基本のシロップ (p250)　base de sirop　73g
生クリーム (乳脂肪35%)
crème fraîche 35% MG　378g
＊クーベルチュールAは「ジヴァラ・ラクテ」を、Bは「エキストラ・ビター」(ともにヴァローナ社)を使用。

ビターチョコレートのフロッカージュ (p262)
flocage de chocolat noir　適量
グラサージュ・ブロンド (p259)
glaçage blonde　300g
クラックラン・アマンド (p255)
craquelin aux amandes　12g
グラサージュ・ミロワール・ショコラ (p259)
glaçage miroir chocolat noir　適量
ヌガチン・グリュエ (p257)
nougatine grué　適量

作り方

カカオのシロップ
① 基本のシロップと水を火にかけ、カカオパウダーを加えながら泡立て器で混ぜる(1)。
② へらに持ち替えて鍋肌についたカカオパウダーをはらい、底から混ぜながら沸騰させる。漉して(2)室温で冷まし、ふたをして冷蔵庫で一晩休ませる。

ビスキュイ・アマンド・ショコラ
① p40〈ビスキュイ・アマンド・ショコラ〉①~⑦の要領で生地を作る(3)。途中、薄力粉の代わりに合わせたコーンスターチをカカオパウダーを加える。
② オーブンペーパーに37×28.5cm、高さ1cmのシャブロン型をのせ、①を流し入れて平らにならす(4)。

③ 型をはずし、オーブンペーパーごと天板にのせ、175℃のコンベクションオーブンで約17分間焼く。ペーパーごと網にのせて室温で冷ます(5)。
④ ペーパーをはがし、焼き面を波刃包丁で薄くそぎ落とす。直径4.5cmの円型で抜く(6)。

アーモンドのプラリネ・クルスティヤン
① クーベルチュールを湯煎にかけて溶かし、約40℃に調整する。
② アーモンドのプラリネに①を加え、ゴムべらでなめらかに混ぜる。約40℃の溶かしバターを加え、均一になるまで混ぜる(7)。
③ フイヤンティーヌを加え、底からさっくり混ぜ合わせる(8)。
④ OPPシートを貼った天板に③を移し、隅までまんべんなく平らにのばす(9)。ある程度固まるまでショックフリーザーで冷やす。
⑤ 直径5.5cm、高さ4cmのセルクルを型抜きするようにぐっと挿し(10)、そのままの状態でショックフリーザーに入れ、完全に冷やし固める。
⑥ 裏返してOPPシートをはがし、セルクルに沿ってプラリネを抜く(11)。上下を返して天板に並べる。
＊はみ出たプラリネ・クルスティヤンは取りおき、次回使う。

ビターチョコレートのムース・サバイヨン
① クーベルチュールを湯煎にかけて溶かし、約65℃に調整する(12)。
② 基本のシロップを沸騰させる。
＊サバイヨンを作る際にシロップを120℃まで煮詰める方法もあるが、比較的軽めのムースに仕上げるため、煮詰めずに使う。
③ 卵黄を泡立て器で溶きほぐす。②を少しずつ加えながらよく混ぜ合わせる(13)。
④ ③を漉してミキサーボウルに入れ、湯煎にかけて泡立て器でとろみがつくまで混ぜる。
＊泡立て器の筋が少し残るくらいまでとろみをつける。
⑤ 高速のミキサーにかけ、しっかり空気を含ませる。中速に落とし、キメがある程度整ったら低速に落とし、約32℃になるまで混ぜる(14)。
⑥ 生クリームを6分立てにする。①のクーベルチュールと⑤をそれぞれ順に加え、そのつど泡立て器で混ぜる(15)。ゴムべらに持ち替え、全体が均一になるまで混ぜる。
＊できるだけ手早く混ぜ合わせないと、チョコレートがチップ状に固まってしまうので注意。

組み立て1

① 口径20mmの丸口金をつけた絞り袋にビターチョコレートのムース・サバイヨンを入れ、アーモンドのプラリネ・クルスティヤンのセルクルの2/3の高さまで絞り入れる(16)。
② 約40℃に温めたカカオのシロップに、ビスキュイ・アマンド・ショコラを浸す。手で軽く絞ってから、①にかぶせる。
③ プリン型をのせて上から押さえ、下にあるムース・サバイヨンをすき間から浮き上がらせる(17)。パレットナイフでビスキュイとムースを平らに整え、ショックフリーザーで冷凍する。

ミルクチョコレートのムース・サバイヨン

① 2種のクーベルチュールを湯煎にかけて溶かし、約55℃に調整する。
② 基本のシロップを沸騰させる。
＊「ビターチョコレートのムース・サバイヨン」と同様、軽めのムースに仕上げるため、シロップは煮詰めすぎない。
③ 卵黄を泡立て器でほぐし、②を少しずつ加えながらよく混ぜ合わせる。
④ ③を漉してミキサーボウルに入れ、湯煎にかけて泡立て器でとろみがつくまで混ぜる(18)。
＊泡立て器の筋が少し残るくらいまでとろみをつける。
⑤ 高速のミキサーにかけ、しっかり空気を含ませる。中速に落とし、生地のキメがある程度整ったら低速に落とし、約32℃になるまで混ぜる。
⑥ 5分立てにした生クリームを①にふたすくいほど加え(19)、泡立て器でよく混ぜる。分離してざらっとした状態になったら、さらにひとすくい加えてよく混ぜる(20)。次第に油脂がにじんでくる。
⑦ 生クリームをもうひとすくい加えて混ぜると、表面に油脂はにじんでいるが、ツヤが出て乳化が始まる(21)。さらにふたすくい加え、力強く混ぜるとねっとりしてツヤのある乳化状態になる。もうふたすくい加えて混ぜて固さをゆるめる。この時点で生地が約35℃になっているよう調整する(22)。
＊いったん分離状態にしてからつなぎ、再び乳化させることでより強い乳化が得られる。
⑧ 残りの生クリームをすべて加え(23)、泡立て器ですくうようにして混ぜ合わせる。⑤を一度に加え、泡立て器で同様に混ぜる(24)。ゴムべらに持ち替え、全体が均一になるまで混ぜる。

組み立て2

① 口径10mmの丸口金をつけた絞り袋にミルクチョコレートのムース・サバイヨンの一部を入れ、〈組み立て1〉のセルクルに1周絞り入れる。
② 型を持ち、底を軽く打ちつけて空気を抜いて平らにする。スプーンの背でムースを側面に添わせ、すり鉢状に整える(25)。
＊あらかじめムースですり鉢状の土台を作っておくで、ムースがこんもりと絞りやすくなる。
③ 口径20mmの丸口金をつけた絞り袋に残りのミルクチョコレートのムース・サバイヨンを入れ、②にドーム状に絞る(26)。ショックフリーザーで冷やし固める。

仕上げ

① ビターチョコレートのフロッカージュを約50℃に温める。菓子を天板に並べ、ドーム状のムースの部分にまんべんなくピストレする(27)。ショックフリーザーで冷やし固める。

② グラサージュ・ブロンドを約35℃に温めてなめらかにし、クラックラン・アマンドを加えてゴムべらで混ぜる(28)。

③ 型の側面をバーナーで軽く温め、菓子をはずす。ドームの頂上にペティナイフを刺して持ち上げ、ドーム(ムース)部分を除いた側面と底面を②に浸す。

④ 菓子を引き上げて傾け、余分なグラサージュを落とす(29)。底についたクラックランを指で落としてから台紙にのせ、ペティナイフを引き抜く。

⑤ グラサージュ・ミロワール・ショコラを一度温めてから絞れる固さまで冷まし、コルネに入れる。ムース部分のペティナイフのあとを基点に放射状に線を描く(30)。

⑥ ヌガチン・グリュエを二等辺三角形になるよう手で割り、ペティナイフを抜いたところに刺す(31)。

これぞムース、というまろやかで口溶けのよいテクスチャーが気に入っています。「ベタでおいしい」のがこのお菓子。グラサージュを一つひとつかけて仕上げるのは手間ですが、そうした手仕事が感じられる部分をお菓子に残しておきたいと思うのは、私の願いでもあります

G
iverny
ジヴェルニー

ジヴェルニーは、ノルマンディ地方の東端近くにある、セーヌ河畔の静かな町です。印象派の画家・モネが晩年を過ごしたことでも知られ、モネの絵の世界そのままの庭と家を訪ねることもできます。パリから近いこともあり、私もちょっとどこかへ出かけたくなると、日帰りでよく足を運びました。モネの睡蓮で知られる池の庭でぼーっとしたり、町はずれまで歩いて、広々とした牧草地で牛たちが草を食むのを眺めたり、心の底からのんびりできます。また、何とも言えずいいのが雨の日です。どんよりした空の下、セーヌ川のよどんだ水の流れといい、川面まで重くしなだれた柳の枝といい、ノルマンディらしい哀愁が辺り一面に漂っていて、心に沁みてくるのです。この「ジヴェルニー」は、そんなやさしい町の雰囲気をイメージしながら、味や色合いを考えて作りました。日本人はレモンやライムの鋭い酸味が比較的苦手な印象があるのですが、その独特な香りをうまく表現できないかと思い、ホワイトチョコレートやピスタチオと合わせています。力強くインパクトのあるお菓子を作ることが多い私にとって、このやさしさは新境地。「らしくない」とも言われますが、本人はすごく気に入っています。

ジヴェルニー　Giverny

材料　（直径15cm、高さ4cmのセルクル・6台分）

ピスタチオのプラリネ・クルスティヤン
Praliné croustillant de pistache

(57×37cm、高さ5mmのシャブロン型・1枚分)

クーベルチュール（ホワイト）
couverture blanc　270g

アーモンドのプラリネ
praliné d'amandes　150g

ピスタチオのプラリネ
praliné de pistaches　150g

溶かしバター　beurre fondu　57g

フイヤンティーヌ　feuillantines　300g

＊クーベルチュールはヴァローナ社「イヴォワール」を使用。

ビスキュイ・ピスターシュ
Biscuit à la pistache

(57×37cm、高さ1cmのシャブロン型・1枚分)

パート・ダマンド・クリュ
pâte d'amandes crue　185g

ピスタチオパウダー
pistaches en poudre　77g

全卵　œufs entiers　92g

卵黄　jaunes d'œufs　82g

卵白A　blancs d'œufs　52g

卵白B＊　blancs d'œufs　164g

グラニュー糖　sucre semoule　102g

コーンスターチ　fécule de maïs　92g

溶かしバター　beurre fondu　41g

＊卵白はよく冷やしておく。

ジンのシロップ　Sirop à imbiber gin

(1台25g使用)

基本のシロップ(p250)　base de sirop　110g

ジン　gin　45g

＊材料を混ぜ合わせる。

フランボワーズのジュレ
Gelée de framboise

(1台70g使用)

フランボワーズのピュレ
purée de frambois　100g

フランボワーズ（冷凍・砕いたもの）
frambois　180g

レモン果汁　jus de citron　1g

グラニュー糖A　sucre semoule　80g

NHペクチン＊　pectine　5g

グラニュー糖B＊　sucre semoule　54g

板ゼラチン　gélatine en feuilles　5.3g

＊ペクチンとグラニュー糖Bを混ぜ合わせておく。

ピスタチオのババロワ
Bavarois à la pistache

(1台125g)

牛乳　lait　208g

ピスタチオペースト＊　pâte de pistache　60g

ヴァニラビーンズ　gousse de vanille　0.1本

卵黄　jaunes d'œufs　120g

グラニュー糖　sucre semoule　45g

板ゼラチン　gélatine en feuilles　6.2g

生クリーム（乳脂肪35%）
crème fraîche 35% MG　400g

＊シチリア産の生のピスタチオをペーストにしたもの。アフロンティ社製。

ライム風味のムース・ショコラ・ブラン
Mousse chocolat blancs au citron vert

(1台210g使用)

クーベルチュール（ホワイト）
couverture blanc　500g

牛乳　lait　160g

ライムの皮（細かくすりおろす）
zestes de citron vert　1.5個分

ライム果汁　jus de citron vert　70g

卵黄　jaune d'œuf　45g

グラニュー糖　sucre semoule　25g

板ゼラチン　gélatine en feuilles　5g

生クリーム（乳脂肪35%）
crème fraîche 35% MG　475g

＊クーベルチュールはヴァローナ社「イヴォワール」を使用。

ライムのナパージュ　Nappage citron vert

ライム果汁　jus de citron vert　165g

グラニュー糖A　sucre semoule　150g

クエン酸　acide citrique　4g

水　eau　83g

NHペクチン＊　pectine　5g

グラニュー糖B＊　sucre semoule　30g

＊クエン酸は同量の水（分量外）で溶かしておく。

＊ペクチンとグラニュー糖Bを混ぜ合わせておく。

ライム風味のムラング・イタリエンヌ
Meringue italienne au citron vert

(作りやすい量)

水　eau　50g

グラニュー糖　sucre semoule　200g

卵白＊　blancs d'œufs　135g

ライムの皮（細かくすりおろす）
zestes de citron vert　10g

＊卵白はよく冷やしておく。

アーモンドスライス（ロースト）＊
amandes effilées　適量

ライムの皮
zestes de citron vert　適量

金箔　feuille d'or　適量

＊アーモンドスライスは、160℃のコンベクションオーブンで10〜12分間、3分おきにへらで返して広げ直しながらローストする。

|作り方|

ピスタチオのプラリネ・クルスティヤン
① p85〈ピスタチオのプラリネ・クルスティヤン〉①〜③と同様に作る。
② OPPシートを貼った天板に57×37cm、高さ5mmのシャブロン型をのせ、①をパレットで平らにのばす(1)。ショックフリーザーで冷凍する。
③ シャブロンとOPPシートをはがし、直径14cmの円型で抜く(2)。ショックフリーザーに入れておく(1台につき1枚使用)。

ビスキュイ・ピスターシュ
① パート・ダマンド・クリュを約40℃に温め、ピスタチオパウダーと一緒にミキサーボウルに入れ、ビーターをつけた低速のミキサーでざっと混ぜる(3)。
＊ピスタチオから油脂が出てくるので、混ぜすぎないこと。
② 全卵と卵黄、卵白Aを合わせて溶きほぐし、約40℃に温める。①に少量ずつ加えながら混ぜ(4)、¼量程度と半量混ぜ終わった時点でミキサーを止め、ビーターやボウルについた生地をゴムべらではらう(5)。
③ 残りの卵液を一度に加え、高速で混ぜる。充分に空気を含んで白くもったりしたら、中速→中低速→低速と段階的に速度を落としながら撹拌を続け、キメを整える(6)。すくい上げた時にリボン状に流れ落ちる状態になったら、ボウルに移す。
④ ③でミキサーを低速に落としたタイミングで、卵白Bを別の高速のミキサーで泡立てる。グラニュー糖を4分立て、6分立て、8分立てのタイミングで⅓量ずつ加え、ツヤが出てしっかり角が立つまで泡立てる(7)。
＊泡立ちの目安はp21〈フォン・ド・シュクセ〉②を参照。泡立てすぎると、焼成の際に生地が一度ふくらんだあとしぼんでしまう。
⑤ ④を泡立て器で混ぜてキメを整え、⅓量を③に加えてカードで混ぜ合わせる。
⑥ コーンスターチを加え(8)、ほぼ混ざったら残りのメレンゲを加え、均一になるまでカードで混ぜる。
⑦ 約60℃の溶かしバターを加え(9)、ツヤが少し出て均一になるまで混ぜ合わせる。
⑧ シルパットに57×37cm、高さ1cmのシャブロン型をのせ、⑦を流して平らにならす(10)。
⑨ シルパットごと天板にのせ、180℃のコンベクションオーブンで約14分間焼く(11)。三角パレットなどで生地をいったんはがし、天板にのせたまま室温で冷ます。直径14cmの円型で抜く(1台につき1枚使用)。

組み立て1
① ビスキュイ・ピスターシュの焼き面にジンのシロップを刷毛でしっかり打ち(12)、その面を下にしてピスタチオのプラリネ・クルスティヤンにかぶせる。ショックフリーザーで冷凍する(A)。

063

フランボワーズのジュレ

① 銅鍋にフランボワーズのピュレとフランボワーズ、レモン果汁、グラニュー糖Aを入れて混ぜ、沸騰させる。
② 混ぜたペクチンとグラニュー糖Bを加え、泡立て器で混ぜる(13)。へらで混ぜながら加熱し、沸騰したら強火でそのまま1分30秒間炊く。
③ 火を止めて板ゼラチンを加え、混ぜ溶かす。ボウルに移し、氷水をあててとろみが出るまで冷やす。
④ OPPシートを貼った天板に直径14cmのセルクルを並べ、③を70gずつ流し入れる。パレットナイフで平らにならし(14)、ショックフリーザーで冷凍する。
＊重ねた時にきれいな層になるよう、ジュレはきれいに流す。

ピスタチオのバヴァロワ

① p84〈ピスタチオのバヴァロワ〉①～⑨の要領で生地を作る。

組み立て2

① フランボワーズのジュレを流して冷凍したセルクルに、ピスタチオのバヴァロワを1台125gずつ流し入れ(15)、パレットナイフで平らにならす。
② 〈組み立て1〉のAを、ビスキュイ・ピスターシュを下にして①にかぶせ、手で軽く押して密着させる(16)。ショックフリーザーで冷凍する。
③ セルクルをバーナーで軽く温めてはずし、中身をショックフリーザーに入れておく(センター)。

ライム風味のムース・ショコラ・ブラン

① クーベルチュールを湯煎にかけ、½程度溶かす。
② 牛乳とすりおろしたライムの皮を鍋に入れ、沸騰させる。火を止めてふたをし、10分間アンフュゼする(17)。
③ ②を銅鍋に移して沸騰させる。
④ 並行して卵黄とグラニュー糖を泡立て器ですり混ぜ、ライム果汁を加える(18)。
⑤ ③に④を加えてへらで混ぜながら82℃まで炊く(クレーム・アングレーズ)。火からおろし、板ゼラチンを加えて混ぜ溶かす。
⑥ ⑤を①に注ぎ入れ(19)、泡立て器で中心からすり混ぜ、徐々に全体に広げて均一に混ぜる。
⑦ 深い容器に入れ、スティックミキサーでツヤのあるなめらかな状態になるまで乳化させる(20)。ボウルにもどす。
＊この時に40℃になっているのが目安。
⑧ 生クリームを6分立てにし、¼量を⑦に加えてよく混ぜる。残りの生クリームを加えて混ぜたら(21)、ゴムべらに持ち替えて均一に混ぜる。

組み立て3

① OPPシートを貼った天板に直径15cmのセルクルを並べる。
② 口径10mmの口金をつけた絞り袋にライム風味のムース・ショコラ・ブランを入れ、①に200gずつ絞り入れる。スプーンの背で型の内壁に添わせる(シュミネする・22)。
③ センターのプラリネ・クルスティヤンを下にして②にのせ、指で型の高さまで押し込む(23)。縁からあふれたムースをパレットナイフで取り除き、平らにならす。ショックフリーザーで冷凍する。

ライムのナパージュ

① 鍋にライム果汁、グラニュー糖A、クエン酸、水を入れ、沸騰させる。
② 混ぜたペクチンとグラニュー糖Bを①に加え、泡立て器で混ぜ溶かす(24)。へらで混ぜながら再度沸騰させ、そのまま約1分間炊く。
＊吹きこぼれやすいので注意。
③ 漉して室温で冷ます(25)。その後、冷蔵庫で保存する。使用する前には人肌程度の温度になるまで温める。

ライム風味のムラング・イタリエンヌ

① グラニュー糖と水を火にかけ、118℃まで煮詰める。
② ①が90℃に達した時点で卵白をミキサーボウルに入れて高速のミキサーにかけ、しっかり泡立てる。
③ ①を②に注ぎ入れながら、しっかりボリュームが出るまで泡立てる(26)。中低速→低速と速度を落とし、人肌程度の温度になるまで混ぜ続けてキメを整える。
④ すりおろしたライムの皮を加え、低速で混ぜ合わせる(27)。

仕上げ

① 型の側面をバーナーで軽く温め、菓子をはずして回転台にのせる。
② ライム風味のムラング・イタリエンヌを上面にのせる。パレットナイフの先を中心に固定し、回転台を動かしてムラングを平らにならす。側面にもムラングをパレットナイフでたっぷりつけ、回転台を動かして全体にぬる。ナイフを垂直に構え、均等な厚さにならす(28)。
③ 上面と側面からはみ出たムラングをパレットナイフで取り除く(29)。
④ 上面の中心に直径8.5cmのセルクルをのせ、印をつける。
⑤ サン＝トノーレの口金をつけた絞り袋にムラングを入れ、④でつけた印から外側に向かってひと絞りずつ風車状に絞る(30)。シルパットを敷いた天板に移し、冷凍庫で約10分間冷やす。
⑥ ローストしたアーモンドスライスを何カ所かのせ、粉糖をまんべんなくふりかける。天板を傾けて側面にもふる。
⑦ 200℃のコンベクションオーブンで約1分間焼く。
⑧ ムラングの内側にライムのナパージュを流し入れ、平らにする。そのうえにライムの皮を粗くすりおろす(31)。ムラングの先端に1カ所金箔をつける。

上から
・ライム風味のムラング・イタリエンヌ
・ライムのナパージュ
・ライム風味のムース・ショコラ・ブラン
・フランボワーズのジュレ
・ピスタチオのババロワ
・ジンのシロップ
・ビスキュイ・ピスターシュ
・ピスタチオのプラリネ・クルスティヤン

*P*ompadour
ポンパドール

バター入りのクリームと酸味がよく合うことを私に確信させたのは、「ラデュレ」で食べた「ポンパドール」です。クレーム・オ・ブールとエキゾティックフルーツのジュレを組み合わせていて、周りをキャラメリゼしたビスキュイで巻いていました。その味を土台に、誕生日や特別な日のケーキとして私なりに進化させたのが、このお菓子。多様なフルーツを合わせて新しい味わいを感じさせるジュレに仕立て、仕上げは「ラデュレ」のイメージで、淡い色合いのパート・ダマンドで覆い、グラス・ロワイヤルの繊細なパイピングを施しています。

上から
・グラス・ロワイヤル
・アラザン
・パート・ダマンド
・ココナッツのビスキュイ・ダコワーズ
・ヴァニラ風味のクレーム・ムースリーヌ
・ジュレ・エキゾチック（中央）
・ヴァニラ風味のクレーム・ムースリーヌ
・ココナッツのビスキュイ・ダコワーズ

ポンパドール　　　　　　　　　　　　　　　　　　　　　　　　　　　　　　　　Pompadour

材料　（直径15cm、高さ4cmのセルクル・3台分）

ココナッツのビスキュイ・ダコワーズ
Biscuit dacquoise à la noix de coco
(57×37cm、高さ1cmのシャブロン型・1枚分)
＊p75「ココナッツのビスキュイ・ダコワーズ」を全量使用する。

ジュレ・エキゾティック
Gelée exotique（60×40cmの天板・1台分）
パッションフルーツのピュレ
purée de fruit de la Passion　615g
グァバのピュレ　purée de goyave　240g
バナナのピュレ　purée de banane　240g
イチゴのピュレ　purée de fraise　510g
ライム果汁　jus de citron vert　240g
グラニュー糖　sucre semoule　280g
板ゼラチン　gélatine en feuilles　30g
黒コショウ（粉末）　poivre noir　1g

ヴァニラ風味のクレーム・ムースリーヌ
Crème mousseline à la vanille
クレーム・パティシエール（p248）
crème pâtissière　520g
エクストラ・ド・ヴァニーユ＊
extrait de vanille　7g
クレーム・オ・ブール（p249）
crème au beurre　1000g
＊エクストラ・ド・ヴァニーユは天然濃縮ヴァニラ原液。

グラス・ロワイヤル　Glace royal
（作りやすい量）
粉糖　sucre glace　300g
卵白　blancs d'œufs　100g
レモン果汁　jus de citron　適量

パート・ダマンド
pâtes d'amandes crue　300g
粉糖（打ち粉）　sucre glace　適量

アラザン
perles de sucre argentées　適量

> 作り方

ココナッツのビスキュイ・ダコワーズ
① p75〈ココナッツのビスキュイ・ダコワーズ〉①〜②と同様に生地を作り、57×37cm、高さ1cmのシャブロン型に流して175℃のコンベクションオーブンで約20分間焼く。天板をはずして網にのせ、室温で冷ます。
② 直径14cmの円型で6枚抜く(1台あたり2枚使用)。

ジュレ・エキゾティック
① 4種のフルーツのピュレとライム果汁、グラニュー糖を耐熱のボウルに入れて混ぜ合わせ、電子レンジで約40℃に温める。
② 溶かした板ゼラチンに、少量の①を2回に分けて加え、泡立て器で均一になるまで混ぜる。①にもどし入れ、黒コショウを加えて混ぜる。
③ OPPシートを貼った天板に流し入れ、ショックフリーザーで冷凍する。
④ 直径13cmの円型で抜き、シートをはがす。

ヴァニラ風味のクレーム・ムースリーヌ
① 室温にもどしたクレーム・パティシエールにエクストラ・ド・ヴァニーユを加え、ゴムべらでよく混ぜ合わせる。
② クレーム・オ・ブールを、ビーターをつけた中速のミキサーでなめらかに混ぜる。①をひとすくいずつ約5回に分けて加え、そのつど軽く泡立てるように混ぜる。①を半量混ぜた時とすべて混ぜ終わった時に、ビーターとボウルについたクリームをゴムべらではらい、ムラのないよう底から混ぜ合わせる。

組み立て
① セルクルの側面の内側にパレットナイフでヴァニラ風味のクレーム・ムースリーヌを薄くぬり、OPPシートを貼った天板にのせる。
② ココナッツのビスキュイ・ダコワーズを1枚、①の底に敷く。口径12mmの丸口金をつけた絞り袋にヴァニラ風味のクレーム・ムースリーヌを入れ、ビスキュイの上に外側から中心に向かってうず巻き状に絞る。
＊セルクルの高さの半分より少し低いところまで絞り入れる。
③ ②の中央にジュレ・エキゾティックをのせ、軽く押さえて密着させる。
④ ヴァニラ風味のクレーム・ムースリーヌを、外側から中心に向かってうず巻き状に絞る。
＊セルクルの高さから約1.2cm低いところまで絞り入れる。
⑤ もう1枚のビスキュイ・ダコワーズをかぶせ、ビスキュイと同程度の大きさの平らな板をのせて上から押さえ、密着させる。
＊型の高さから3mmほど低い位置にくる。
⑥ ⑤の上にヴァニラ風味のクレーム・ムースリーヌを絞り、パレットナイフで余分なクリームを落としながら平らにならす。ショックフリーザーで冷凍する。

グラス・ロワイヤル
① ミキサーボウルに粉糖と卵白を入れ、ビーターをつけた高速のミキサーで角が立つまで泡立てる。
② レモン果汁を加え、絞れる固さになるまで攪拌し続ける。
＊時間が経つとなめらかさが失われ、絞りにくくなるので、使う直前に作る。

仕上げ
① 菓子を冷蔵庫に2時間ほど入れて解凍する。
② 打ち粉代わりに粉糖をたっぷりふりながら、パート・ダマンドを手でもみ込み、少し固さを出す。
＊耳たぶくらいの固さが目安。粉糖が入りすぎるとボソボソになるので注意。
③ ひとまとまりにし、粉糖をまぶしてざっと円形に整える。めん棒で厚さ2mm、直径15cmのセルクルよりふた周り以上の大きさにのばし、刷毛で粉糖をきれいにはらう。
④ めん棒で巻き取り、①にかぶせる。側面にしわが寄らないようにパート・ダマンドを指で伸ばしながら、表面にぴったり貼りつける。
⑤ はみ出した部分を切り落とし、裾を指できれいに整える。
＊菓子は持ち上げず、台の上で行なう。
⑥ 上面の縁に8カ所、ペティナイフで印をつける。
⑦ グラス・ロワイヤルをコルネに入れて先を細く切り、⑥を目印にして側面に3本ずつ、垂れ幕のように曲線を絞る。
⑧ グラス・ロワイヤルを8切・3番の星口金をつけた絞り袋に入れ、⑥の目印の部分に下から上に向かってシェル型に絞る。絞り終わりにアラザンを接着させる。
⑨ グラス・ロワイヤルをコルネに入れて先を太く切り、側面の裾に球状に連続して絞る。上面には飾り模様を絞る。

ダコワーズは油脂分の高いナッツの配合が多く、粉が入らないので、しっかり焼かないとベトついてしまいます。焼成後にまた湿気を帯びることも考慮して、カリカリになる一歩手前まで、しっかり焼いておきます。

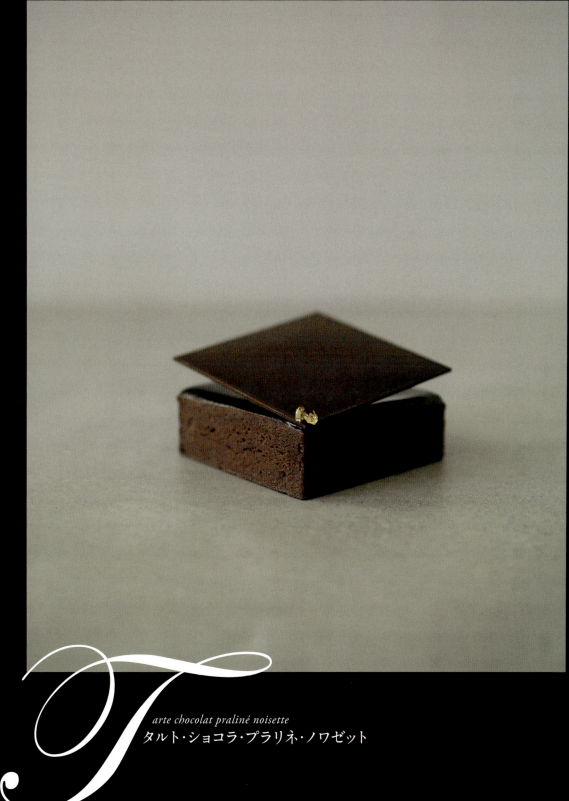

*T*arte chocolat praliné noisette
タルト・ショコラ・プラリネ・ノワゼット

タルト・ショコラは、フランス人が大好きなお菓子。日本人にとっての大福やどら焼きのような存在、と言っていいかもしれません。だからこそあれこれいじるのではなく、オーソドックスに味を深めたくて、チョコレートと生クリームが1:1のプレーンなガナッシュを使い、このお菓子を作りました。ただし、それだけでは重たすぎるので、これまたフランス人が大好きなプラリネ風味のクレーム・オンクチューズと、歯触りのよい自家製プラリネ・ノワゼットをマッチング。四角い形が、ベーシックでありながら現代的なシャープさを感じさせます。

上から
- ビターチョコレートのプラケット
- ノワゼット・キャラメリゼ
- グラサージュ・ミロワール・ショコラ
- ガナッシュ・ナチュール
- プラリネ・ノワゼットのクレーム・オンクチューズ（中央）
- 自家製プラリネ・ノワゼット
- パート・シュクレ・オ・ショコラ

タルト・ショコラ・プラリネ・ノワゼット   Tarte chocolat praliné noisette

材料 （6×6×高さ2cm・30個分）

パート・シュクレ・オ・ショコラ
Pâte sucrée au chocolat （1個20g使用）
- バター　beurre　178g
- 粉糖　sucre glace　72g
- アーモンドパウダー　amandes en poudre　72g
- 全卵　œufs entiers　62g
- 薄力粉　farine ordinaire　286g
- カカオパウダー　cacao en poudre　26g
- ベーキングパウダー　levure chimique　3g

自家製プラリネ・ノワゼット
Praliné noisette à la maison
（80個分、1個5g使用）
- ヘーゼルナッツ（皮付き）　noisettes　225g
- 水　eau　40g
- グラニュー糖　sucre semoule　140g
- ヴァニラビーンズ　gousse de vanille　1本

プラリネ・ノワゼットのクレーム・オンクチューズ
Crème onctueuse au praliné noisette
（57×37cm、高さ6mmのシャブロン型・1枚分）
- 生クリーム（乳脂肪35%）　crème fraîche 35% MG　880g
- 卵黄　jaunes d'œufs　187g
- グラニュー糖　sucre semoule　163g
- 板ゼラチン　gélatine en feuilles　11g
- ヘーゼルナッツのジャンドゥージャ（ビター）*　gianduja noisettes noir　60g
- ヘーゼルナッツペースト　pâte de noisette　120g

*ヴァローナ社「ジャンドゥジャ・ノワゼット・ノワール」を使用。きざんでおく。

ガナッシュ・ナチュール   Ganache nature
（1個35g使用）
- クーベルチュール（ビター、カカオ61%）*　couverture noir　525g
- 生クリーム（乳脂肪35%）　crème fraîche 35% MG　525g
- バター　beurre　52g

*クーベルチュールはヴァローナ社「エクストラ・ビター」を使用。

- グラサージュ・ミロワール・ショコラ (p259)　glaçage miroir chocolat noir　適量
- ノワゼット・キャラメリゼ (p256)　noisettes caramelisées
- ビターチョコレートのプラケット (p253)　plaquettes de chocolat noir　30枚
- 金箔　feuille d'or　適量

作り方

パート・シュクレ・オ・ショコラ
① p76〈パート・シュクレ・オ・ショコラ〉①～④を参照して生地を作る。厚さ2cmにまとめてラップで包み、冷蔵庫で一晩休ませる。
② ①を手で軽くもみ、しなやかな状態にして四角く整える。90度ずつ向きを変えながらパイシーターで厚さ2.75mmにのばす。
③ 天板にのせ、包丁で端を切り落とす。扱いやすい固さになるまで、冷蔵庫で約30分間休ませる。
④ 生地を6×6cm、高さ2cmのカードルに敷き込む（フォンサージュ→p265）。
⑤ シルパンを敷いた天板に④を並べ、内側にアルミカップをのせて重石を入れる。170℃のコンベクションオーブンで約14分間焼く。いったん取り出して室温に10分間ほどおき、粗熱がとれたら重石とアルミカップ、カードルをはずす。再び170℃のコンベクションオーブンに入れて約5分間焼き、室温で冷ます。

自家製プラリネ・ノワゼット
① ヘーゼルナッツを天板に広げ、160℃のコンベクションオーブンで10～15分間ローストする。
＊皮はむかずにその渋みを生かして、ヘーゼルナッツの力強い風味を打ち出す。
② 銅ボウルに水、グラニュー糖、ヴァニラビーンズの種とサヤを入れ、強火にかける。大きな気泡が上がってきたら、木べらで混ぜてさらに加熱し、軽めのきつね色に色づける。
＊キャラメルの焦がし具合は好みで。
③ 火を止めて①のヘーゼルナッツを加え、木べらで混ぜ合わせる。
＊ヘーゼルナッツが冷めた場合は、触ると熱いくらいまでオーブンで温め直してから加える。
④ 中火にかけ、木べらで底からすくい上げるように混ぜながら加熱する。煙が出て、鍋底にたまったキャラメルが深い茶色になったら、シルパットにざっと広げ、室温で冷ます。
⑤ 固まったら適宜に割ってフードプロセッサーに入れ、少し粒は残っているものの、ツヤが出てとろりと流れ落ちる状態になるまで攪拌する。
＊時々へらで羽根や容器についたプラリネをはらい、底から混ぜる。

プラリネ・ノワゼットのクレーム・オンクチューズ
① 銅鍋に生クリームを入れ、沸騰させる。
② ①と並行して卵黄とグラニュー糖を泡立て器ですり混ぜる。①を⅓量加えながら、よく混ぜる。これを銅鍋にもどし、へらで混ぜながら82℃になるまで炊く（クレーム・アングレーズ）。
③ 火からおろし、板ゼラチンを加えて混ぜ溶かす。
④ きざんだヘーゼルナッツのジャンドゥージャとヘーゼルナッツペーストをボウルに入れ、③も漉して加える。泡立て器で中心からすり混ぜ、徐々に周りへ広げて全体を均一に混ぜる。
⑤ 深さのある容器に移し、ツヤが出てなめらかに乳化するまでスティックミキサーで混ぜる。
⑥ OPPシートを貼った天板に57×37cm、高さ6mmのシャブロン型をのせ、⑤を流し入れる。表面を平らにならし、ショックフリーザーで冷凍する。
⑦ 型とプラリネの間にペティナイフを入れ、型をはずす。平刃包丁を温めて4×4cmに切り、ショックフリーザーに入れておく。

ガナッシュ・ナチュール
① クーベルチュールを湯煎にかけ、½ほど溶かす。
② 生クリームを沸騰させる。半量を①に注ぎ、泡立て器で中心からすり混ぜ、徐々に周りに広げて均一に混ぜる。残り半量を加え、同様に混ぜて乳化させる。
③ 深さのある容器に移し、ツヤが出てなめらかに乳化するまでスティックミキサーで混ぜる。
④ ポマード状にしたバターを加え、ゴムべらでざっと混ぜ合わせる。スティックミキサーで攪拌し、ツヤのあるなめらかな状態に乳化させる。

組み立て
① パート・シュクレ・オ・ショコラの内側にカカオバター（分量外）をスプレーで噴きつける。自家製プラリネ・ノワゼットを5gずつ入れ、パレットナイフの先端で平らにならす。
② 口金をつけない絞り袋にガナッシュ・ナチュールを入れ、パート・シュクレの半分まで絞り入れる。プラリネ・ノワゼットのクレーム・オンクチューズを1枚のせ、指でガナッシュと同じ高さになるまで沈める。
③ ガナッシュ・ナチュールを、いっぱいになるまで絞り入れる。パレットナイフで平らにならし、冷蔵庫で冷やし固める。

仕上げ
① グラサージュ・ミロワール・ショコラを温め、タルトの表面にパレットナイフで薄くぬる。冷蔵庫で冷やし固める。
② ノワゼット・キャラメリゼを角に1粒のせる。グラサージュ・ミロワール・ショコラをコルネに入れてその上に少量絞り、ビターチョコレートのプラケットを立てかけて接着させる。
③ 金箔をパレットナイフの先に取り、プラケットの先につける。

パート・シュクレ・オ・ショコラは、風味を損なわないよう、低めの温度で焼くのがポイント。また、カカオパウダーを配合したぶん小麦粉が少ないため、冷たいとフォンサージュの際に割れやすくなります。冷やしすぎず、やわらかめの生地を手早く敷き込むのがポイント

Un dimanche à Paris
アン・ディマンシュ・ア・パリ

パリの日曜日は、1週間のなかでも特別な一日です。レストランやお店はほとんど閉まっていて、すごく静か。でもパティスリーは午前中だけ店を開けていて、家族連れが次々にやってきてお菓子を買い求め、日曜日ならではの活気に満ちあふれます。その波が引く午後には、私たちパティシエも仕事が終わり、「昼寝ができる！」と帰り道はいつもウキウキ気分でした。　仕事がない日曜日には、1週間分の食材を買い出しに朝からマルシェへ。家の近くでパンを買い、ときにチーズや手頃な価格のワインを持ち帰って、あとはセーヌ川の河岸を散歩したり、友達の家へ遊びに行ったり……。なんていうことのない楽しみがいろいろあるのが日曜日でした。そんな思い出とどう結びついたのか、このお菓子ができ上がった時に頭に浮かんだのが、「アン・ディマンシュ・ア・パリ（パリの日曜日）」という言葉です。さまざまな南国のフルーツが織り成す味わいと繊細なプレゼンテーションが、私に特別感を感じさせたのかもしれません。製法の面でも"みずみずしいガナッシュ"という新しい概念を取り込み、伝統的なフランス菓子らしさにとらわれていた自分の殻を打ち破る起点となった、印象深いお菓子です。

アン・ディマンシュ・ア・パリ　　Un dimanche à Paris

材料　（12×12×高さ3cmのカードル・2台分）

ココナッツとヴァニラのクレーム・シャンティイ
Crème Chantilly à la noix de coco et à la vanille

生クリーム（乳脂肪35％）
crème fraîche 35% MG　320g

ヴァニラビーンズ　gousse de vanille　½本

クーベルチュール（ホワイト）*
couverture blanc　95g

ココナッツリキュール*
liqueur de noix de coco　65g

ココナッツシロップ*
sirop à la noix de coco　35g

＊クーベルチュールはヴァローナ社「イヴォワール」を使用。
＊ココナッツリキュールは「マリブ」、ココナッツシロップは「モナン」を使用。

パイナップルのタタン仕立て
Ananas rôti façon Tatin

（57×37cmのカードル・1台分）

パイナップル　ananas　3150g

ヴァニラビーンズ　gousse de vanille　1本

グラニュー糖　sucre semoule　630g

バター*　beurre　80g

＊バターを1.5cm角に切る。

ココナッツのビスキュイ・ダコワーズ
Biscuit dacquoise à la noix de coco

（57×37cm、高さ1cmのシャブロン型・1枚分）

卵白*　blancs d'œufs　400g

グラニュー糖　sucre semoule　135g

アーモンドパウダー　amandes en poudre　175g

粉糖　sucre glace　360g

ココナッツファイン　noix de coco râpe　185g

＊卵白は冷やしておく。

ミルクチョコレートのクレーム・オンクチューズ
Crème onctueuse chocolat au lait

生クリーム（乳脂肪35％）
crème fraîche 35% MG　260g

オレンジの皮（細かくすりおろす）
zestes d'orange　⅔個分

トレモリン　trimoline　40g

板ゼラチン　gélatine en feuilles　0.3g

クーベルチュール（ミルク、カカオ40％）
couverture au lait　190g

グランマルニエ　Grand-Marnier　40g

＊クーベルチュールはヴァローナ社「ジヴァラ・ラクテ」を使用。

パート・シュクレ・オ・ショコラ
Pâte sucrée au chocolat

（15台分）

バター　beurre　162g

粉糖　sucre glace　65g

アーモンドパウダー　amandes en poudre　65g

全卵*　œufs entiers　57g

薄力粉　farine ordinaire　260g

カカオパウダー　cacao en poudre　24g

ベーキングパウダー　levure chimique　3g

＊全卵は室温にもどしておく。

ココナッツのムラング・フランセーズ
Meringue Française à la noix de coco

（作りやすい量）

卵白*　blancs d'œufs　100g

グラニュー糖　sucre semoule　100g

粉糖　sucre glace　100g

ココナッツファイン　noix de coco râpe　30g

ココナッツロング　noix de coco　適量

＊卵白は冷やしておく。

チョコレートとキャラメルのグラサージュ（p260）
glaçage miroir chocolate au lait et au caramel
適量

クラックラン・アマンド（p255）
craquelin aux amandes　適量

ナパージュ・ア・ラ・ヴァニーユ（p258）
napage à la vanille　適量

作り方

ココナッツとヴァニラのクレーム・シャンティイ

① クーベルチュールを湯煎にかけて、½ほど溶かす。

② 生クリームとヴァニラビーンズの種とサヤを鍋に入れ、沸騰させる。火を止めてふたをし、15分間アンフュゼする。

③ ②を漉す。網に残ったヴァニラをぎゅっと押してきっちり絞り入れる。320g計量し、足りないぶんは生クリーム（分量外）を加える。

④ 中火にかけ、フツフツと沸いてきたら①に47g注ぎ入れる(1)。

⑤ 泡立て器で中心からすり混ぜ、徐々に周りに広げて全体を混ぜる。深い容器に移し、スティックミキサーでツヤのあるなめらかな状態に乳化させる。

＊先にクーベルチュールとその半量のクリームをしっかり乳化させ、ガナッシュの基盤を作る。このように2段階に分けてクリームを加えるほうが、しっかりした乳化状態が得られる。

⑥ 残りの④のうち48gを⑤に加え、同様に泡立て器で全体を混ぜる。スティックミキサーで攪拌し、さらっとしてツヤのある状態になるまで乳化させる(2)。

⑦　ボウルに移して残りの④を3回に分けて加え、そのつど均一になるまでよく混ぜる。室温で冷ます。
⑧　ココナッツリキュールとココナッツシロップを加え、泡立て器で混ぜる(3)。ラップをかけ、冷蔵庫で24時間休ませる。
⑨　高速のミキサーで泡立て、少しとろみがついたらミキサーからおろしてホイッパーでムラなく混ぜる。再び高速のミキサーで6分立てにする。
⑩　ボウルに移し、氷水をあてながら泡立て器で8分立てにする(4)。
⑪　8切・7番の星口金をつけた絞り袋に入れ、OPPシートを貼った天板に、直径約3cmのロザス状(花形)に絞る(5)。ふたをして、ショックフリーザーで冷凍する。

パイナップルのタタン仕立て
①　パイナップルの皮を厚めにむき、種と芯を除いて1cm角に切る。ヴァニラビーンズの種とサヤ、グラニュー糖とともにボウルに入れ、手でざっと混ぜる(6)。
②　出てきたパイナップルの汁ごと深めのバットに移し、バターを散らす(7)。
③　ふたをして200℃のデッキオーブンで2時間半焼く。1時間ごとに取り出して全体を混ぜ、最後の30分間はふたを¼ほど開けた状態で焼く。
＊フルーツにじっくり火を入れる際には、デッキオーブンを使用する。
④　温度を150℃に下げ、ふたを¼ほど開けたままさらに1時間焼く。汁気はほとんどなくなる(8)。
⑤　オーブンから取り出して全体を混ぜたあと、そのまま室温で冷ます。ラップをかけて冷蔵庫で一晩休ませる。

ココナッツのビスキュイ・ダコワーズ
①　卵白を高速のミキサーで泡立て、4分立て、6分立て、8分立てのタイミングでグラニュー糖を⅓量ずつ加え、しっかり角が立つまで泡立てる。
＊泡立ちの目安は、p21〈フォン・ド・シュクセ〉②を参照。
②　アーモンドパウダー、粉糖、ココナッツファインを混ぜ合わせ、①に加えて手ですくい混ぜる(9)。ほぼ混ざったらボウルや手についた生地をカードではらい、再び混ぜる。生地をすくって落とした時に、少し広がる固さが目安。
③　オーブンペーパーに57×37cm、高さ1cmのシャブロン型をのせ、生地を流して平らにならす(10)。
④　型をはずし、オーブンペーパーごと天板にのせ、175℃のコンベクションオーブンで約20分間焼く。ペーパーごと網にのせ、室温で冷ます(11)。

組み立て1
①　ココナッツのビスキュイ・ダコワーズの端を波刃包丁で切り落とし、37×28.5cmのカードルの外周に合わせて1枚切る。OPPシートを敷いた天板にカードルをのせ、敷き込む。
②　パイナップルのタタン仕立てを1125g入れ、パレットナイフで平らにならす(12)。ショックフリーザーで冷凍する。
③　カードルからはずし、平刃包丁で端を切り落としてからビスキュイを10.5cm角に切る。OPPシートを貼った天板にのせ、12×12cm、高さ3cmのカードルをかぶせてショックフリーザーで冷凍する(13)。

ミルクチョコレートのクレーム・オンクチューズ

① クーベルチュールを湯煎にかけ、½ほど溶かす。
② 生クリームとオレンジの皮を沸騰させる。火を止めてふたをし、10分間アンフュゼしてから漉す。オレンジの皮をぎゅっと押し、クリームをきっちり絞る。
③ ②とトレモリンを火にかけ、泡立て器で混ぜ溶かす。火を止めて板ゼラチンを加えて溶かす(14)。
④ 74gを計量して①に注ぎ入れ(15)、泡立て器で中心からすり混ぜ、徐々に周りに広げて全体を混ぜる。
＊先にクーベルチュールとその半量のクリームをしっかり乳化させ、ガナッシュの基盤を作る。このように2段階に分けてクリームを加えるほうが、しっかりした乳化状態を得られる。
⑤ 深い容器に移し、泡立て器で混ぜてからスティックミキサーでツヤのあるなめらかな状態になるまで乳化させる。
⑥ 残りの③のうち74gを加え、泡立て器で混ぜてから同様にスティックミキサーでなめらかに乳化させる。残りの③すべてとグランマルニエを加え、スティックミキサーでなめらかに乳化させる(16)。
⑦ 氷水にあてて時折ゴムべらで混ぜながら、35℃になるまで冷ます。
⑧ デポジッターに入れ、〈組み立て1〉のカードルと生地の間に、生地の高さまで注ぐ(17)。ショックフリーザーで冷凍する。
＊あらかじめ型とのすき間をふさぐことで、クレームの流出を防ぐ。
⑨ 指につかない程度に固まったら、⑧を型いっぱいに注ぎ入れる(18)。表面にアルコールを噴きつけて気泡を消し、ショックフリーザーで冷凍する。

パート・シュクレ・オ・ショコラ

① ビーターをつけたミキサーでバターをポマード状にする。粉糖を加え、低速でざっと混ぜる。ボウルやビーターについたバターをゴムべらではらい、さらに混ぜる。
② アーモンドパウダーを加えてざっと混ぜ(19)、溶きほぐした全卵を少しずつ加え、しっかり混ぜる。途中でボウルやビーターについた生地をはらう。
＊先にアーモンドパウダーを加えておくことで、水分を加えた時に乳化しやすくなる。混ぜすぎるとアーモンドの油脂が出てくるので注意。
③ 合わせた薄力粉、カカオパウダー、ベーキングパウダーを加え、低速のミキサーで断続的に混ぜる(20)。ざっとなじんだらいったん生地をゴムべらではらって全体を混ぜ、再び粉が見えなくなるまで同様に混ぜる。
④ バットに移し、厚さ2cmほどに広げる(21)。ラップを密着させてかけ、冷蔵庫で一晩休ませる。
⑤ 生地を手で少し揉み、しなやかな状態にして四角く整える。パイシーターで90度ずつ向きを変えながら、厚さ2.25mmにのばす。
⑥ 端を平刃包丁で切り落とし、12.5cm角のカードルの外周に合わせて2枚(1台あたり1枚使用)切る。
＊型の外周に合わせて切ると、焼き縮んでちょうどよい大きさになる。
⑦ シルパンを敷いた天板にのせ、160℃のコンベクションオーブンで約14分間焼く。生地が反らないよう、オーブンペーパーと天板をのせて室温で冷ます(22)。

ココナッツのムラング・フランセーズ

① 卵白を高速のミキサーで泡立てる。5分立て、7分立て、9分立てのタイミングでグラニュー糖を⅓量ずつ加え、しっかり角が立った、固くツヤのあるメレンゲを作る(23)。

＊5分立ては全体が泡立ってボリュームが出てきた状態、7分立ては白さが増し、ホイッパーにからみつき始めた状態、9分立てはほぼ泡立ては完了しているが、ややとろんとしている状態が目安。卵白に対してグラニュー糖が多いので、通常メレンゲを作る時よりも砂糖を入れるタイミングを一歩ずつ遅らせるほうが、充分に泡立つ。

② 粉糖を加え、高速でざっと混ぜ合わせる。ミキサーからおろし、粉が見えなくなるまでゴムべらで混ぜ合わせる。
③ ココナッツファインを加え、少しツヤが出るまで底から混ぜる(24)。
④ 8切・7番の星口金をつけた絞り袋に入れ、オーブンペーパーを敷いた天板に直径約3cmのロザス状(花形)に絞る(25)。
⑤ ココナッツロングを散らし、手のひらで軽く押さえて接着させる(26)。
⑥ 100℃のデッキオーブンで1時間焼く。火を止め、そのままオーブンに放置して一晩乾燥させる(27)。乾燥剤とともに密閉容器で保存する。

仕上げ
① パート・シュクレ・オ・ショコラの上面にカカオバター(分量外)を噴きつける。
② カードルをバーナーで温め、菓子をはずす。ショックフリーザーで冷やし固める。
③ ①を網にのせ、その上に②をのせる。温めたチョコレートとキャラメルのグラサージュを側面→上面の順にまんべんなくかける。パレットナイフを上面にすべらせたあと(28)、網を両手で軽く打ちつけ、余分なグラサージュを落とす。
④ グラサージュが固まって指につかなくなったら手で持ち、下にたれたグラサージュをパレットナイフですり切る。
⑤ クラックラン・アマンドを側面にまぶす(29)。台紙にのせ、上面に5×5列になるよう、クラックラン・アマンドを少量ずつのせる(30)。
＊上面のクラックランは、このあと絞るクレーム・シャンティイのすべり止めの役割。
⑥ 冷凍したココナッツとヴァニラのクレーム・シャンティイの底に竹串を刺す。ナパージュ・ア・ラ・ヴァニーユを表面につけ(31)、余分を指で落とす。
＊2～3個ずつショックフリーザーから取り出しながら行なう。
⑦ 竹串を抜き、パレットナイフにのせてクラックラン・アマンドの上にすき間なく並べる(32)。
＊菓子に向かい、奥の横1列→左の縦1列→奥からひとつ手前の横1列……と手前に向かって順番でのせていくと並べやすい。
⑧ ココナッツのムラング・フランセーズを5つ飾る(33)。

上から
・ココナッツのムラング・フランセーズ
・ココナッツとヴァニラのクレーム・シャンティイ
・チョコレートとキャラメルのグラサージュ
・ミルクチョコレートのクレーム・オンクチューズ
・パイナップルのタタン仕立て
・ココナッツのビスキュイ・ダコワーズ
・パート・シュクレ・オ・ショコラ
・側面にクラックラン・アマンド

3

"ベル・エポック"のパリで

La belle époque de la pâtisserie parisienne

　29歳で私はレストラン「パッション」で働き始め、フランス人シェフの下、シェフ・パティシエとしてお菓子を作る立場になりました。「ル・プティ・ブドン」というパティスリーも任され、順風満帆と言える環境だったかもしれません。けれども、「フランス菓子のおいしさとは何だろう？」と突き詰めれば突き詰めるほど、わからなくなっていく自分がいました。答えを出せないことにイラ立ち、「そんな自分のお菓子は本当においしいのだろうか？」という疑問が湧き上がり、混乱してますますわからなくなる。「他の人と違うことをやらなければ」と意識しすぎて自分の方向性が定まらず、いつも不安を抱えて空回りしていました。この葛藤から抜け出すにはフランスに行き、自分の菓子が正統なフランス菓子と言えるのか確かめるしかありません。この時、私は34歳。同世代のパティシエに比べればあまりに遅いフランス修業でしたが、1999年、私は意を決して同じくパティシエである妻とともにフランスへ渡りました。

　そこに広がっていたのは、ピエール・エルメが変革をもたらし、活気にあふれるフランスのパティスリー界でした。料理的な手法やファッションが取り入れられたり、食感の変化が重視されたりと、多様な進化が巻き起こり、人々を魅了していました。私から見てその華やぎは、まさに"ベル・エポック"。モダンでいながら奇抜さや斬新さばかりを求めるわけではなく、味も表現もクラシックに根差していて、素直においしい。軽やかで食べやすいムースがもてはやされた時代から、味も食感もしっかりしたクラシックの方向へ少し揺れ戻った時代だったと言えます。エルメが私と同じ「ルノートル」出身者であったことも、うれしい発見でした。彼やその門下生たちが生み出していたのは、新しい発想や手法を表現しながらも味を複雑にしすぎず、主役の味を際立たせた、見るからにおいしそうなお菓子の数々。それらを目の前にして、私は安堵するとともにおおいに共感していました。素材を生かすお菓子作りは、私が知るルノートルの大きな特長でもあります。「"おいしい"は、そんなに複雑で難しいものではない」。「パリセヴェイユ」のお菓子へとつながる私の道は、間違いなくこの時代に敷かれていったのだと思います。

　また、この時フランスで同時代を過ごした、ルノートルの仲間よりもひとつ世代の若いパティシエたちとの交流も、私をより柔軟にしてくれました。年齢も、感覚も、フランスで体験してきたことも異なる二つの世代。その間を行き来し、それぞれの考え方や理念に触れていることは私にとってナチュラルなことで心地よく、自分の菓子作り、店作りへ向かうエネルギーを与えてくれるのです。

　帰国後、フランス本国のお菓子は急激にさらなる変貌を遂げ、人々を驚かせ、楽しませています。変化が悪いとは言いません。しかし、ともすれば流行やデザイン、パティシエのスター性といったものばかりがもてはやされる面があるのは、ちょっと違うように思います。食べものであるからには、やはりおいしさの本質から離れるわけにはいかないからです。製法や味の組み合わせはもちろん、食べ物にふさわしい色や形というものもあります。そう考えると、華やかでありながら地に足のついた本質的な変化で一世を風靡した、あの21世紀初頭のフランスパティスリー界は、やはり"ベル・エポック"だったと思うのです。その輝きが、私の心のなかで今なお色褪せることはありません。

右上：モンマルトルの丘より／右下：オペラ座前に佇む老紳士／左上：パリの青空とエッフェル塔／左下：夕焼けに染まるコンコルド広場

Tarte Printanière
タルト・プランタニエール

「ルノートル」のお菓子は、私が働いていた当時としては斬新で、最新のお菓子でした。ですから、「これ以上何か出てくるなんて、ありえないよね」などとパティシエ同士で話していましたが、やはり時代とともに新しいものは次々に出てくるものです。たとえばタルト。私が若い頃に学んできたタルトといえば、劣化を防ぐため室温に置いておくのが当たり前で、冷蔵のショーケースに入れてはいけないもの、というのが常識でした。ところがフランスに行ってみると、クリームやバヴァロワを合わせ、プティガトーとしてタルトが冷蔵ショーケースに入れられているではありませんか！衝撃でした。広まったのはおそらく、ピエール・エルメの「タルト・オ・カフェ」がきっかけだったのではないかと思います。食べてみてもすごくおいしくて、びっくり。すっかり信じてきたものを覆すことも、ときに必要なのだと強く感じさせられました。「タルト・プランタニエール」も、こうしたプティガトーのスタイルで構成した春らしいタルトです。ピスタチオのコク深くやさしい味わいに、薄くぬったグリオットチェリーのコンフィチュールが力強いインパクトと酸味を与え、キレのあるキルシュの香りがふわりと包みます。

上から
・アマレナチェリー
・クラックラン・ピスターシュ
・キルシュ風味のクレーム・シャンティイ
・ピスタチオのバヴァロワ
・グリオットのコンフィチュール
・ピスタチオのプラリネ・クルスティヤン
・グリオット
・ピスタチオ風味のクレーム・ダマンド
・パート・シュクレ

タルト・プランタニエール　　　　Tarte printanière

材料　（直径6.5cm、高さ1.7cmのセルクル・30個分）

キルシュ風味のクレーム・シャンティイ
Crème Chantilly au kirsch
(1個23g 使用)
クーベルチュール（ホワイト）*　couverture blanc　144g
生クリーム（乳脂肪40%）　crème fraîche 40% MG　540g
キルシュ　kirsch　54g
＊クーベルチュールはヴァローナ社「イヴォワール」を使用。

グリオットのコンフィチュール
Confiture de griotte
(作りやすい量。1個15g 使用)
グリオット（冷凍）　griotte　500g
グラニュー糖A　sucre semoule　195g
グラニュー糖B　sucre semoule　55g
NHペクチン　pectine　5.5g
＊グラニュー糖BとNHペクチンを混ぜ合わせておく。

パート・シュクレ　Pâte à sucrée
(1個20g 使用)
バター　beurre　162g
粉糖*　sucre glace　108g
アーモンドパウダー*　amandes en poudre　36g
全卵*　œufs entiers　54g
薄力粉　farine ordinaire　270g
＊粉糖とアーモンドパウダーを合わせておく。
＊全卵を室温にもどす。

ピスタチオ風味のクレーム・ダマンド
Crème d'amandes à la pistache　(1個15g 使用)
バター*　beurre　120g
グラニュー糖　sucre semoule　120g
アーモンドパウダー　amandes en poudre　120g
全卵*　œufs entiers　90g
プードル・ア・フラン　flan en poudre　15g
ピスタチオペーストA*　pâte de pistache　33g
ピスタチオペーストB*　pâte de pistache　1g
＊バターと全卵をそれぞれ室温にもどす。
＊ピスタチオペーストAはフガー社「パート・ド・ピスターシュ」、Bはセバロメ社「アローム・ド・ピスターシュ」を使用。

ピスタチオのバヴァロワ
Bavarois à la pistache
(直径6.5cmのサヴァラン型・30個分。1個30g 使用)
ピスタチオペースト*　pâte de pistache　66g
牛乳　lait　233g
ヴァニラビーンズ　gousse de vanille　1/3本
卵黄　jaunes d'œufs　132g
グラニュー糖　sucre semoule　50g
板ゼラチン　gélatine en feuilles　7g
生クリーム（乳脂肪35%）　crème fraîche 35% MG　430g
＊ピスタチオペーストはアフロンティ社のもの。

ピスタチオのクラックラン　Craquelin pistache
(作りやすい量)
ピスタチオ（皮なし）　pistache　200g
グラニュー糖　sucre semoule　200g
水　eau　50g

キルシュ風味のシロップ　Sirop à imbiber kirsch
(1個5g 使用)
基本のシロップ（p250）　base de sirop　120g
キルシュ　kirsch　42g
＊材料を混ぜ合わせる。

ピスタチオのプラリネ・クルスティヤン
Praliné croustillant de pistache
(1個10g 使用)
クーベルチュール（ホワイト）*　couverture blanc　90g
アーモンドのプラリネ　praliné amandes　50g
ピスタチオのプラリネ　praliné pistache　50g
溶かしバター　beurre fondu　19g
フイヤンティーヌ　feuillantine　100g
＊クーベルチュールはヴァローナ社「イヴォワール」を使用。
＊ピスタチオのプラリネはフガー社のもの。

グリオット　griottes　300g
ピスタチオグリーンのフロッカージュ（p262）　flocage de chocolat blanc coloré　適量
アマレナチェリー（シロップ漬け）　cerises　適量

作り方

キルシュ風味のクレーム・シャンティイ

① クーベルチュールを湯煎にかけ、2/3ほど溶かす。
② 生クリームを沸騰させ、①に72g加える。泡立て器で中心からすり混ぜ、徐々に周囲へと広げて均一になるまで混ぜる(1)。深い容器に移す。
＊生クリーム72gはクーベルチュールの半分の量。これをしっかり乳化させてガナッシュの基盤を作ってから、残りのクリームを加えることでよりしっかりした乳化状態を得られる。
③ ツヤが出てなめらかになるまで、スティックミキサーで乳化させる(2)。
④ ボウルに移し、残りの生クリームを4回に分けて加え、そのつど泡立て器で均一に混ぜる(3)。
＊あとから加える生クリームは、泡立ちの役割。完全に乳化させると泡立ちが悪く、重い質感になるので、スティックミキサーで攪拌する必要はない。
⑤ 室温で冷ましたのち、キルシュを加えながら混ぜる(4)。ラップをかけ、冷蔵庫で一晩休ませる。

グリオットのコンフィチュール

① グリオットを冷凍のまま、グラニュー糖Aと混ぜ合わせる。ラップをかけて湯煎にかけ(5)、時々揺すりながらグリオットの果汁が出るまで加熱する(6)。
② 乾燥しないようにラップを密着してかけ、さらに上からもラップをかけて室温で冷ます。冷蔵庫で一晩休ませる。
③ スティックミキサーにかけ、グリオットの実を粗めに粉砕する(7)。
④ 銅ボウルに移し、強火にかける。40～50℃になったら、混ぜ合わせたグラニュー糖BとNHペクチンを加え、泡立て器で混ぜ溶かす。
⑤ へらで混ぜながら、糖度72% Brixになるまで煮詰める(8)。果肉が果汁と一体化し、沈まなくなる。
＊しっかり煮詰めてパート状にし、果実たっぷりの力強い味わいにする。糖度を高くしておかないと、組み立てた時にバヴァロワにしみてしまう。
⑥ バットに流し入れ、ラップを密着させてかける。室温で冷ましたのち、冷蔵庫で冷やし固める。

パート・シュクレ

① 室温のバターを、ビーターをつけた低速のミキサーでポマード状にやわらかくする。合わせた粉糖とアーモンドパウダーを加え(9)、低速で粉が見えなくなるまで混ぜ合わせる。いったんゴムべらでボウルやビーターについた生地をはらう。
＊先にアーモンドパウダーを加えることで、水分を加えた時に乳化しやすくなる。混ぜすぎるとアーモンドの油脂が出てくるので注意。
② 再び低速のミキサーにかけ、全卵を溶きほぐして5～6回に分けて加え、そのつど乳化するまで混ぜる(10)。半分入れ終わったところで、一度生地をはらう(11)。
＊卵を一度に加えると分離するが、卵を温めるとバターが溶けてしまい、冷たいと混ざりにくく乳化しづらいので、室温にもどした卵を使う。
③ 薄力粉を加え、低速で断続的に混ぜてざっとなじませる(12)。ミキサーを止め、生地をはらってから全体をざっと混ぜる。粉が見えなくなるまで断続的に低速で混ぜる。

④ 生地をバットに移し、手で軽く平らに整える。ラップを密着させてかけ、冷蔵庫で一晩休ませる(13)。
⑤ 台に取り出して生地を軽くもみ、しなやかな状態にしてから四角く整える。90度ずつ向きを変えながらパイシーターで厚さ2.75mmにのばす。
⑥ 天板にのせ、セルクルよりふた周り大きい円型(直径8.5cm)で抜く(14)。扱いやすい固さになるまで、冷蔵庫で約30分間休ませる。
⑦ 直径6.5cm、高さ1.7cmのセルクルに敷き込み(フォンサージュ→p265)、冷蔵庫で30分間休ませる(15)。
⑧ セルクルの内側にアルミカップをぴったりはめて重石を入れ、170℃のコンベクションオーブンで約11分間から焼きする(16)。
⑨ 重石とアルミカップをはずし、室温で冷ます。

ピスタチオのクレーム・ダマンド
① バターをポマード状にやわらかくし、グラニュー糖を加えてビーターをつけた低速のミキサーで混ぜる。
② アーモンドパウダーを加え、粉が見えなくなるまで低速で混ぜる(17)。ほぐした全卵を5〜6回に分けて加え、そのつど乳化するまで混ぜる(18)。途中で一度ミキサーを止め、ボウルやビーターについた生地をはらう。
＊充分に乳化するよう、卵は室温にもどし、分離しないよう少しずつ加える。
＊混ぜる時は低速で。高速で混ぜて空気をたくさん含ませるのではなく、低速で自然に含ませる程度に止め、適度な軽さを出す。
③ プードル・ア・フランを加えて低速で混ぜ(19)、粉気がほぼなくなったら、バットに移してざっと平らにならす(20)。ラップを密着させてかけ、冷蔵庫で一晩休ませる。
④ 翌日、③を少量ほぐしてピスタチオペースト2種とゴムべらで均一になるまでよく混ぜる(21)。
＊ピスタチオペーストはダマになりやすいので、少しずつしっかりなじませる。
⑤ 残りの③と合わせ、余分な空気が抜けてなめらかになるまで混ぜる(22)。

組み立て1
① 口径17mmの丸口金をつけた絞り袋にピスタチオ風味のクレーム・ダマンドを入れ、パート・シュクレに約15gずつ絞り入れる。
② グリオットを冷凍のまま3粒ずつのせ(23)、170℃のコンベクションオーブンで約10分間焼く(24)
＊途中で焼き色をチェックし、必要であれば型をはずしたり、天板を上段に移すなどして焼け具合を調整すること。
③ 型をはずし、室温で冷ます。

ピスタチオのババロワ

① 銅ボウルに牛乳とヴァニラビーンズの種とサヤを入れ、沸騰させる。

② ①と並行してボウルに卵黄とグラニュー糖を入れ、グラニュー糖が溶けるまで泡立て器ですり混ぜる(25)。

③ 別のボウルにピスタチオペーストを入れ、①をごく少量加えてゴムべらで混ぜる。均一に混ざったら、また少し加えて混ぜのばす。これを計4～5回繰り返す(26)。

④ ③を①の鍋にもどし、泡立て器で混ぜながら強火で沸騰させる(27)。

＊ピスタチオペーストの配合が多く、ダマになりやすいので、混ぜながら加熱し、長時間沸騰させないようにする。

⑤ ④の⅓量を②に加えながら、泡立て器でよく混ぜる。④の鍋にもどし入れて中火にかけ(28)、混ぜながら82℃になるまで炊く(29)。

＊クレーム・アングレーズの要領だが、濃厚で鍋肌からどんどん火が入るので、クレーム・パティシエールのように泡立て器でしっかり混ぜながら炊く。

⑥ 鍋底を水につけてそれ以上火が入るのを止める。板ゼラチンを加えて混ぜ溶かし(30)、網で余すことなく漉す。

⑦ 深い容器に入れてスティックミキサーで攪拌し、ツヤのあるなめらかな状態になるまで混ぜる(31)。

⑧ ボウルに移し、氷水にあてて混ぜながら約30℃まで冷ます。

⑨ 6分立てにした生クリームを⑧に加えながら、泡立て器で混ぜ合わせる。ほぼ混ざったら、ゴムべらに持ち替え、底からすくい混ぜる(32)。生クリームを入れていたボウルに移し、ゴムべらでなめらかな状態になるまで混ぜ合わせる(33)。

＊ピスタチオ風味のクレーム・アングレーズが重く、軽やかな生クリームと混ざりにくい。混ぜ残しがないよう、ボウルを替えてムラなく混ぜる。

⑩ 口径10mmの丸口金をつけた絞り袋に入れ、直径6.5cmのサヴァラン型に30gずつ絞り入れる(34)。天板ごと台に軽く打ちつけて平らにし、ショックフリーザーで冷凍する。

⑪ 冷凍庫で冷やした天板に⑩をひっくり返し、手早く型からはずす(35)。ふたをしてショックフリーザーで冷凍する。

＊表面に霜がつくとツヤが出ないので、手早くはずしてふたをする。

クラックラン・ピスターシュ

① ピスタチオを天板に広げ、110℃のコンベクションオーブンで約30分間、焼き色がつかない程度にごく軽くローストする。
② 銅ボウルに水とグラニュー糖を入れ、118℃になるまで強火で煮詰める。火を止めて①を加え、木べらで混ぜて全体を糖化させる(36)。ザルでふるい、余分な糖を落とす。ピスタチオの塊は指でほぐす(37)。
＊ピスタチオの緑色を生かすため、表面についた糖を適度に落とす。
③ オーブンペーパーを敷いた天板に広げ、120℃のコンベクションオーブンで約30分間焼く。そのまま捨て火で一晩乾燥させる。乾燥剤とともに密閉容器に入れて保存する。
＊低温のオーブンで乾かすように焼くのも、ピスタチオの緑色を生かすため。

ピスタチオのプラリネ・クルスティヤン

① クーベルチュールを湯煎にかけて溶かし、約40℃に調整する。
② アーモンドとピスタチオのプラリネをボウルに入れ、①を加えてゴムべらで均一になるまで混ぜる。
③ 約40℃の溶かしバターを加え、混ぜる(38)。フイヤンティーヌを加え、さっくり混ぜ合わせる(39)。
＊この状態で冷凍保存可能。解凍して使用する。

組み立て2

① 〈組み立て1〉のタルト台を並べ、クレーム・ダマンドの縁を指で軽く押し、盛り上がりを平らにする(40)。クレーム・ダマンドが湿る程度に、キルシュ風味のシロップを刷毛で軽く打つ。
＊パート・シュクレにシロップがつくと食感が損なわれるので注意。
② ピスタチオのプラリネ・クルスティヤンを8gずつのせ、軽く押さえつけるようにパレットナイフで平らにのばす。
③ グリオットのコンフィチュールを中央に15gずつのせ、縁を1mm程度あけて平らにのばす(41)。
＊パート・シュクレの縁まで広げると、バヴァロワをのせた時にグリオットの色がバヴァロワにしみてしまう。
④ 冷凍しておいたピスタチオのバヴァロワをバットに並べる。ピスタチオグリーンのフロッカージュを温め、バヴァロワにまんべんなくピストレし(42)、ショックフリーザーで冷やし固める。
⑤ ④を③にのせ、中央のくぼみを押さえて接着させる(43)。冷蔵庫に入れて解凍する。

仕上げ

① キルシュ風味のクレーム・シャンティイをしっかり角が立つまで泡立て、8切・10番の星口金をつけた絞り袋に入れる。菓子のくぼみにこんもりとロザス状(花形)に2周絞る(44)。
② ①の絞り終わりを後ろに向け、縦半分に切ったアマレナチェリーをピンセットで2切れのせ、クラックラン・ピスターシュを5粒飾る(45)。

バヴァロワやクレーム・シャンティイなど、水分が多いものを上にのせるには、土台のタルトをしっかり焼いておかなくてはなりません。伝統的なタルトよりも構成が複雑になるぶん、考えなくてはいけないのはバランス。ピスタチオのようにまったりした味わいに強い酸味を少量合わせると、インパクトが強くなります

*A*rlequin
アルルカン

アルルカン（道化師）の帽子をイメージして名づけたこのお菓子には、私がフランスで受けたさまざまな衝撃が詰まっています。タルトを冷蔵のプティガトーにすることも、サクサクのフイヤンティーヌを加えた層で食感の変化を与えることも、ツヤ出しが目的のグラサージュまできちんとおいしく作ることも、そう。とくに驚かされたのは、生クリームを沸かしてチョコレートと混ぜ合わせ、一晩寝かせたものをクレーム・シャンティイとして使う手法でした。初めは、「一度沸かした生クリームが、本当に泡立つのか？」と半信半疑でしたが、実際にやってみるときちんと泡立つうえに保形性も強まり、だれにくくてすごい！ しかも、おいしい。チョコレートの配合によって生まれる、ガナッシュでもクレーム・シャンティイでもない、それまでにない中間的な味と食感に、時代の進化を目の当たりにした気すらしました。帰国後すぐに完成させた「アルルカン」では、キャラメル風味のクレーム・シャンティイ・ショコラに、とろけるようになめらかで濃密なバナナのソテーを組み合わせました。少量加えたクレーム・ショコラは、それらのつなぎ役。力強い調和が楽しめます。

上から
・ミルクチョコレートのコポー
・キャラメルのグラサージュ
・キャラメル風味のシャンティイ・ショコラ
・バナナのソテー
・バナナ風味のクレーム・ショコラ
・フォン・ド・ロッシェ
・パート・シュクレ・オ・ショコラ

アルルカン　Arlequin

材料　（直径6.5cm、高さ1.7cmのセルクル・13個分）

キャラメル風味のシャンティイ・ショコラ
Crème Chantilly chocolat au caramel
（16個分。1個25g使用）
- クーベルチュール A（ミルク、カカオ40％）　couverture au lait　87g
- クーベルチュール B（ビター、カカオ70％）　couverture noir　29g
- パート・ド・カカオ　pâte de cacao　4g
- グラニュー糖　sucre semoule　25g
- 生クリーム（乳脂肪35％）　crème fraîche 35% MG　262g
- フルール・ド・セル　fleur de sel　0.1g

＊クーベルチュール Aは「ジヴァラ・ラクテ」、Bは「グアナラ」（ともにヴァローナ社）を使用。

パート・シュクレ・オ・ショコラ
Pâte sucrée au chocolat
（30個分。1個20g使用）
- バター　beurre　178g
- 粉糖　sucre glace　72g
- アーモンドパウダー　amandes en poudre　72g
- 全卵　œufs entiers　62g
- 薄力粉　farine ordinaire　286g
- カカオパウダー　cacao en poudre　26g
- ベーキングパウダー　levure chimique　3g

バナナのソテー　Bananes sautées
（直径5cm、高さ3cmのマフィン型・28個分。1個12g使用）
- バナナ＊　bananes　240g
- バター　beurre　20g
- カソナード　cassonade　20g
- シナモン（粉末）　cannelles en poudre　0.6g
- ナツメッグ（粉末）　muscade en poudre　0.5g
- クローヴ（粉末）　clou de girofle en poudre　0.2g
- ラム酒漬けレーズン　raisins de rhum　18g
- ラム酒　rhum　13g

＊バナナは完熟したものを使う。

バナナ風味のクレーム・ショコラ
Crème chocolat aux banane
（直径5cm、高さ3cmのマフィン型・54個分。1個12g使用）
- クーベルチュール A＊（ミルク、カカオ40％）　couverture au lait　168g
- クーベルチュール B＊（ビター、カカオ70％）　couverture noir　44g
- 牛乳　lait　44g
- 生クリーム（乳脂肪35％）　crème fraîche 35% MG　88g
- トレモリン　trimoline　32g
- 卵黄　jaunes d'œufs　57g
- バナナのピュレ　purée de bananes　220g

＊クーベルチュール Aは「ジヴァラ・ラクテ」、Bは「グアナラ」（ともにヴァローナ社）を使用。

フォン・ド・ロッシェ　Fond de roché
（13個分。1個15g使用）
- クーベルチュール（ビター、カカオ70％）　couverture noir　42g
- アーモンドのプラリネ　praliné d'amandes　60g
- グラニュー糖　sucre seoule　20g
- フイヤンティーヌ　feuillantine　48g
- クラックラン・アマンド（p255）　craquelin aux amandes　36g

＊クーベルチュールはヴァローナ社「グアナラ」を使用。

- キャラメルのグラサージュ（p261）　glaçage au caramel　適量
- ミルクチョコレートのコポー（p252）　copeaux de chocolat au lait　適量
- カカオパウダー　cacao en poudre　適量

作り方

キャラメル風味のシャンティイ・ショコラ

① 2種のクーベルチュールとパート・ド・カカオを湯煎にかけ、⅔ほど溶かす。

② 銅ボウルにグラニュー糖の¼量を入れて弱火にかける。泡立て器で混ぜ、ほぼ溶けたら残りのグラニュー糖を3回に分けて加え、そのつど混ぜ溶かす。

③ 並行して生クリームを沸騰直前まで沸かす。火を止めてフルール・ド・セルを加え、ゴムべらで混ぜ溶かす。

④ ②のキャラメルを強火にし、絶えず混ぜながら色づける。泡が静まり、煙が出て黒っぽくなるまで焦がす（キャラメル・ア・セック／1）。火を止め、ブクブク泡立っているうちに③を注ぎ入れて泡立て器で混ぜる（2）。再び中火にかけ、軽く沸騰させる。

⑤ ④を60g計量し、①に入れる（3）。泡立て器で中心からすり混ぜ、徐々に周りに広げて全体を混ぜる。いったん分離した状態になる。

＊先にクリームの半量とクーベルチュールを充分に乳化させ、ガナッシュ

の基盤を作る。2段階に分けてクリームを加えるほうが、しっかりした乳化状態を得られる。

⑥ 深い容器に移し、スティックミキサーでなめらかに乳化させる(4)。
⑦ 残りの④を60g計量して⑥に加え、泡立て器で混ぜ、スティックミキサーで流動性が出て、ツヤのあるなめらかな状態に乳化させる(5)。
⑧ ボウルに移し、残りの④を2回に分けて加え、泡立て器で混ぜる(6)。
＊ここで加えるクリームは泡立てるためのもの。スティックミキサーで乳化させるとあとで泡立ちが悪く、質感が重くなるので注意。
⑨ ボウルなどに移し、粗熱がとれたらふたをして冷蔵庫で一晩休ませる。

パート・シュクレ・オ・ショコラ

① p76〈パート・シュクレ・オ・ショコラ〉①〜④を参照して生地を作る。冷蔵庫で一晩休ませる。
② 生地を軽くもみ込み、しなやかな状態にして四角く整える。90度ずつ向きを変えながらパイシーターで厚さ2.75mmにのばす。
③ 天板にのせ、セルクルよりふた周りほど大きい直径8.5cmの円型で抜く。冷蔵庫で約15分間休ませる。
④ 直径6.5cm、高さ1.7cmのセルクルに敷き込み(フォンサージュ→p265／7)、冷蔵庫で30分間休ませる。
⑤ シルパンを敷いた天板に並べ、セルクルの内側にアルミカップをのせて重石を入れる(8)。170℃のコンベクションオーブンで約14分間焼く。
⑥ 室温に10分間ほどおき、粗熱がとれたら重石とアルミカップ、セルクルをはずす(9)。再び170℃のコンベクションオーブンで約5分間焼き、そのまま室温で冷ます。

バナナのソテー

① バナナの皮をむき、厚さ5mmにスライスする。
② 銅鍋にバターを入れ、中火で溶かす。カソナード、シナモン、ナツメッグ、クローヴを入れてへらで混ぜ合わせる。①を加えてからめながらソテーし(10)、全体が混ざったら強火にしてバナナが崩れないように火を入れる。
③ バナナの表面がとろりとし、ソースにバナナが溶け込んだら、汁気をきったラム酒漬けのレーズンとラム酒を加え、混ぜる(11)。
④ バナナの中までふっくらと火が入ったら、ザルにあけてバナナとソースに分ける(12)。
＊ザルをのせたボウルごと台に軽く打ちつけ、ソースを漉しきる。
⑤ バナナを軽くつぶし、直径5cm、高さ3cmのマフィン型に12gずつ入れる。スプーンの背で平らにし、ショックフリーザーで冷凍する。

バナナ風味のクレーム・ショコラ

① 2種のクーベルチュールを湯煎にかけ、2/3ほど溶かす。
② 銅鍋に牛乳、生クリームとトレモリンを入れて中火にかけ、へらで混ぜ溶かしながら沸騰させる。
③ 卵黄を溶きほぐす。②を1/3量加えて泡立て器でよく混ぜる。②の鍋にもどして弱火にかけ、へらで混ぜながら82℃まで炊く(クレーム・アングレーズ／13)。
＊火が入りやすいので弱火で炊いていく。
④ ①に③を漉し入れ(14)、泡立て器で混ぜ合わせる。深い容器に移し、スティックミキサーでツヤのあるなめらかになるまで乳化させる(15)。

⑤ バナナのピュレを加えて泡立て器でざっと混ぜ、スティックミキサーで攪拌して乳化させる(16)。
＊ツヤのあるなめらかな状態になるが、バナナのピュレが入るので少しざらっとした質感になる。
⑥ 口径7mmの丸口金をつけた絞り袋に入れ、〈バナナのソテー〉⑥のマフィン型に12gずつ絞り入れる(17)。ショックフリーザーで冷凍する。

フォン・ド・ロッシェ
① クーベルチュールを湯煎にかけて溶かし、約40℃に調整する。
② アーモンドのプラリネに①を加え、ゴムべらでなめらかに混ぜる。グラニュー糖を加え、さらに混ぜる(18)。
＊グラニュー糖が溶けずに残り、ジャリッとした食感が加わる。
③ フイヤンティーヌとクラックラン・アマンドを加え、底からさっくり混ぜ合わせる(19)。
＊この状態で冷凍保存も可能。使う際は解凍して使用する。

組み立て
① パート・シュクレ・オ・ショコラの内側にカカオバター（分量外）を噴きつける(20)。
＊カカオバターは湿気防止。水分の多いアパレイユやクリームを詰めるわけではないので、この程度のコーティングで充分。
② フォン・ド・ロッシェを15gずつ入れる。パレットナイフで押さえつけるようにして底面にすき間なく広げ、すり鉢状に整える(21)。
③ キャラメル風味のシャンティイ・ショコラに氷水をあて、角がとろりと立つまでゴムべらで混ぜる(22)。②に25gずつのせ、パレットナイフですり鉢状に整える。
④ 冷凍した〈バナナ風味のクレーム・ショコラ〉を型からはずす。バナナソテーの面を上にして③にのせ、指で押さえる(23)。
⑤ シャンティイ・ショコラをパレットナイフで少しずつ、こんもりのせていく。パレットナイフを斜めにして下に向かってすり切るようにし、円すい形に整える(24)。ショックフリーザーで冷凍する。
＊パレットナイフを小きざみに動かしてすり切ると、形が崩れない。

仕上げ
① キャラメルのグラサージュを温めて深い容器に入れる。タルト部分を手で持ち、円すい部分をグラサージュに浸す。細かくゆすって余分なグラサージュをふり落とし(25)、容器のふちですりきる。
＊タルトの側面にグラサージュがたれないよう、ていねいに落とす。
② 台紙にのせ、頂点のグラサージュをペティナイフで少し取り除いて平らにする。
＊このあとのせるコポーがすべらないようにする。
③ ミルクチョコレートのコポーにカカオパウダーをふる。②にのせる(26)。

キャラメル風味のシャンティイ・ショコラは、泡立てすぎるとなめらかさが損なわれます。タルトにパレットナイフでぬりつける際に泡立ちが強まることも考慮し、少しゆるめに泡立てることが必要です。最適な泡立ち具合の幅は非常に狭いので、スイートスポットを押さえられるか否かがおいしさを大きく左右します✎

Vacherin exotique
ヴァシュラン・エキゾティック

1990年代半ば、フィリップ・コンティシーニがガラスのグラスに盛り付けたデザートを発案したことは、その後のパティスリー界にヴェリーヌ(グラスデザート)の流行をもたらしました。それを発展させて、ただ単にグラスに入れるだけでなく、テイクアウト用のお菓子として美しい層に仕立てていったのは、ピエール・エルメだったのではないかと思います。正直、私自身はヴェリーヌを作るのがあまり得意ではないと感じているのですが、プティガトーとは違って保形性を考えなくてよいのは、大きなメリットです。それがきちんと生かせる形で、今後もっと表現を広げていけたらと考えています。そのなかで、「ヴァシュラン・エキゾティック」は、自分としてもうまくできたと感じている、夏らしさあふれるヴェリーヌです。ゼラチンの量をギリギリに抑えたクリームやムース、汁気のあるパイナップルのロティ、ピュレを和えた果実など、いわゆる型で組み立てるのでは成立しないものを美しく層に重ねました。製法も味わいも、どちらかといえばデザート感覚。パッションフルーツのクリームは火を入れすぎず、やわらかく炊き上げてフレッシュ感を生かすのがポイントです。

上から
・ココナッツのメレンゲ
・ココナッツのクレーム・シャンティイ
・ココナッツのムース
・フリュイ・エキゾティック
・パッションフルーツのクリーム
・パイナップルのロティ

ヴァシュラン・エキゾティック　　　Vacherin exotique

材料　（口径5.5cm、高さ7cmのグラス・20個分）

ココナッツのメレンゲ
Meringue à la noix de coco

（直径6cmの花形・40個分）

卵白*　blancs d'œufs　60g
グラニュー糖　sucre semoule　60g
粉糖　sucre glace　60g
ココナッツミルクパウダー
lait de coco en poudre　18g
粉糖　sucre glace　適量
＊卵白は冷やしておく。

パイナップルのロティ　　Ananas rôtis
（1個あたり果肉20g、汁6g使用）

パイナップル（正味）　ananas　732g
カソナード　cassonade　176g
ヴァニラビーンズ　gousse de vanille　1本

パッションフルーツのクリーム
Crème fruit de la Passion

（1個20g使用）

パッションフルーツのピュレ
purée fruit de la Passion　216g
卵黄　jaunes d'œufs　64g
全卵　œufs entiers　40g
グラニュー糖　sucre semoule　70g
板ゼラチン　gélatine en feuilles　2.2g
バター　beurre　80g

フリュイ・エキゾティック
Fruits exotiques　（1個30g使用）

マンゴー　mangues　266g
ライチ　litchis　178g
パッションフルーツのピュレ（種入り）
purée de fruit de la Passion　74g
マンゴーのピュレ　purée de mangues　74g
レモン果汁　jus de citron　10g
グラニュー糖　sucre semoule　30g
ライムの皮（粗くすりおろす）
zeste de citron vert　1個分

ココナッツのムース　　Mousse à la noix de coco
（1個30g使用）

グラニュー糖　sucre semoule　110g
水　eau　32g
卵白*　blancs d'œufs　56g
ココナッツのピュレ
purée de noix de coco　180g
牛乳　lait　60g
ココナッツリキュール
liqueur de la noix de coco　32g
板ゼラチン　gélatine en feuilles　8g
生クリーム（乳脂肪35%）
crème fraîche 35% MG　200g
＊卵白は冷やしておく。
＊ココナッツのピュレ、牛乳、ココナッツリキュールを室温にもどしておく。

ココナッツのクレーム・シャンティイ
Crème Chantilly à la noix de coco　（1個15g使用）

生クリーム（乳脂肪35%）
crème fraîche 35% MG　260g
ココナッツシロップ*　sirop à la noix de coco　40g
＊ココナッツシロップは「モナン」を使用。

ライムの皮　zeste de citron vert　適量
レモンの皮　zeste de citron　適量

作り方

ココナッツのメレンゲ
① 卵白を高速のミキサーで泡立てる。5分立て、7分立て、9分立てのタイミングでグラニュー糖を⅓量ずつ加え、しっかり角が立ったツヤのあるメレンゲを作る(1)。
＊泡立ての目安は、p77〈ココナッツのムラング・フランセーズ〉①を参照。卵白に対してグラニュー糖が多いので、通常メレンゲを作る時よりも砂糖を入れるタイミングを一歩ずつ遅らせるほうが、充分に泡立つ。
② 合わせた粉糖とココナッツミルクパウダーを①に加え、ざっと混ざるまで断続的に攪拌する(2)。ミキサーからおろし、粉が見えなくなるまでゴムべらで混ぜる(3)。

③ 口径6mmの丸口金をつけた絞り袋に②を入れ、しずく形(花びら)を外から中心に向かって12枚絞る。最後に中心に丸く絞り出し、丸い花形にする(4・5)。
＊直径5.5cmの円を描いた紙を天板にのせてオーブンペーパーをかぶせ、その円に沿って絞る。紙を抜き取る。
④ 粉糖を軽くふり、100℃のデッキオーブンで1時間焼く。火を止めて、そのままオーブンに入れて一晩乾燥させる(6)。乾燥剤とともに密閉容器に入れて保存する。

パイナップルのロティ

① パイナップルの皮を厚めにむき、斜めに溝を入れるようにして種を取り除く。芯を除いて5～6mm角に切る(7)。
② 銅鍋にカソナードの半量を入れ、中火にかける。周りが溶け始めたら残りのカソナードを加え、木べらで混ぜながら全体を溶かす。
＊カソナードは焦げやすいので注意。
③ 煙が出始めたらすぐに①とヴァニラビーンズの種とサヤを加え、木べらで混ぜる。いったんカソナードが冷えて固まった状態になるが、そのまま混ぜながら加熱を続ける(8)。
④ パイナップルから出た果汁でカソナードが溶け、沸いたら1分ほど煮てボウルに移す(9)。ラップを密着させてかけ、室温で30分休ませる。
＊ラップを密着させて休ませることで、シロップをパイナップルに浸透させる。
⑤ 漉してパイナップルの果肉とシロップに分ける。グラスに果肉を20gずつ入れ、シロップをデポジッターで6gずつ注ぎ入れる(10)。スプーンで平らにならし、ショックフリーザーで冷凍する。

パッションフルーツのクリーム

① 銅ボウルにパッションフルーツのピュレを入れ、強火で沸騰させる。
② 並行して、卵黄と全卵にグラニュー糖を加えて泡立て器ですり混ぜる。
③ ①の1/3量を②に加え、泡立て器で混ぜる。銅ボウルにもどして中火にかけ、絶えず混ぜながらボコボコと沸くまで加熱する(11)。
④ 火からおろし、板ゼラチンを混ぜ溶かす。ボウルに移し、氷水をあててゴムべらで混ぜながら約40℃まで冷ます(12)。
⑤ 深い容器に入れ、ポマード状にしたバターを加えてざっと混ぜる(13)。スティックミキサーで攪拌し、ツヤのあるなめらかな状態に乳化させる(14)。
⑥ 口金をつけずに絞り袋に入れ、〈パイナップルのロティ〉⑤のグラスに20gずつ絞り入れる。ショックフリーザーで冷凍する(15)。

フリュイ・エキゾティック

① マンゴーは皮をむいて種を除き、1cm角に切る。ライチは皮をむいて果肉を縦半分に切り、4～5等分のくし形に切る。
② パッションフルーツとマンゴーのピュレ、レモン果汁を混ぜ合わせる。
③ ①と②、グラニュー糖とライムの皮をボウルに入れ(16)、ゴムべらで混ぜ合わせる。
④ 〈パッションフルーツのクリーム〉⑥で冷凍したグラスに30gずつ入れる。ショックフリーザーで冷凍する(17)。

ココナッツのムース

① 銅鍋にグラニュー糖と水を入れ、強火にかける。
② ①が95℃になる頃、卵白を高速のミキサーで泡立て始め、8分立てにする。
③ ①が118℃になったら鍋底を水につけ、それ以上火が入るのを止める。②に注ぎ入れ(18)、高速でしっかり混ざるまで泡立てる。中低速に落としてキメを整えながら、約40℃になるまで冷ます。バットに移して冷凍庫で室温程度まで冷やし、ボウルに入れる。
＊完全に冷めるまで攪拌すると、目の詰まった重いメレンゲになる。軽くふんわりした状態で使うため、攪拌し続けずに冷凍庫で冷やす。
④ ココナッツのピュレに牛乳、ココナッツのリキュールを加え、混ぜ合わせる。
⑤ 溶かした板ゼラチンに④を少量加え、よく混ぜる。これをもう一度行ない、④にもどして混ぜる。氷水にあてて混ぜながら約26℃まで冷やす(19)。
⑥ 生クリームを7分立てにし、1/4量を⑤に加えて泡立て器でよく混ぜる。これを残りの生クリームに加え、ざっと混ぜ合わせる(20)。
⑦ ⑥の1/3量を③のメレンゲに加え、泡立て器で底からすくい上げてはボウルに軽く打ちつけ、生地を落とすようにしてざっと混ぜる(21)。
⑧ 残り2/3量の⑥を⑦にゆっくり加えながら混ぜる(22)。ゴムべらに持ち替え、均一になるまで混ぜ合わせる。
＊ようやく混ざったくらいで手を止める。
⑨ 口径14mmの丸口金をつけた絞り袋に⑧を入れ、冷凍したフリュイ・エキゾティックの上に30gずつ絞り入れる。布巾の上でグラスの底を軽く打ちつけて平らにし、ショックフリーザーで冷凍する(23)。

ココナッツのクレーム・シャンティイ

① 生クリームとココナッツシロップをしっかり泡立てる(24)。
② 〈ココナッツのムース〉⑨のグラスに、①をパレットナイフで押さえつけるようにして口いっぱいに詰め、平らにならす。その上に①をこんもりのせ、パレットナイフを斜めにして下に向かってすり切るようにして円すい形に整える(25)。ショックフリーザーで冷凍する。

仕上げ

① 花の形のココナッツのメレンゲを裏返してバットに並べ、カカオバター（分量外）を噴きつける。クレーム・シャンティイに斜めにのせる。
② レモンの皮とライムの皮を、順に粗くすりおろしながらふる(26)。

B
ois rouge
ボワ・ルージュ

フランスに行って、伝統に根ざしつつも進化していくお菓子の姿を目にするなかで、私のお菓子作りの基盤は固まっていきました。でも、そのなかでふと、渡仏前に出会ったお菓子を思い出し、「やっぱりあれもおいしかったな」と振り返ることもありました。メレンゲをたっぷり加えた、軽やかなムースもそのひとつ。1970年代後半から始まるヌーベル・キュイジーヌの流れとともに、ムースが全盛期を迎えた当時はすごく新しくて、このうえないおいしさを感じさせるものだったのだと思います。私にとっても、衝撃でした。そんな過去のよいものを見直す思いから生まれたのが、「ボワ・ルージュ」です。主役は、子供の頃に私が辻静雄さんの本で見て、鮮烈な色に衝撃を受けたカシス。軽やかながらも濃厚で果実味あふれるムースと、ピュレによって豊かな味わいを与えたメレンゲを合わせました。周りには果実のシロップをたっぷりしみ込ませたビスキュイを巻き、軽やかさを前面に打ち出せるようシンプルに仕上げています。新しいものに触れたからこそ見えてくる、古いもののよさ。クラシックな配合かもしれませんが、そぎ落としたおいしさと美しさは今なお色褪せず、心惹かれます。

上から
・カシス、グロゼイユ
・ムラング・カシス
・ムース・オ・カシス
・カシスのシロップ
・ジェノワーズ・オ・ザマンド
・クレーム・ド・カシスのシロップ
・ビスキュイ・ジョコンド

ボワ・ルージュ　Bois rouge

材料　（直径5.5cm、高さ4cmのセルクル・50個分）

ビスキュイ・ジョコンド　Biscuit Joconde
（60×40cmの天板・2枚分）
全卵　œufs entires　330g
トレモリン　trimoline　19g
アーモンドパウダー
amandes en poudre　246g
粉糖　sucre glace　198g
薄力粉　farine ordinaire　67g
卵白＊　blancs d'œufs　216g
グラニュー糖　sucre semoule　33g
溶かしバター　beurre fondu　49g
＊卵白は冷やしておく。

ジェノワーズ・オ・ザマンド
Genoise aux amandes
＊p27「パラディ」の〈ジェノワーズ・オ・ザマンド〉と同様に作り、60×40cmの天板に流して焼く。

カシスのシロップ　Sirop à imbiber cassis
基本のシロップ（p250）　base de sirop　190g
カシスのピュレ　purée de cassis　200g
グレナデンシロップ　grenadine　28g
＊すべての材料を混ぜ合わせる。

クレーム・ド・カシスのシロップ
Sirop à imbiber crème de casis
基本のシロップ（p250）　base de sirop　64g
水　eau　20g
カシスのリキュール＊　crème de cassis　53g
＊カシスのリキュールはクレーム・ド・カシスを使用（以下同）。
＊すべての材料を混ぜ合わせる。

ムース・オ・カシス　Mousse aux cassis
生クリーム（乳脂肪35％）
crème fraîche 35% MG　640g
カシスのピュレA　purée de cassis　350g
ヴァニラビーンズ　gousse de vanille　½本
卵黄　jaunes d'œufs　174g
グラニュー糖A　sucre semoule　87g
板ゼラチン　gélatine en feuilles　20g
グラニュー糖B　sucre semoule　52g
水　eau　13g
卵白＊　blancs d'œufs　26g
カシスのピュレB　purée de cassis　232g
カシスのリキュール＊　crème de cassis　174g
＊卵白は冷やしておく。

ムラング・カシス　Meringue cassis
（作りやすい量）
カシスのピュレ　purée de cassis　60g
水　eau　28g
グラニュー糖　sucre semoule　160g
卵白＊　blancs d'œufs　120g
＊卵白は冷やしておく。

カシス（冷凍）　cassis　適量
グロゼイユ　groseilles　適量
ナパージュ・ヌートル　nappage neuter　適量

作り方

ビスキュイ・ジョコンド
① 溶きほぐした全卵とトレモリンを湯煎にかけ、約40℃に温める。
② ミキサーボウルに移し、合わせたアーモンドパウダー、粉糖、薄力粉を加える(1)。ビーターをつけた低速のミキサーでざっと混ぜ、高速にして空気を含んでもったりするまで泡立てる。中速→低速と速度を落として生地のキメを整える。ボウルに移す。
③ 卵白とグラニュー糖を高速のミキサーで角が立つまで泡立てる。
＊砂糖の配合が少ないので、泡立ちはようやく角が立つくらい。
④ ②にひとすくいずつ加え、そのつどゴムべらで混ぜ合わせる(2)。約60℃の溶かしバターを加え、均一になり、ツヤが出るまで手早く混ぜる(3)。
⑤ シルパットに57×37cm、高さ5mmのシャブロン型をのせ、④を流して平らにならす。型をはずし、シルパットごと天板にのせる。
⑥ 200℃のコンベクションオーブンで約6分間焼く。シルパットごと網にのせ、室温で冷ます(4)。

組み立て1

① ビスキュイ・ジョコンドの端を切り落とし、16.8×4cmに切り分ける。
② 焼き面を下にして、カシスのシロップを表面が湿る程度に打つ(5)。その面を下にして18×4cmに切った透明フィルムにのせる。
③ フィルムごと、直径5.5cm、高さ4cmのセルクルの側面にぴったり敷き込む。ビスキュイの断面にもカシスのシロップを軽く打つ(6)。
④ ジェノワーズ・オ・ザマンドのオーブンペーパーをはがし、はがした面を波刃包丁で薄くそぎ落とす。直径4.5cmの円型で抜く(7)。
⑤ 高さ1cmのバールに合わせ、焼き面を波刃包丁でそぎ落とす。
＊生地を抜いてから焼き面をそぎ落とすと、厚さが揃いやすい。
⑥ 片面だけクレーム・ド・カシスのシロップに浸し(8)、その面を上にして③の底に指でぴったり敷き込む。

ムース・オ・カシス

① 銅ボウルにカシスのピュレA、ヴァニラビーンズの種とサヤを入れ、泡立て器で混ぜながら沸騰させる。
② ①と並行してボウルに卵黄とグラニュー糖Aを入れ、泡立て器ですり混ぜる。
③ ①の⅓量を②に加えてよく混ぜる。これを①にもどし、混ぜながら82℃まで炊く(9)。
＊もともと濃度があってとろみを判別しにくいので温度計で確認する。
④ 火からおろし、溶かした板ゼラチンを混ぜ溶かす。カシスのピュレをゴムべらでぎゅっと押さえ、余すことなく漉す。室温においておく。
⑤ グラニュー糖Bと水を強火にかけ、118℃に煮詰める。
⑥ ⑤が90℃になる頃、卵白を高速のミキサーで泡立て始め、しっかり泡立てる。
⑦ ⑤の鍋底を水につけて火が入るのを止め、⑥に注ぎ入れる。ボリュームが出たら中低速に落としてキメを整えながら、約40℃になるまで冷ます(10)。冷凍庫で室温程度まで冷やし(11)、ボウルに移す。
＊完全に冷めるまで攪拌し続けると、目の詰まった重いメレンゲになる。軽くふんわりした状態で使用するため、40℃になったら冷凍庫へ。
⑧ ④にカシスのピュレBとカシスのリキュールを加えてゴムべらで混ぜる。氷水にあてて約26℃に冷ます。
⑨ 生クリームを8分立てにし、⑧を少しずつ加えて泡立て器で混ぜる(12)。ほぼ混ざったら約¼量を⑦のメレンゲに加え、泡立て器の先で崩すようにざっと混ぜる(13)。
＊メレンゲのダマが残らないよう、気泡を殺しすぎないように混ぜる。
⑩ 残りの⑧を加え、混ぜ合わせる(14)。ゴムべらに持ち替え、均一になるまで底から混ぜる。
⑪ 口径14mmの丸口金をつけた絞り袋に⑩を入れ、〈組み立て1〉のセルクルいっぱいに絞り入れる。ショックフリーザーで冷凍する(15)。

ムラング・カシス

① 銅鍋にカシスのピュレと水を入れて混ぜ、グラニュー糖を加えて強火で118℃まで煮詰める。
② ①が95℃になる頃、卵白を高速のミキサーで泡立て始め、8分立てにする。
③ ①の鍋底を氷水につけ、火が入るのを止める。②に注ぎ入れ、高速でしっかりボリュームが出るまで泡立てる。中速に落としてキメを整えながら、人肌程度まで冷ます(16)。
④ 〈組み立て1〉で冷凍した菓子を、セルクルを手で少し温めて型からはずす。フィルムをはがしてシルパットを敷いた天板に並べる。
⑤ 8切・8番の星口金をつけた絞り袋に③を入れ、④の上面にシェル型を縦に2つ、2列に絞る。粉糖を軽くふる。
⑥ 200℃のコンベクションオーブンで約2分間焼き、ムラングにうっすら焼き色をつける(17)。
＊コンベクションオーブンは風が奥から手前へと吹くので、絞り終わりを手前に向けてオーブンに入れる。

仕上げ

① 菓子を台紙に並べ、ムラングの表面をペティナイフの先で3カ所削る。ナパージュ・ヌートルをからめたカシスとグロゼイユを彩りよく飾る(18)。

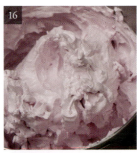

ムースを軽やかに仕上げるには、やはり混ぜすぎないことが大切。最低限の手数を心がけ、混ぜきる一歩手前で止めるくらいのつもりでよいと思います。ムースに混ぜるムラング・イタリエンヌも、ミキサーで混ぜながら冷ますと泡がつぶれてしまうので、ある程度冷めたらショックフリーザーで一気に冷やします

Cuba キューバ

クレーム・ムースリーヌは、クレーム・パティシエールにバターを加えて泡立てた、コクがありつつ軽やかなクリームです。フランスへ修業に行って比較的出会うことが多かったのが、このクリームを使ったお菓子でした。それまでもてはやされていたごく軽いムースから、少しクラシックの方向に揺れ戻り、味や食感のしっかりしたお菓子が求められる時代に移りゆく、ひとつの変化だったのでしょう。ヴァニラ風味やピスタチオ風味など、いろいろな味わいのクレーム・ムースリーヌが登場していて、そのおいしさを実感させられました。「キューバ」は、自分なりにひと味違うクレーム・ムースリーヌを作りたいと考え、バナナとオレンジのリキュールをブレンドして加え、丸みを帯びたフルーツのさわやかさを表現したひと品です。中央に入れたバナナはゴロリと大きく切って軽めにソテーし、キューバ産のラム酒でフランベして、豪快に頬張る楽しさを演出しました。上下を挟んだシナモン風味のビスキュイは、「パリセヴェイユ」の生地の中でもとくにおいしいもののひとつと言える、私の会心作。ローストしてきざんだアーモンドが混ぜ込んでいて、香り高く、ザックリした食感が気に入っています。

上から
・オレンジの皮のジュリエンヌ
・シナモン風味のチョコレートのクランブル
・クレーム・ムースリーヌ
・シナモン風味のジェノワーズ・オ・ザマンド
・クレーム・ムースリーヌ
・バナナのソテー
・クレーム・ムースリーヌ
・シナモン風味のジェノワーズ・オ・ザマンド

キューバ　　　　　　　　　　　　　　　　　　　　　　　　　Cuba

材料（37×11cm、高さ5cmのカードル・1台分）

シナモン風味のジェノワーズ・オ・ザマンド
Genoise aux amandes à la cannelle

（60×40cmの天板・1枚分）
- 全卵　œufs entiers　547g
- グラニュー糖　sucre semoule　342g
- 強力粉　farine de gruau　120g
- 薄力粉　farine ordinaire　120g
- アーモンド（皮付き）＊　amandes　100g
- シナモンパウダー　cannelle en poudre　13g
- 溶かしバター　beurre fondu　68g

＊アーモンドは160℃のオーブンで15分ローストする。

ラム酒のシロップ　Sirop à imbiber rhum
- 基本のシロップ（p250）　base de sirop　200g
- ラム酒（ゴールド）　rhum　70g

＊材料を混ぜ合わせる。

バナナのソテー　Banane sautée
- バナナ＊　bananes　約7本
- バター　beurre　90g
- グラニュー糖　sucre semoule　100g

＊バナナは充分熟れたものを使う。

クレーム・ムースリーヌ
Crème mousseline

A:
- 牛乳　lait　220g
- ヴァニラビーンズ　gousse de vanille　1/3本
- 卵黄　jaunes d'œufs　66g
- グラニュー糖　sucre semoule　44g
- 強力粉　farine de gruau　22g
- バター　beurre　11g

B:
- グラニュー糖　sucre semoule　66g
- 水　eau　45g
- 卵黄　jaunes d'œufs　94g

- バター　beurre　290g
- オレンジペースト　pâte d'orange　7g
- レモン果汁　jus de citron　15g
- バナナのリキュール＊　crème de bananes　48g
- コアントロー　Cointreau　15g

＊バナナのリキュールはクレーム・ド・バナーヌを使用。

シナモン風味のチョコレートのクランブル
Pâte à crumble chocolat à la cannelle

（作りやすい量）
- グラニュー糖　sucre semoule　180g
- バター　beurre　180g
- 薄力粉　farine ordinaire　180g
- シナモンパウダー　cannelle en poudre　8g
- ベーキングパウダー　levure chimique　2.5g
- ヘーゼルナッツ＊　noisette　228g
- クーベルチュール＊（ビター、カカオ70％）　couverture noir　78g

＊ヘーゼルナッツは粗くきざみ、ローストする。
＊クーベルチュールはヴァローナ社「グアナラ」を使用。
＊クーベルチュール以外の材料は冷蔵庫でよく冷やしておく。

デコレーション用粉糖（p264）
- sucre décor　適量
- シナモンパウダー　cannelle en poudre　適量
- オレンジの皮のジュリエンヌ（p263）　écorces d'orange de juliennes confites　適量

作り方

シナモン風味のジェノワーズ・オ・ザマンド

① ミキサーボウルに全卵とグラニュー糖を入れ、泡立て器で混ぜる。湯煎にかけ、混ぜながら約40℃まで温める。
② 湯煎をはずし、空気をしっかり含んでフワフワになるまで高速のミキサーで泡立てる。中速に落とし、気泡が細かくなったら、低速にしてキメを整える(1)。ボウルに移す。
③ 強力粉、薄力粉、フードプロセッサーで粗くきざんだアーモンド、シナモンパウダーを混ぜ合わせる(2)。これを②に手早く加え、粘りとツヤが出るまでカードで混ぜ合わせる。
④ 約60℃の溶かしバターに③をひとすくい加え、泡立て器で均一に混ぜる。これを③にもどし、ツヤが出るまでカードで混ぜ合わせる(3)。
＊すくい上げると、リボン状に生地が流れ落ちる状態になる。
⑤ オーブンペーパーを敷いた天板に④を流し入れ(4)、パレットナイフで平らにならす。
⑥ 175℃のコンベクションオーブンで約17分間焼く。天板ごと室温で冷ます(5)。

バナナのソテー

① バナナの皮をむいて端を切り落とす。できるだけ円柱状で、切り口が平らになるように4等分にする。
② 37×11cm、高さ5cmのカードルに3列に並べ、分量を確かめる(6)。
＊型に入りきらないくらいの量が目安。
③ フライパンにグラニュー糖ひと握りを薄く広げ、火にかける。周りが溶けてきたら残りのグラニュー糖を手でまくように入れる。
＊量が多いので半量に分け、③～⑥の作業を2回に分けて行なう。
④ グラニュー糖が色づき、キャラメル状になったら、バターを加えて木べらで混ぜ溶かす(7)。バナナを1切れずつ入れ、フライパンをゆすったり、バナナを転がしたりしながら中火でソテーする(8)。
＊バナナの形を崩さないよう、ていねいに。
⑤ キャラメルが全体にからまり、バナナの表面がやわらかくなったら、強火にしてラム酒をかけてフランベする(9)。
＊バナナの芯まで火を入れると、冷めた時につぶれてしまうので注意。
⑥ シルパットに広げ、室温で冷ます。

組み立て1

① シナモン風味のジェノワーズ・オ・ザマンドの端を切り落とし、37×11cmに切る。
＊1台につき2枚(底面用と上面用)使う。
② 底面用のジェノワーズを、焼き面を上にして置く。高さ1.3cmのバールに合わせて焼き面をそぎ落とす。
③ 上面用のジェノワーズは、底面を薄くそぎ落としてから焼き面を上にして置く。高さ1cmのバールに合わせて焼き面をそぎ落とす(10)。
④ OPPシートを貼った天板に37×11cm、高さ5cmのカードルを置き、②の焼き面を上にして底に敷く。生地が湿る程度にラム酒のシロップを打つ(11)。

クレーム・ムースリーヌ

① Aの材料でp248を参照してクレーム・パティシエールを作る。ただし、沸騰して大きな気泡がグツグツ上がるようになったら火を止める(12)。バットに移し、ラップを密着させてショックフリーザーで4℃まで急冷する。
＊薄力粉とコーンスターチの代わりに強力粉を加える。

② 網で漉し、ゴムべらでなめらかに混ぜる。バターをポマード状にやわらかくし、ひとすくいずつ加え(13)、そのつど円を描くように混ぜて乳化させる。

③ Bの材料でパータ・ボンブを作る。鍋にグラニュー糖と水を入れ、沸騰させる。

④ 卵黄を溶きほぐし、③を少しずつ加えて泡立て器でよく混ぜる(14)。

⑤ 漉してミキサーボウルに入れる。沸騰直前の湯煎にかけ、泡立て器で混ぜながら72〜73℃まで加熱する(15)。
＊粗い気泡が消え、泡立て器の筋が残るくらいまでとろみをつける。

⑥ 湯煎をはずし、高速のミキサーで空気を含み、白くもったりするまで泡立てる。中速に落として生地のキメを整え、低速にしてねっとり、とろみが出るまで攪拌しながら冷ます(16)。
＊⑤の加熱が不充分だと、生地がゆるみ、水っぽくなってしまう。

⑦ オレンジペーストをゴムべらでほぐす。合わせたレモン果汁とバナナ、オレンジのリキュールを少しずつ加え、ダマが残らないように溶きのばす。

⑧ ②に少量の⑦を加え、ゴムべらで中心から円を描くようによく混ぜて乳化させる(17)。残りの⑦を5回に分けて加え、そのつど混ぜる。
＊マヨネーズの要領で、液体を加えるたびにしっかり乳化させる。ただし、乳化しすぎると口溶けが悪くなるので、泡立て器ではなくゴムべらで混ぜる。

⑨ ⑥を5回に分けて加え、そのつどゴムべらで均一になるまでしっかり混ぜ、乳化させる(18・19)。
＊混ぜ方が足りないと、完全に分離してしまう。

組み立て2

① バナナのソテーをキッチンペーパーではさみ、汁気を自然に取り除く。

② 口径14mmの丸口金をつけた絞り袋にクレーム・ムースリーヌを入れ、〈組み立て1〉のカードルに口金の太さのまま絞り出す。先にカードルの周りに絞り入れてから中を埋めて、すき間がないようにする(20)。

③ クリームをカードで平らにならし、長辺側の側面に薄く添わせる(シュミネする)。

④ 両サイドを1.5cm程度あけ、①のバナナをすき間なく3列並べる(21)。

⑤ 残りのクレーム・ムースリーヌを、バナナの間を埋めるように絞り入れる。パレットナイフで平らにならしてバナナを覆う。カードルの内側についたクリームを指でぬぐう。

⑥ 上面用のジェノワーズの焼き面を上にして、ラム酒のシロップを軽く湿らせる程度に打つ(22)。

⑦ 裏返して⑤にかぶせ、手のひらで軽く押さえる。平らな板をのせ、上から押さえて平らに密着させる。ラム酒のシロップを打ち、生地が湿らせる。

⑧ 表面にクレーム・ムースリーヌを薄く絞る。パレットナイフで平らにし、型の上をすべらせて余分なクリームを落とす。冷蔵庫で一晩冷やし固める。

シナモン風味のチョコレートのクランブル

① クーベルチュールを湯煎にかけて溶かし、人肌程度に温める。
② クーベルチュール以外の材料をフードプロセッサーで攪拌する。すぐに①を注ぎ入れ、いったん止めてフードプロセッサーの内側と羽根をゴムべらではらう。断続的に攪拌し、ムラがなくなるまで混ぜ続ける(23)。
③ バットに移してざっと平らにする。ラップを密着させてかけ、冷蔵庫で約1時間冷やし固める。
④ 手でざっとひとまとめにし、5mmの目の網で漉す。シルパットに重ならないように広げ、冷蔵庫でしっかり冷やす(24)。
⑤ 170℃のコンベクションオーブンで約6分間焼く。オーブンから取り出してくっついたものを手でばらし、さらに約5分間焼く。室温で冷ます(25)。

仕上げ

① 側面をバーナーで温め、カードルをはずす。菓子の端を切り落とし、11×2.8cmに切り分ける(26)。
② シナモン風味のチョコレートのクランブルを豆粒大に手で砕き、①の上面にすき間なくのせる。デコレーション用粉糖をふりかける。
③ シナモンパウダーをごく軽くふり、オレンジの皮のジュリエンヌをピンセットでのせる(27)。

このクレーム・ムースリーヌは、水分が多くて離水しやすく、乳化が非常に難しい配合です。混ぜ足りなくても混ぜすぎても分離してしまうので、マヨネーズの要領でゴムべらで混ぜ、徐々に乳化させていくことがポイント。うまく乳化できれば、時間を置いても固く締まらず、やさしい口当たりと口溶けに仕上がります

*T*arte pêche cassis
タルト・ペッシュ・カシス

私がパリで働いていた頃、それまで室温に置かれていたタルトが、バヴァロワやクリームをのせることで冷蔵のプティガトーへと進化してきました。その進化をもう一歩進めて、よりみずみずしく、フレッシュ感を際立たせようと考えたのが、この「タルト・ペッシュ・カシス」です。上にのせたのは、山形から取り寄せた小ぶりの白桃を使った、カシス風味の桃のコンポート。桃をシロップで煮るのではなく、熱したシロップを桃の上からかけて漬けるだけにとどめ、中はほとんど生に近く、非常にジューシーでフレッシュ感のある状態に仕上げています。じつは、桃のコンポートは私自身大好きで、レストランでもよく食べるのですが、失敗して火を入れすぎると、市販の缶詰と大して変わらなくなってしまうのが悩みどころでした。ある時、とあるレストランでフレッシュに近い桃のコンポートに出会い、教えてもらったのが、熱いシロップに漬けるだけのこのやり方です。シロップに加えた濃厚なカシスのピュレが、桃の表面だけにじんわり、ほどよくしみるのもよいところ。店内のサロンでのみ提供している、デザートのようなタルトです。

上から
・カシス風味の桃のコンポート
・アーモンドスライスのクロッカン
・クレーム・ディプロマット
・ルビーポルトとカシスのジュレ
・アーモンドのプラリネ・クルスティヤン
・キルシュのシロップ
・カシス
・クレーム・フランジパーヌ
・パート・シュクレ

タルト・ペッシュ・カシス　Tarte pêche cassis

材料 （直径6.5cm、高さ1.7cmのセルクル・16個分）

カシス風味の桃のコンポート
Compote de pêches et de cassis
- 白桃　pêches blanche　8個
- カシスのピュレ　purée de cassis　1125g
- グラニュー糖　sucre semoule　507g

＊白桃は小ぶりのものを使用。

アーモンドスライスのクロッカン
Croquants aux amandes effilées
（作りやすい量）
- 卵白　blancs d'œufs　30g
- アーモンドスライス　amandes effilées　200g
- 粉糖　sucre glace　150g

パート・シュクレ　Pâte sucrée
（30個分。1個20g使用）
- バター　beurre　96g
- 粉糖　sucre glace　108g
- アーモンドパウダー　amandes en poudre　21g
- 全卵　œufs entires　32g
- 薄力粉　farine ordinaire　160g

クレーム・フランジパーヌ
Crème frangipane
（p250・1個15g使用）　240g

ルビーポルトとカシスのジュレ
Gelée de Port Ruby et de cassis
（直径5cm、高さ3cmのマフィン型・20個分。1個15g使用）
- ルビーポルト酒　Porto Ruby　214g
- カシスのピュレ　purée de cassis　214g
- グラニュー糖　sucre semoule　45g
- 板ゼラチン　gélatine en feuilles　13.5g

キルシュのシロップ　Sirop à imbiber kirsch
（30個分。1個5g使用）
- 基本のシロップ（p250）　base de sirop　120g
- キルシュ　kirsch　42g

＊材料を混ぜ合わせる。

アーモンドのプラリネ・クルスティヤン
Praliné croustillent d'amandes
（30個分。1個10g使用）
- クーベルチュール（ミルク、カカオ40％）　couverture au lait　44g
- アーモンドのプラリネ　praliné d'amandes　178g
- 溶かしバター　beurre fondu　18g
- フイヤンティーヌ　feuillantine　90g

＊クーベルチュールはヴァローナ社「ジヴァラ・ラクテ」を使用。

クレーム・ディプロマット　Crème diplomate
（30個分。1個18g使用）
- クレーム・パティシエール（p248）　crème pâtissière　375g
- クレーム・シャンティイ（p248）　crème Chantilly　75g

- カシス（冷凍）　cassis　90個
- アプリコットのナパージュ（p258）　nappage d'abricot　適量
- アプリコットのコンフィチュール　confiture d'abricot　適量
- デコレーション用粉糖（p264）　sucre décor　適量
- 金箔　feuilles d'or　適量

作り方

カシス風味の桃のコンポート
① 沸騰した湯に白桃を1分ほど入れて氷水に落とし、皮をむく（1）。
② カシスのピュレとグラニュー糖を火にかけ、焦がさないようにゴムべらで混ぜながら沸騰させる。
③ ①の白桃を深い容器に入れ、②を注いで全体を浸す（2）。ラップを密着させてかけ、室温で冷ましたのち、冷蔵庫で2日間漬ける。

＊漬け終わりから約3日のうちに使いきること。

アーモンドスライスのクロッカン
① 卵白を泡立て器で混ぜてコシを切る。アーモンドスライスに加え、ゴムべらでよく混ぜからめる（3）。
② 粉糖を加え、手でさっくりとまぶしながら混ぜる（4）。
③ 手でほぐしてシルパットを敷いた天板に薄く広げ、165℃のコンベク

ションオーブンで3～5分間、軽く色づける。オーブンからいったん取り出してアーモンドを三角パレットではがし、裏返しながら混ぜる(5)。
④ 再び広げてオーブンにもどし、約3分間焼く。取り出して同様にパレットではがしながら混ぜる。
⑤ さらに約3分間、まんべんなく焼き色が軽くつくまで焼く(6)。室温で冷まし、乾燥剤とともに密閉容器に入れて保存する。

パート・シュクレ
① p82「タルト・プランタニエール」の〈パート・シュクレ〉①～④を参照して作る。
② 生地を軽くもみ込み、しなやかな状態にしてから四角に整える。90度ずつ向きを変えながらシーターにかけ、厚さ2.75mmにのばす。
③ 天板にのせ、セルクルよりふた周り大きい円形(直径8.5cm)に抜く(7)。扱いやすい固さになるまで、冷蔵庫で約30分間休ませる。
④ セルクルに敷き込み(フォンサージュ→p265)、冷蔵庫で30分間休ませる(8)。
⑤ シルパンを敷いた天板に並べる。セルクルの内側にアルミカップをぴったりはめて重石を入れ、170℃のコンベクションオーブンで約11分間から焼きする(9)。重石とアルミカップをはずし、室温で冷ます。

組み立て1
① 口径17mmの丸口金をつけた絞り袋にクレーム・フランジパーヌを入れ、から焼きしたパート・シュクレに約15gずつ絞り入れる。
② カシスを冷凍のまま5粒ずつのせる(10)。170℃のコンベクションオーブンで約10分間焼く。
③ セルクルをはずし、室温で冷ます(11)。

ルビーポルトとカシスのジュレ
① 鍋にルビーポルト酒、カシスのピュレとグラニュー糖を入れてへらで混ぜる。中火にかけ、混ぜながら約50℃に温める。
② 火からおろして板ゼラチンを加え、混ぜ溶かす(12)。直径5cm、高さ3cmのマフィン型に1個15gずつ流し入れる。ショックフリーザーで冷凍する(13)。

アーモンドのプラリネ・クルスティヤン
① p57〈アーモンドのプラリネ・クルスティヤン〉①～③と同様に作る(14)。

クレーム・ディプロマット
① クレーム・パティシエールをゴムべらでなめらかにし、しっかり泡立てたクレーム・シャンティイを加えて均一になるまで混ぜ合わせる(15)。

組み立て2・仕上げ

① 白桃のコンポートを網にのせ、余分な汁気をきる(16)。キッチンペーパーでしっかりぬぐう。

② 桃のくぼみに沿って縦半分に切り、種を取り除く(17)。キッチンていねいに汁気をふき取り、切り口を下にしてペーパーに並べる。

③ 〈組み立て1〉のタルトを持ち、クレーム・ダマンドが湿る程度にシロップを刷毛で打つ(18)。

＊パート・シュクレにシロップがつくと食感が損なわれるので注意。

④ アーモンドのプラリネ・クルスティヤンを10gずつのせ、パレットナイフで上から押さえつけるようにしてすり鉢状にのばす(19)。

＊縁までしっかり行き渡らせることで、上にクリームを絞ってもパート・シュクレが湿らない。

⑤ 口径5mmの丸口金をつけた絞り袋にクレーム・ディプロマットを入れ、6gずつ絞る。パレットナイフで縁まで均等にならす。

⑥ ポルトとカシスのジュレを型からはずして⑤にのせ、軽く押して接着させる(20)。

⑦ クレーム・ディプロマットを約12gずつ、縁から中心に向かってうず巻き状に絞る(21)。パレットナイフで表面をなだらかな山状にして、ショックフリーザーで表面を冷やし固める。

⑧ 白桃のコンポートの汁気を再度キッチンペーパーでふき取り、切り口を下にして網にのせる。温めたアプリコットのナパージュをかけ(22)、余分を取り除く。⑦にのせる。

⑨ アーモンドスライスのクロッカンにアプリコットのコンフィチュールをコルネに入れて少しずつつけ、パート・シュクレを覆うようにして立体感を出しながら貼りつける(23)。手のひらで包むように押さえる。クロッカンにデコレーション用粉糖をふる。

タルトをしっかり焼いておくことはもちろんのこと、白桃は非常に水分が多いので、余計な汁気をていねいにふき取ってからタルトの上にのせることが必要です。それでも時間が経つと、どうしても汁気がにじみ出てきてしまうので、少量ずつまめに作ってショーケースに並べるようにしています

*T*arte aux figues
タルト・オ・フィグ

フルーツのタルトといえば、フルーツをアーモンドクリームなどとともに詰めて焼き込むのが、伝統のスタイルですが、それを一歩進化させたのがこの「タルト・フィグ・カシス」です。つまり、生地とフルーツを一緒に焼くのではなく、焼き上げた生地に、それぞれに調理したコンフィチュールとコンフィを詰めて組み立て、仕上げまで行うタルトです。シロップをじっくり浸透させてふっくら煮上げた、白イチジクと黒イチジクのコンフィのまろやかな甘みに、カシスのコンフィチュールの凝縮した酸味がアクセントとなり、鮮やかな印象を残します。

上から
・クレーム・シャンティイ
・クルミ、アーモンド
・白イチジクのコンフィ
・黒イチジクのコンフィ
・カシスのコンフィチュール
・パート・シュクレ

タルト・オ・フィグ　　　Tarte aux figues

材料　(直径6.5cm、高さ1.7cmのセルクル・30個分)

パート・シュクレ　Pâte à sucrée
(1個20g使用)
- バター　beurre　180g
- 粉糖　sucre glace　120g
- アーモンドパウダー　amandes en poudre　40g
- 全卵　œufs entiers　60g
- 薄力粉　farine ordinaire　300g

カシスのコンフィチュール
Confiture de cassis (作りやすい量。1個15g)
- カシスのピュレ　purée de cassis　300g
- 水　eau　30g
- グラニュー糖A　sucre semoule　120g
- 水アメ　glucose　60g
- グラニュー糖B　sucre semoule　75g
- NHペクチン　pectine　7.2g
- レモン果汁　jus de citron　12g

黒イチジクのコンフィ
Confites figues noires (作りやすい量)
- 黒イチジク(ドライ)　figues noires séchées　500g
- 水　eau　750g
- ヴァニラビーンズ　gousse de vanille　1本
- グラニュー糖　sucre semoule　360g

白イチジクのコンフィ
Confites figues blanches (作りやすい量)
- 白イチジク(ドライ)　figues blanches séchées　500g
- 水　eau　900g
- グラニュー糖　sucre semoule　450g
- ヴァニラビーンズ　gousse de vanille　1本

- クルミ　noix　適量
- アーモンド(皮付き)　amandes　適量
- クレーム・シャンティイ (p248)　crème Chantilly　適量
- シナモンパウダー　cannelles en poudre　適量

作り方

パート・シュクレ
① p82〈パート・シュクレ〉①〜④を参照して生地を作る。冷蔵庫で一晩休ませる。
② 生地を軽くもみ込み、しなやかな状態にして四角く整える。90度ずつ向きを変えながらパイシーターで厚さ2.75mmにのばす。
③ 天板にのせ、型よりふた周りほど大きい直径8.5cmの円型で抜く。冷蔵庫で30分間ほど休ませる。
④ 直径6.5cm、高さ1.7cmのセルクルの内側に③を敷き込み(フォンサージュ→p265)、冷蔵庫で30分間ほど休ませる。
⑤ シルパンを敷いた天板に並べ、内側にアルミカップをのせて重石を入れる。170℃のコンベクションオーブンで約11分間焼く。
⑥ 重石とアルミカップをはずし、室温で冷ます。

カシスのコンフィチュール
① 銅ボウルにカシスのピュレ、水、グラニュー糖A、水アメを入れ、強火にかけてゴムべらで混ぜながら沸騰させる。
② グラニュー糖BとNHペクチンを混ぜ合わせ、①に加えながら泡立て器で混ぜ溶かす。
③ へらで混ぜながら、糖度67%brixになるまで煮詰める。火からおろしてレモン果汁を加え混ぜる。
④ バットに流し、ラップを密着させてかける。室温で冷ましてからごく目の細かい網で漉し、冷蔵庫で冷やす。

黒イチジクのコンフィ
① ドライ黒イチジクに竹串で3か所(横2か所、縦1か所)ほど穴を貫通させる。水に浸けて一晩ふやかし、水気をきる。
② 鍋に水とヴァニラビーンズの種とサヤを入れて強火にかける。沸騰したらグラニュー糖を加え混ぜ、再沸騰させる。
③ ①を入れて落としぶたをし、中火で糖度72%brixになるまで煮る。
④ 鍋ごと室温で冷まし、別の容器に移して冷蔵庫で保存する。

白イチジクのコンフィ
① 黒イチジクのコンフィと同様に作る。

仕上げ
① クルミとアーモンドはそれぞれ天板に広げ、160℃のコンベクションオーブンで約15分間、軽く色づくまでローストする。室温で冷ます。
② 口金をつけずに絞り袋の先を小さく切り、カシスのコンフィチュールを入れる。パート・シュクレに15gずつ絞り入れる。
③ 黒イチジクと白イチジクのコンフィは汁気をきり、黒イチジクは縦半分に、白いイチジクは横半分に切る。3切れずつ、②にランダムにのせる。
④ ①のクルミを手で2〜4等分にし、アーモンドは2〜3等分に切る。③に少しずつ散らす。
⑤ クレーム・シャンティイをティースプーンでクネルの形にまとめてのせる。シナモンパウダーを軽くふる。

Marron Passion
マロン・パッション

栗とパッションフルーツの組み合わせに出会ったのも、私がパリで働いていた時のことでした。栗に合わせる素材としては、同じ季節の果物である洋ナシや、フランスで王道の組み合わせとされるカシスが用いられるのをよく見かけていましたが、パッションフルーツは、栗とはかけ離れた南国の素材。当時の私にとってすごく新鮮で、鮮烈な酸味とともに記憶にきざまれる味となりました。ポイントは、栗に対してごく少量のパッションフルーツを合わせるということ。それによって、おだやかでやさしい栗の風味が損なわれることなく、引き立ちます。生地にもインパクトを持たせたいと考え、このお菓子に選んだのは、クレーム・オ・ブールをサンドしたクラシカルなお菓子、「サン＝ミッシェル」に使われる、ビスキュイ・サン＝ミッシェルです。メレンゲとダックワーズの中間のような生地で、しっとりとも、ねっちりとも、カリッ、サクッともつかない食感が魅力的。ローストしてきざんだアーモンドを混ぜることでザクザク感と香ばしさが増し、存在感がより強まります。噛むごとに変化しながら現れる味や食感のメリハリと調和を、心ゆくまで楽しんでいただきたいと思います。

上から
・パッションフルーツのナパージュ
・栗のクレーム・シャンティイ
・グラサージュ・ショコラ
・栗のクリーム
・ビスキュイ・サン＝ミッシェル
・パッションフルーツのクリーム
・パッションフルーツのジュレ
・栗のクリーム
・ビスキュイ・サン＝ミッシェル

マロン・パッション　Marron Passion

材料　（57×37cm、高さ4cmのカードル・1台分）

ビスキュイ・サン＝ミッシェル
Biscuit St-Michel（60×40cmの天板・2枚分）

- 卵白A＊　blancs d'œufs　450g
- 薄力粉　farine ordinaire　81g
- アーモンドパウダー
  amandes en poudre　108g
- 粉糖　sucre glace　1012g
- アーモンド（皮付き）＊　amandes　621g
- 卵白B＊　blancs d'œufs　450g
- グラニュー糖　sucre semoule　225g
- 乾燥卵白　blanc d'œuf en poudre　22.5g

＊アーモンドは160℃のオーブンで約15分間ローストし、細かくきざんでおく。
＊卵白はそれぞれ冷やしておく。

パッションフルーツのクリーム
Crème fruit de la Passion
（57×37cm、高さ5mmのシャブロン型・1枚分）

- パッションフルーツのピュレ
  purée de fruit de la Passion　507g
- 卵黄　jaunes d'œufs　152g
- 全卵　œufs entiers　95g
- グラニュー糖　sucre semoule　165g
- 板ゼラチン　gélatine en feuilles　5g
- バター　beurre　190g

パッションフルーツのジュレ
Gelée de fruits de la Passion
（57×37cm、高さ5mmのシャブロン型・1枚分）

- パッションフルーツのピュレ
  purée de fruit de la Passion　922g
- グラニュー糖　sucre semoule　175g
- 板ゼラチン　gélatine en feuilles　23g

栗のクリーム　Crème de marron

- パート・ド・マロン＊　pâte de marron　1200g
- クレーム・ド・マロン＊　crème de marron　300g
- バター　beurre　600g
- ラム酒　rhum　90g
- 生クリーム（乳脂肪35%）
  crème fraîche 35% MG　210g
- 卵白　blancs d'œufs　130g
- グラニュー糖A　sucre semoule　20g
- グラニュー糖B　sucre semoule　200g
- 水　eau　50g
- 栗のコンフィ＊　marrons confits　480g
- ラム酒　rhum　25g

＊クレーム・ド・マロンとパート・ド・マロンをそれぞれ室温にもどしておく。
＊栗のコンフィは粗く砕く。

パッションフルーツのナパージュ
Nappage fruits de la Passion
（作りやすい量）

- パッションフルーツのピュレ
  purée de fruit de la Passion　165g
- 水　eau　83g
- 酒石酸　crème tarter　4g
- グラニュー糖A　sucre glace　165g
- NHペクチン＊　pectine　5g
- グラニュー糖B＊　sucre glace　83g

＊NHペクチンとグラニュー糖Bを混ぜ合わせておく。

栗のクレーム・シャンティイ
Crème Chantilly au marron
（11×2.8cm・20個分）

- クレーム・ド・マロン
  crème de marron　150g
- 生クリーム（乳脂肪40%）
  crème fraîche 40% MG　230g
- グラサージュ・ショコラ・ベージュ（p261）
  glaçage beige au chocolat　適量
- パッションフルーツの種
  pepin de fruit de la Passion　適量

作り方

ビスキュイ・サン＝ミッシェル

① 卵白Aを高速のミキサーでしっかり泡立てる。
② ボウルに薄力粉、アーモンドパウダー、粉糖、きざんだアーモンドを入れ、手で混ぜ合わせる(1)。①を入れ、混ぜずにそのまま置いておく。
③ グラニュー糖のうち⅓量と乾燥卵白を混ぜ合わせる。卵白Bとともにミキサーボウルに入れ(2)、高速で泡立てる。5分立て、8分立てのタイミングで残りのグラニュー糖を半量ずつ加えて、目が詰まり、ねっとりした質感のメレンゲになるまで泡立てる(3)。
＊泡立ちの目安は、p21の〈フォン・ド・シュクセ〉②を参照。
④ メレンゲができるタイミングに合わせ、②の粉類とメレンゲをカードで均一に混ぜ合わせる(4)。

⑤ ④に③を加え、すくうようにしてカードで均一に混ぜ合わせる(5)。
⑥ 60×40cm天板2枚にオーブンペーパーを敷き、⑤を半量ずつ入れてパレットナイフで平らにならす(6)。粉糖を軽くふる。
⑦ 170℃のコンベクションオーブンで約30分間焼く(7)。そのまま室温で冷ます。
⑧ ビスキュイを型からはずしてペーパーをはがす。57×37cmのカードルの外周に合わせて波刃包丁で切る。1枚はそのまま取りおく〈A〉。もう1枚はOPPシートを貼った天板に焼き面を上にしてのせ、57×37cmのカードルをかぶせておく〈B〉。
＊ビスキュイの表面が割れやすいので、裏返す際にはていねいに。

パッションフルーツのクリーム
① p94〈パッションフルーツのクリーム〉①〜⑤を参照して作る。
② OPPシートを貼った天板に57×37cm、高さ5mmのシャブロン型をのせてテープで固定する。①を流し入れ、平らにならす(8)。ショックフリーザーで冷凍する。
③ 型とクリームの間にペティナイフを入れて型をはずし、高さ1cmのシャブロン型をはめ直す(9)。ショックフリーザーで冷凍しておく。

パッションフルーツのジュレ
① パッションフルーツのピュレを人肌程度に温める。グラニュー糖を加えて混ぜ溶かす。
② 溶かした板ゼラチンに①の1/3量を少しずつ加えながら泡立て器で混ぜる(10)。①にもどし入れ、ゴムべらで混ぜる(11)。
③ 冷凍したパッションフルーツのクリームの上に流し、パレットナイフで平らにならす(12)。アルコールスプレーを噴きつけて表面に浮いた泡を消してしばらく放置し、固まってきたらショックフリーザーで冷凍する。
④ 型からはずし、上下にOPPシートをぴったり貼りつける。ジュレを下にしてショックフリーザーに入れておく〈C〉。

栗のクリーム
① ビーターをつけた中速のミキサーで、パート・ド・マロンをダマがなくなるまで練る。
② クレーム・ド・マロンを半量加えてなじませる。いったんビーターやボウルについたクリームをカードではらい、残りのクレーム・ド・マロンを加えてざっとなじませる(13)。
③ ポマード状にやわらかくしたバターを約5回に分けて②に加え(14)、そのつど中速で混ぜ、なじんだら高速にして泡立てる。途中で2回ほどビーターやボウルについた生地をはらい、ふんわりするまで泡立てる(15)。
＊材料を室温にもどしておくことで、空気を含んで泡立つ。全体が混ざり、少しふんわりしてきてから次のバターを加えること。
④ 生クリームを約50℃に温め、ラム酒を混ぜる。③に注ぎ入れ、混ぜる(16)。
＊④が冷えてバターが固まらないうちに⑧を行なうこと。
⑤ ミキサーボウルに冷たい卵白とグラニュー糖Aを入れ、高速のミキサーで8分立てにする。

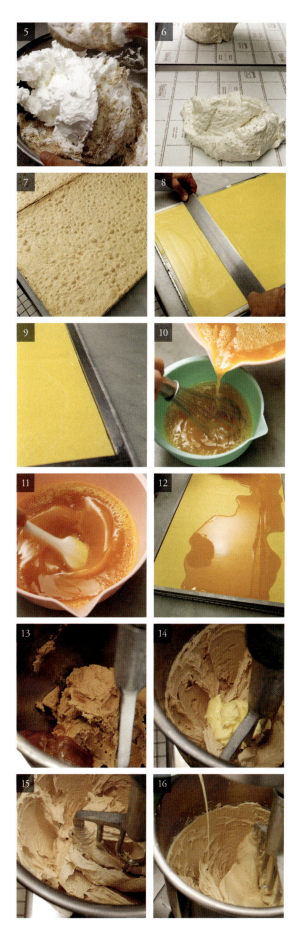

⑥ ⑤と並行して、グラニュー糖Bと水を火にかけ、118℃まで煮詰める。⑤に注ぎながら、しっかりボリュームが出るまで高速で泡立てる(17)。中速→低速に落とし、キメを整えながら約30℃に冷めるまで攪拌する。
＊このあとバターの多いクリームと合わせた時に分離しないよう、メレンゲは完全に冷まさないでおく。
⑦ 砕いた栗のコンフィにラム酒をふり、ゴムべらで混ぜ合わせる(18)。
⑧ ④をボウルに移し、⑥のメレンゲを4回ほどに分けて加え、そのつど泡立て器でざっと混ぜる(19)。ゴムべらに持ち替え、均一に混ぜる。
＊気泡をつぶさないよう、泡立て器の羽根の間にクリームを通すようにしてすくい混ぜる。
⑨ ⑧を1100g計量し、⑦の栗を加えてゴムべらで混ぜる(20)。残った⑧のクリームは別に取りおく。
＊気泡をつぶさないように静かに混ぜる。

組み立て1
① 〈B〉のビスキュイの上に栗のクリーム（栗入り）をのせ、パレットナイフで平らにならす(21)。
② 〈C〉の冷凍したパッションフルーツのクリームとジュレを、ジュレを下にして①にのせて密着させる。OPPシートをはがし、ところどころペティナイフで空気穴をあけ、OPPシートをかぶせて板などを重石として上からしっかり押してぴったり密着させる(22・23)。OPPシートをはがす。
＊空気穴をあけるのは、クレーム・ド・マロンと冷凍したジュレの間に空気が入らないようにするため。
③ 取りおいた栗のクリーム（栗なし）を1200g計量し、②にのせてパレットで平らにならす(24)。型についた余分なクリームをぬぐう。
④ もう一枚のビスキュイ〈A〉を焼き面を下にしてかぶせ、手で押さえて密着させる。オーブンペーパーをかぶせて平らな板を重石としてのせ、上からしっかり押してぴったり密着させる(25)。
⑤ カードルからはみ出たOPPシートを切り落とす。側面をバーナーで軽く温めてカードルを持ち上げ、長辺側に高さ8mmのバールをかませる(26)。
＊バールをかませるのは、菓子に対してカードルの高さが8mm足りないため。カードルの高さが4.8cmあればこの工程は不要。
⑥ 残りの栗のクリーム（栗なし）をのせ、パレットナイフでざっとならす。カードルの高さに沿って平刃包丁をすべらせ、余分なクリームを取り除き、平らにする(27)。ショックフリーザーで冷凍する。
⑦ バーナーで側面を温め、菓子を型からはずす。平刃包丁で両端を切り落としてから、40×11cmになるようまず上面に切り込みを入れる。
＊一度に切り分けようとするとヒビが入るので、まず一番上のクレーム・ド・マロンだけを切るつもりで切り込みを入れる。包丁をバーナーで軽く温めながら行なう。
⑧ 波刃包丁に持ち替え、1枚目のビスキュイに達するまで切る。平刃包丁に持ち替え、下まで完全に切る(28)。ショックフリーザーで冷凍する。

パッションフルーツのナパージュ
① パッションフルーツのピュレ、水、酒石酸、グラニュー糖Aを鍋に入れ、沸騰させる。

3　La belle époque de la pâtisserie parisienne

② 混ぜ合わせたNHペクチンとグラニュー糖Bを加え、泡立て器でよく混ぜる。再度沸騰したら火を止める。ボウルに移し、ラップを密着させて室温で冷ます(29)。冷蔵庫で一晩休ませる。
＊使用する際は一度網で漉す。

<u>組み立て2</u>
① 天板に網をのせ、その上にパレットナイフを使って菓子をのせる。パレットナイフは差したままにし、グラサージュ・ショコラ・ベージュを33〜34℃に温め、側面→上面の順にまんべんなくかける(30)。
② パレットナイフを上面にすべらせて平らにならす(31)。網ごと天板に軽く打ちつけて余分なグラサージュを落とし、裾にたまったぶんを取り除く。冷蔵庫で少し休ませる。
③ 平刃包丁をバーナーで軽く温め、端を切り落とす。軽く温めた波刃包丁で2.8cm幅にしるしをつけてから、上面からビスキュイに達するまで切り込みを入れる(32・33)。側面にも約1cmの切り込みを入れる。
＊ここでもヒビが入るので、2回に分けて切る。
④ 波刃包丁をバーナーで軽く温めながら、下まで完全に切る(34)。台紙にのせる。

<u>栗のクレーム・シャンティイ</u>
① クレーム・ド・マロンに生クリームを少量加え、泡立て器で混ぜのばす。残りの生クリームを加え、泡立て器で7分立てにする(35)。

<u>仕上げ</u>
① 12切・7番の星口金をつけた絞り袋に栗のクレーム・シャンティイを入れ、菓子の上面に少しずつ重ねながらシェル形を5つ絞る。
② ①の上にパッションフルーツのナパージュをティースプーンでひと筋たらす(36)。パッションフルーツの種の汁気をキッチンペーパーでとり、ピンセットで3個ずつナパージュの上にのせる。

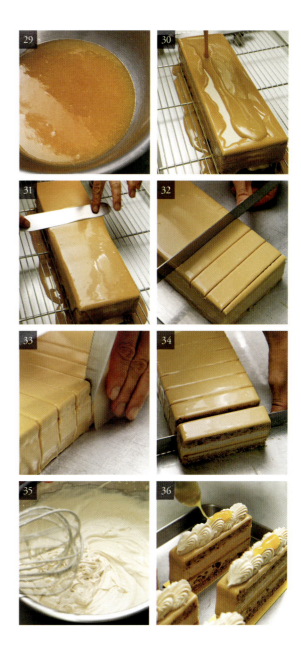

ビスキュイ・サン＝ミッシェルは、メレンゲと粉類を合わせる際に混ぜ方が足りないと、焼成でふくらんで生地に空洞ができてしまうので、やや粘りが出るまで混ぜることが大切です。焼成後は表面が乾いていてはがれやすいので、できるだけていねいに扱います

4
削ぎ落としたデザインの美しさ
L'esthétique épurée

20代、私はいったん菓子業界を離れ、グラフィックデザインの仕事を6年間しました。きっかけは、お菓子のパッケージを自分でデザインしたいと思ったこと。パティシエの仕事が嫌になったわけでもなく、動機は至って安易なものでしたが、懸命にデザインの仕事に打ち込み、壁にぶつかりながらもたくさんの刺激に満ちた日々を送りました。

私が魅かれるのは、削ぎ落とされて無駄のない、本質的な美しさを感じるデザインです。ベルナール・ビュフェやマルセル・デュシャン、そして松永真さんや葛西薫さんなどの、普遍的だったり、無機質だったり、自然体で静かな世界観を美しいと感じます。削ぎ落とされているからこそ一つひとつに深い意味がある。行間や空間にまで意味がなくてはなりません。感覚的に「なんかきれい」では駄目なのだと思います。お菓子も同じ。無駄なものを飾らず、削ぎ落とすのが私の主義です。ベリーを1個のせるにも、意味がなくてはなりません。余計な装飾で技術をひけらかすのではなく、意味のあるデザインが的確にできてこそ、食べものとしての美しさが生まれると思うのです。「金子さんのお菓子は、思いのほか飾っていないですね」と言われますが、それが私のデザイン。シンプルも、モノトーンも美しいと思いますし、それによって味の本質が引き立つと考えています。

新しいお菓子を作っていく過程でも、デザインの仕事から受けた影響は多々あります。菓子屋では手を動かすことに重点が置かれ、考えるよりまず作業することが求められがちなのに対し、デザインの仕事は構想8割、あとの作業2割。極端に言えば、「作業は自分でやらなくてもいい」とも言えます。私自身は作業まですべて自分でやりたいタイプなので、やはりデザイナーより職人気質が強いのでしょう。でも、よいものを生み出すには、まずじっくり構想を練ってアイデアを研ぎ澄ますことが大切だとわかり、その習慣は今も変わらず続いています。

アイデアを生み出すには経験や知識、記憶など多くの引き出しが必要です。それを教えてくれたのが、私が勤めていたデザイン事務所のアートディレクターであり、カメラマンの島隆志さんでした。彼が作るものはとにかくすごい！ある種、異端児だったのかもしれませんが、デザインにも写真にも見る人を引きこんでしまう圧倒的な力、説得力がありました。大きな作品も小さな名刺1枚も美しい。「これこそが仕事の本質だ」と強く思い、事務所に泊まり込み、寝る間を惜しんで島さんと一緒に働く時間を作り、心躍らせていました。彼に言われたのは、「若い頃はいろいろなものをいっぱい見なさい。ものを見ることは人間を広げてくれる。いっぱい感動して、いっぱい失敗しなさい。歳を重ねれば、やるべきことがやってくる時が来る」。それまでの私はパティシエとして「ものを作る」ことの技術、ハード面ばかりを身に着けようとしていました。でも、彼が教えてくれたのはものを作るうえで必要なクリエイティビティ。その訓練の積み重ねが私の視野を大きく広げ、成長させてくれたのです。

結果的に私は、お菓子の世界に舞い戻ることになりました。でもそこには、以前より熱い気持ちで仕事に臨み、自由に表現できる自分の姿がありました。デザイナーとして働いた7年は、自分に必要な時間だったのだと思います。時は過ぎ、いつしか他の人のお菓子やデザインを意欲的に見ようとすることがなくなりました。きっと自分の中の美しいもの、よいと思うものが定まったからなのでしょう。島さんの言う"その時"に到達した、ということなのかもしれません。

右上：サモトラケのニケ／右下：チュイリー公園のボールで遊ぶ子供たち／
左上：オペラ座の屋根と空／左下：ルーヴル美術館のピラミッド

gâteau vanille
ガトー・ヴァニーユ

「ガトー・ヴァニーユ」のコンセプトは、高級レストランで味わう、ヴァニラの粒がたっぷりのアイスクリームのようなお菓子を作ること。パート・シュクレを除くすべてのパーツ（クレーム・フランジパーヌ、ガナッシュ、シロップ、クレーム・シャンティイ、ナパージュ）にヴァニラを使い、そのふくよかな香りを全面に打ち出しました。ヴァニラビーンズは、エレガントさが魅力的なタヒチ産を使用しています。味と同じくデコレーションも、大きめの金箔を1枚貼りつけてごくごくシンプルに。ぐっとそぎ落とすことによって引き出される味や見た目の強さを、うまくデザインできたひと品だと思います。このお菓子は本当に好きな人が多くて、フランスから来日するパティシエたちも必ずと言っていいほど食べていきます。日本人にとってのショートケーキのように、フランス人みんながおいしいと言ってくれるお菓子をいつか作れたら、と思っていたのですが、このお菓子はそれにあたるのかもしれません。外国人である私には、フランス人が子供の頃から培ってきた味覚は計り知れないものがありますが、悩みながらも向き合い、少しでも近づけるよう努力しているつもりです。

上から
・金箔、ヴァニラパウダー
・ナパージュ・ヴァニーユ
・ヴァニラとマスカルポーネのクレーム・シャンティイ
・ヴァニラ風味のガナッシュ
・ヴァニラのシロップ
・ヴァニラ風味のクレーム・フランジパーヌ
・パート・シュクレ

ガトー・ヴァニーユ   Gâteau vanille

材料 （57×37cm、高さ4cmのカードル・1台分）

ヴァニラとマスカルポーネのクレーム・シャンティイ
Crème Chantilly à la vanille et au mascarpone

クーベルチュール（ホワイト）*　couverture blanc　470g
生クリーム（乳脂肪35％）　crème fraîche 35% MG　1600g
ヴァニラビーンズ　gousse de vanille　3本
エクストラ・ド・ヴァニーユ*　extrait de vanille　50g
マスカルポーネ　mascarpone　500g
板ゼラチン　gélatine en feuilles　15.5g
＊クーベルチュールはヴァローナ社「イヴォワール」を使用。
＊エクストラ・ド・ヴァニーユは天然濃縮ヴァニラ原液。

ヴァニラのシロップ　Sirop à imbiber vanille
水　eau　225g
グラニュー糖　sucre semoule　140g
ヴァニラビーンズ　gousse de vanille　1本

パート・シュクレ　Pâte à sucrée
バター　beurre　260g
粉糖　sucre glace　174g
アーモンドパウダー　amandes en poudre　58g
全卵　œufs entiers　87g
薄力粉　farine ordinaire　433g

ヴァニラ風味のクレーム・フランジパーヌ
Crème frangipane à la vanille

クレーム・フランジパーヌ
crème frangipane
┌ バター　beurre　575g
│ アーモンドパウダー　amandes en poudre　575g
│ グラニュー糖　sucre semoule　575g
│ 全卵　œufs entiers　430g
│ プードル・ア・フラン　flan en poudre　72g
│ ラム酒　rhum　90g
│ クレーム・パティシエール（p248）
└ crème pâtissière　720g
ヴァニラパウダー　vanilles en poudre　4g
エクストラ・ド・ヴァニーユ　extrait de vanille　20g
ヴァニラペースト　pâte de vanille　40g

ヴァニラ風味のガナッシュ
Ganache à la vanille

生クリーム（乳脂肪35％）　crème fraîche 35% MG　300g
ヴァニラビーンズ　gousse de vanille　2.5本
トレモリン　trimoline　60g
バター　beurre　75g
クーベルチュール（ホワイト）*　couverture blanc　675g
＊クーベルチュールはヴァローナ社「イヴォワール」を使用。

ナパージュ・ヴァニーユ（p258）　nappage vanille　適量
金箔　feuilles d'or　適量
ヴァニラパウダー　vanille en poudre　適量

作り方

ヴァニラとマスカルポーネのクレーム・シャンティイ

① クーベルチュールを湯煎にかけ、2/3ほど溶かす。
② 鍋に生クリーム、ヴァニラビーンズのサヤと種を入れて沸騰させる。火を止めてふたをし、30分間アンフュゼする。
③ ②を漉す。ヴァニラビーンズのサヤを指でしごいて種を出しきり、ゴムべらでぎゅっと押して網に残った種とエキスをきっちり絞り入れる(1)。
④ ③を1600g計量し、足りないぶんは生クリーム（分量外）を加える。中火にかけて沸かす。
⑤ 235g計量し、①に5回に分けて加える。そのつど泡立て器で中心からすり混ぜる。最初は油脂が出てモロモロと分離した状態になるが(2)、次第につながり、3回目以降はねっとりなめらかな乳化状態になる(3)。
＊いったん分離させることでより力強い乳化が得られ、泡立ちも安定する。混ぜ終えるまで生クリームの温度が下がらないようにする。
⑥ 深い容器に移し、スティックミキサーでツヤが出てなめらかになるまで乳化させる。いったんゴムべらではらい、③を235g計量して加えてスティックミキサーでさらになめらかになるまで乳化させる(4)。

⑦　ボウルに移し、残りの③の生クリームを3回に分けて加え、そのつど泡立て器で均一に混ぜる。ラップを密着させ、冷蔵庫で2日間休ませる。
＊充分休ませることで安定し、泡立ちがよくなる。クリームの表面に膜ができ、ダマになるのでラップ紙は密着させてかける。
⑧　使用時、休ませたクリームにエクストラ・ド・ヴァニーユを加え(5)、中速のミキサーで、すくった時に角の先端がとろりとたれるくらいに泡立てる(6)。
⑨　マスカルポーネを泡立て器でよくほぐす。⑧をひとすくい入れ、底からすくい上げては泡立て器をボウルに軽く打ちつけてクリームを落とし、ざっと混ぜる(7)。ゴムべらに持ち替え、均一になるまで混ぜる。
⑩　溶かした板ゼラチンを約40℃に調整する。ここに⑨をひとすくい加えてよく混ぜる。温度を約40℃にし、さらに⑨をひとすくい入れてよく混ぜる。これをもう1回繰り返す。
⑪　⑩を電子レンジで約40℃に温め、4回に分けて⑨に加えて泡立て器で均一に混ぜる(8)。混ぜ終わりの温度が約30℃になるようにする。
＊ダマになりやすいので温度に注意。温度が低ければ、湯煎で温める。
⑫　⑪を⑧の生クリームに一度に加え、泡立て器でざっと混ぜ合わせる。ゴムべらに持ち替え、均一に混ぜ合わせる(9)。

ヴァニラのシロップ
①　鍋に水、グラニュー糖、ヴァニラビーンズのサヤを入れ、沸騰させる(10)。冷めたらラップを密着させてかけ、冷蔵庫で一晩休ませる。

パート・シュクレ
①　p82〈パート・シュクレ〉①〜④を参照して作る。
②　生地を軽くもみ込み、しなやかな状態にして四角く整える。90度ずつ向きを変えながらパイシーターにかけ、厚さ3mmにのばす。
③　天板の大きさ(60×40cm)に切り、シルパンを敷いた天板にのせる。
④　160℃のコンベクションオーブンで14分間、薄く色づくまで焼く(11)。生地が反らないように天板をのせ、室温で冷ます。
⑤　冷めたら57×37cmのカードルをのせ、型の内側に沿ってペティナイフで切る(12)。カードルをかぶせておく。
＊割れないよう慎重に少しずつ切り進める。

ヴァニラ風味のクレーム・フランジパーヌ
①　p250を参照してクレーム・フランジパーヌを作る(13)。
②　①にヴァニラパウダー、エクストラ・ド・ヴァニーユ、ヴァニラペーストを加え、ビーターをつけた低速のミキサーで混ぜる(14)。
③　〈パート・シュクレ〉⑤のカードルに流し入れ、パレットナイフで平らにならす(15)。冷蔵庫で一晩休ませる。
④　160℃のオーブンで45〜50分間、全体が薄く色づくまで焼く。それ以上色がつかないよう天板をかぶせてさらに10〜15分間焼く。
⑤　上にかぶせいた天板をはずし、網にのせて室温で冷ます。ショックフリーザーで冷凍する(A・16)。
＊冷凍するのは、パート・シュクレに敷いたシルパンをはがす際に壊れにくくするため。

組み立て1

① Aに天板をかぶせて裏返す。バーナーで天板を温めてパート・シュクレに敷いた天板とシルパンをはがす。
② ①を170℃のコンベクションオーブンで約5分間温め、解凍する。
③ ヴァニラのシロップを漉す。ヴァニラビーンズのサヤを指でしごいて種を出しきり、ゴムべらでぎゅっと押して網に残った種とエキスをきっちり絞り入れる。約37℃に温め、②のクレーム・フランジパーヌに刷毛で全量打つ(17)。
＊端のほうが乾燥しているので、やや多めにシロップを打つ。
④ パレットナイフでフランジパーヌのふちを押さえ、表面を平らにする。

ヴァニラ風味のガナッシュ

① クーベルチュールを湯煎にかけ、⅔ほど溶かす。
② 鍋に生クリーム、ヴァニラビーンズのサヤと種を入れ、沸騰させる。火を止めてふたをし、30分間アンフュゼする。
③ ②を漉す。ヴァニラビーンズのサヤを指でしごいて種を出しきり(18)、ゴムべらでぎゅっと押して漉し網に残った種をきっちり絞り入れる。
④ ③を300g計量し、足りないぶんは生クリーム(分量外)を加える。トレモリンを加え、中火でフツフツと沸くまで加熱する。
⑤ ①のクーベルチュールに3回に分けて加え、そのつど泡立て器で中心から力強くすり混ぜる(19)。最初は油脂が出てもろもろと分離した状態になるが、2回目以降はつながり、ねっとりツヤのある乳化状態になる(20・21)。
＊いったん分離させることでより力強い乳化状態が得られる。
⑥ 深い容器に移し、スティックミキサーでツヤが出てなめらかになるまで乳化させる。ゴムべらで払う。
⑦ ポマード状のバターを加え、ゴムべらで混ぜてからスティックミキサーでツヤが出て、もったりした状態になるまで乳化させる(22)。
⑧ 〈組み立て1〉の④に流し入れ、パレットナイフで平らにならす(23)。天板ごと台に軽く打ちつけ、表面を平らにしつつ空気を抜く。ショックフリーザーで冷やし固める。

組み立て・仕上げ

① 冷やしたガナッシュに、ヴァニラとマスカルポーネのクレーム・シャンティイをまず半量をのせ、パレットナイフでざっと平らにする。カードルの側面に薄く添わせてごく浅いすり鉢状に整える。
＊クレーム・シャンティイをふちまでしっかり行き渡らせる。
② 残りのクレーム・シャンティイをのせてパレットナイフでざっと平らにならす。カードルの上に平刃包丁をすべらせてクリームをすりきって平らにならし(24)、ショックフリーザーで冷凍する。
③ カードルをバーナーで軽く温め、ペティナイフを型に沿って1周入れて菓子を型からはずす。冷蔵庫に30分ほど入れて半分解凍する。
④ 平刃包丁をバーナーで軽く温めながら菓子を切り分ける。まず端を切り落とし、37×11cmに切り分ける(25)。一度に切らず、まずガナッシュまで切り込みを入れてから、包丁を軽く温め直して下まで完全に切る。
⑤ ナパージュ・ヴァニーユを上面に流し、パレットナイフで薄く平らに広げる。さらに上面にすべらせて余分なナパージュを取り除く(26)。
⑥ 1個11×2.5cmに切り分ける。
⑦ ヴァニラパウダーをふり、三角形に切った金箔を貼る。(27)

マカロン・プロヴァンサル

「マカロン・プロヴァンサル」のモチーフは、南フランスの伝統菓子であるヌガー・モンテリマールです。マカロンはそれだけで充分においしいお菓子だと思うので、ひと味違うものをバリエーションで作ろうと考えました。リンゴとコーヒー、ラム酒とバナナなど、インパクトのある味を組み合わせるうち、「味にも見た目にも、ヌガー・モンテリマールを落とし込んでみたらどうか」と思いつき、でき上がったのがこのお菓子です。ヌガーのムースとクリームを、マカロンからはみ出させずに重ねた姿を横から見ると、ウエハースに挟まれたヌガー・モンテリマールそのもの。そのシンプルな美しさをいかすべく、余計なものは何も飾りません。主役となるヌガーのムースには、穏やかな風味の百花蜜を使用し、果実味が強くて魅力的な色合いのプロヴァンス産ビガローや、香ばしいアーモンドのヌガチンを混ぜ込むことで、豊かな風味を表現しました。ただし、それだけではハチミツの甘ったるさとクセが目立ちすぎてしまうので、アンズのジュレとヨーグルト風味のクレーム・シャンティイを一緒にサンド。シャープな酸味とさわやかさが加わり、キレのよいあと口に仕上がっていると思います。

上から
・ビスキュイ・マカロン
・アプリコットのシロップ
・ハチミツとヨーグルトのクレーム・シャンティイ
・アプリコットのジュレ（中央）
・ヌガー・モンテリマールのムース
・アプリコットのシロップ
・ビスキュイ・マカロン

マカロン・プロヴァンサル　　Macaron provençal

材料　（直径6cm・36個分）

ビスキュイ・マカロン　Biscuit macarons
（直径6cm・80個分）
- 冷凍卵白　blancs d'œufs congelée　330g
- グラニュー糖*　sucre semoule　132g
- 乾燥卵白*　blanc d'œufs poudre　7.4g
- パート・ド・カフェ（p250）　pâte de café　5g
- アーモンドパウダー　amandes en poudre　476g
- 粉糖　sucre glace　696g

*冷凍卵白は解凍して冷やしておく。
*グラニュー糖と乾燥卵白を混ぜ合わせておく。

アプリコットのジュレ　Gelée d'abricot
（130個分）
- アプリコットのピュレ　purée d'abricot　285g
- レモン果汁　jus de citron　16g
- グラニュー糖　sucre semoule　63g
- 板ゼラチン　gélatine en feuilles　5g

ヌガー・モンテリマールのムース
Mousse au nougat Montelimar
（1個33g使用）
- ハチミツ　miel　80g
- 水アメ　glucose　20g
- グラニュー糖　sucre semoule　55g
- 卵白*　blancs d'œufs　80g
- 板ゼラチン　gélatine en feuilles　10g
- クレーム・ドゥーブル　crème épaisse　400g
- ミックスフルーツのコンフィ　fruits confits　210g
- ビガローのコンフィ　bigarreaux confits　120g
- ヌガチン・アマンド（p257）　nugatine amandes　220g

*卵白を冷やしておく。

ハチミツとヨーグルトのクレーム・シャンティイ
Crème Chantilly au miel et au yaourt
（1個22g使用）
- 生クリーム（乳脂肪35%）　crème fraîche 35% MG　220g
- ヤオルトシャンティイ*　"yaourt chantilly"　430g
- ハチミツ　miel　60g
- クーベルチュール（ホワイト）*　couverture blanc　168g

*「ヤオルトシャンティイ」は中沢乳業のヨーグルト風味の発酵乳。ホイップできる。
*クーベルチュールはヴァローナ社「イヴォワール」を使用。

アプリコットのシロップ　Sirop abricot
- 基本のシロップ（p250）　base de sirop　100g
- アプリコットのオー・ド・ヴィ　eau-de-vie d'abricot　50g

*材料を混ぜ合わせる。

作り方

ビスキュイ・マカロン
① ミキサーボウルに卵白、合わせたグラニュー糖と乾燥卵白を入れてホイッパーでざっと混ぜ、コーヒーエッセンスを加えてさらに混ぜる(1)。
② 中低速のミキサーで泡立てる。6分立てになったら高速にし、泡がモコモコとホイッパーに絡みつき、しっかり角が立つまで撹拌する。
*6分立ては、かなりボリュームが出てホイッパーの跡がはっきりしてくる。
③ ボウルにアーモンドパウダーと粉糖を入れて混ぜ合わせ、②を加える。カードで切り混ぜたら、時々上から軽く押さえるようにして粉とメレンゲをなじませ、粉が見えなくなるまで混ぜ合わせる(2)。
④ 表面全体をカードでボウルに10回ほどなすりつけるようにして気泡をつぶし、生地をボウルの中央に集めながら混ぜ合わせる（マカロナージュ）。これを5回ほどくり返す。
⑤ 生地にツヤが出て、カードですくうとゆるゆると流れ落ちて広がる状態になればよい(4)。
⑥ 口径13mmの丸口金をつけた絞り袋に入れ、直径5cmの円に絞る(5)。
*天板に直径5cmの円を描いた紙、その上にシルパットをのせ、円の中心に口金を合わせて絞り出し、直径5cmまで広がったら絞るのをやめる。紙を抜く。
⑦ 天板の底を手のひらで数回叩き、生地を広げる（直径5.8cmほどになる）。乾燥した場所で、指で触ってもつかなくなるまで約15分間乾かす。
⑧ 150℃のコンベクションオーブンで約12分間焼く(6)。そのまま室温で冷ます。

アプリコットのジュレ
① p22〈アプリコットのジュレ〉①〜②を参照して作る。

② 43×32cmのバットにOPPシートを貼り、①を流してショックフリーザーで冷凍する。
③ 平刃包丁で3cm角に切り分け(7)、ショックフリーザーで冷凍する。

ヌガー・モンテリマールのムース
① 銅鍋にハチミツ、水アメ、グラニュー糖を入れて火にかけ、120℃まで煮詰める。
② 並行して、卵白を高速のミキサーで攪拌して8分立てにする。
③ ①の鍋底を氷水に浸けてそれ以上火が入るのを止め、②に注ぎながら高速で泡立てる(8)。しっかりボリュームが出たら中速に落とし、キメを整えながら攪拌する。まだ温かいうちに、溶かした板ゼラチンを注ぎ入れ、メレンゲが室温程度に冷めるまで攪拌し続ける(9)。
④ クレーム・ドゥーブルをやわらかくなめらかになるまで泡立て器でほぐす。ミックスフルーツのコンフィ、ビガローのコンフィ、②の1/3量を加え、ゴムべらで混ぜ合わせる(10)。残りのメレンゲとヌガチン・アマンドを加え、均一になるまで混ぜる(11)。
⑤ 口径14mmの丸口金をつけた絞り袋に③を入れ、直径6.5cm×高さ1.7cmのセルクルの半分の高さまで約33gずつ絞り込む。ティースプーンの背でざっとならし、側面に生地を添わせて気泡が入らないようにする(シュミネする)。
⑥ 残りのムースをセルクルいっぱいに絞り入れ、パレットナイフで平らにならして余分なムースを取り除く(12)。ショックフリーザーで冷凍する。

ハチミツとヨーグルトのクレーム・シャンティイ
① クーベルチュールを湯煎にかけ、1/2ほど溶かす。
② ①と並行して、鍋に生クリームとハチミツを入れて沸騰させる。84g計量し、①に注ぎ入れる。泡立て器で中心から徐々に周りに広げ、なめらかにすり混ぜる。
③ 深い容器に移し、スティックミキサーでツヤが出てなめらかになるまで乳化させる。
④ ボウルに移し、残りの②を3回に分けて加え、そのつど泡立て器で均一になるまで混ぜる(13)。
⑤ ヤオルトシャンティイを泡立て器でなめらかにほぐす。④を2回に分けて加え、泡立て器で混ぜてなじませる(14)。
⑥ ゴムべらに持ち替えて均一に混ぜ合わせる(15)。ラップをかけ、冷蔵庫で一晩休ませる。

仕上げ
① ビスキュイ・マカロンの裏にアプリコットのシロップをごく軽く打つ(16)。
② ヌガー・モンテリマールのムースを型からはずし、①のうち半分(36枚)にのせる。
③ ハチミツとヨーグルトのクレーム・シャンティイを高速のミキサーでしっかり泡立てる。8切・10番の星口金をつけた絞り袋に入れ、②に約22gずつリング状に絞る(17)。
＊ヨーグルトのシャンティイはよく泡立ててもとろりとやわらかい。
④ 中央にアプリコットのジュレをのせ、指でクリームに沈める(18)。残りのビスキュイ・マカロンをかぶせ、軽く押して接着させる。

chocolat café tonka
ショコラ・カフェ・トンカ

ヴァニラにも似た、甘くゴージャスな香りを持つトンカ豆は、以前からずっと使ってみたいと思っていた素材でした。でも、プティガトーとしてどう生かせばよいのかわからず、何年も考えた末、たどり着いたのがコーヒーとチョコレートとの組み合わせです。リッチで食べごたえのあるクルミ入りのケーク・ショコラを土台に、トンカ風味のガナッシュと軽いコーヒーのクレーム・シャンティイを組み込み、香りの調和を表現しました。デザインとしては敢えてモノトーンに抑え、香りを主役に。無造作に削られたコポーには、ナチュラルな美しさを感じます。

上から
・ビターチョコレートのコポー
・ノワゼット・キャラメリゼ
・クレーム・シャンティイ・カフェ
・ビターチョコレートのプラケット
・トンカ豆のガナッシュ
・ビスキュイ・ショコラ・モワルー

ショコラ・カフェ・トンカ　　　Chocolat café tonka

材料　（6×6cm、54個分）

ビスキュイ・ショコラ・モワルー
Biscuit cake au chocolat moelleux

（60×40cmの天板・1枚分）

バター　beurre　381g
塩　sel　3.5g
アーモンドパウダー　amandes en poudre　139g
グラニュー糖　sucre semoule　277g
全卵　œufs entières　381g
薄力粉　farine ordinaire　173g
カカオパウダー　cacao en poudre　173g
牛乳　lait　103g
卵白　blancs d'œufs　415g
グラニュー糖　sucre semoule　156g
クルミ（ロースト）　noix　118g

＊バター、全卵、牛乳、卵白を室温にもどしておく。
＊クルミを160℃のコンベクションオーブンで10～15分間ローストする。4～6等分にきざむ。

トンカ豆のガナッシュ
Crème ganache à la fève de tonka

クーベルチュール A（ビター、カカオ66％）＊
couverture noir　152g
クーベルチュール B（ビター、カカオ56％）＊
couverture noir　300g
クーベルチュール C（ビター、カカオ70％）＊
couverture noir　455g
牛乳　lait　872g
生クリーム（乳脂肪35％）
crème fraîche 35% MG　872g
トンカ豆　fève de tonka　12g
ヴァニラビーンズ　gousse de vanille　1⅓本
卵黄　jaunes d'œufs　173g
グラニュー糖　sucre semoule　348g
エクストラ・ド・ヴァニーユ＊
extrait de vanilla　12g

＊クーベルチュール Aは「カライブ」、Bは「カラク」、Cは「グアナラ」を使用（すべてヴァローナ社）。
＊エクストラ・ド・ヴァニーユは天然濃縮ヴァニラ原液。

クレーム・シャンティイ・カフェ
Crème Chantilly au café

（10個分）

生クリーム（乳脂肪40％）
crème fraîche 40% MG　240g
インスタントコーヒー　café soluble　4g
粉糖　sucre glace　15g

ビターチョコレートのプラケット（p253）
plaquettes de chocolat noir　10枚
カカオパウダー　cacao en poudre　適量
ビターチョコレートのコポー（p252）
copeaux de chocolat noir　適量
ノワゼット・キャラメリゼ（p256）
noisettes caramelisées　適量

作り方

ビスキュイ・ショコラ・モワルー

① ミキサーボウルにバターと塩を入れ、ビーターをつけた低速のミキサーでポマード状にし、グラニュー糖、アーモンドパウダーの順に加えて低速で混ぜ合わせる。
② 全卵を溶きほぐし、5〜6回に分けて加え、そのつど中低速で空気を少し含ませながら混ぜる。
③ 合わせた薄力粉とカカオパウダーを加え、低速で粉が見えなくなるまで混ぜる。牛乳を加えて混ぜ合わせ、ミキサーからおろしてクルミを手で混ぜ合わせる。
④ 別のミキサーボウルに卵白を入れ、高速で泡立てる。グラニュー糖を4分立て、6分立て、8分立てのタイミングで⅓量ずつ加え、ツヤよくしっかり角が立つまで泡立てる。
＊泡立ちの目安は、p21〈フォン・ド・シュクセ〉②を参照。泡立てすぎるとあとで生地となじみにくい。
⑤ ④の⅓量を③に加え、手であらかた混ぜ合わせる。残りを加え、少しツヤが出るまで均一に混ぜ合わせる。
⑥ オーブンペーパーを敷いた天板に流し入れ、パレットナイフで平らにならす。175℃のコンベクションオーブンで約17分間焼く。室温で冷まして天板をはずし、ショックフリーザーで冷凍する。
＊組み立ての際に生地が割れないよう、冷凍する。

トンカ豆のガナッシュ

① 鍋に牛乳、生クリーム、8〜10等分にきざんだトンカ豆、ヴァニラビーンズのサヤと種を入れ、沸騰させる。火を止めてふたをし、10分間アンフュゼする。
② ①を漉す。網に残ったヴァニラビーンズのサヤを指でしっかりしごいて種を出しきり、ゴムべらでぎゅっと押して、ヴァニラとトンカ豆のエキスをしっかり絞りきる。
③ ②を1744g計量し、足りない分は牛乳と生クリーム（ともに分量外）を半量ずつ加える。中火で加熱する。
＊このあと加える卵黄にしっかり火を入れるため、ここでは牛乳と生クリームをフツフツと沸く程度にとどめ、沸騰はさせない。
④ ③と並行して、卵黄とグラニュー糖をすり混ぜる。③の⅓量を加え、よく混ぜたら鍋にもどして中火にかけ、へらで混ぜながら82℃まで炊く（クレーム・アングレーズ）。
⑤ 3種類のクーベルチュールをボウルに入れ、④を漉し入れる。泡立て器で中心からすり混ぜ、徐々に周りに広げて全体を混ぜる。
⑥ エクストラ・ド・ヴァニユを加える。泡立て器で混ぜ、スティックミキサーでツヤが出てなめらかに乳化するまで撹拌する。

組み立て

① ビスキュイ・ショコラ・モワルーのオーブンペーパーをはがし、OPPシートを貼った天板に焼き面を上にしてのせる。
② 焼き面を波刃包丁で薄くそぎ落とし、57×37cmのカードルの外側に合わせて切る。カードルをかぶせる。
③ トンカ豆のガナッシュを流し入れ、パレットナイフで平らにならす。ショックフリーザーで冷凍する。

クレーム・シャンティイ・カフェ

① 材料をボウルに入れ、泡立て器で混ぜる。冷蔵庫で一晩休ませる。
② 泡立て器で8分立てにする。

仕上げ

① カードルの側面を温めて菓子を取り出し、冷蔵庫で半分解凍する。平刃包丁で端を切り落とし、6×6cmに切り分ける。
② 冷蔵庫で完全に解凍させてビターチョコレートのプラケットをぴったりのせる。12切・8番の星口金をつけた絞り袋にクレーム・シャンティイ・カフェを入れ、上面に3カ所、ロザス状（花形）に2重に絞る。
③ ビターチョコレートのコポーにカカオパウダーをふり、2つのせる。粗くきざんだノワゼット・キャラメリゼを散らす。

さりげない食感のアクセントになっているのが、薄いビターチョコレートのプラケットです。厚みは薄からず厚からず、存在感がなさ過ぎても邪魔になってもいけません

Éclair breton
エクレール・ブルトン

エクレアの形は、「手で持って食べる」という意味のうえに成立した美しいデザインだと思います。シューが太いと無骨になりますが、少し細く絞るとエレガントになり、味のバランスもよくなります。今では複雑な構成のプティガトーは多々ありますが、やはり、フランス人がまず飛びつくのはシンプルなエクレア。つややかなフォンダン・グラッセをかけた伝統のスタイルを守りつつ、定番のチョコレートともコーヒーとも違う味として、塩キャラメルのエクレアを作りました。しっかり焼いたシューの香ばしさと深く焦がしたキャラメルが、力強く混じり合います。

上から
- 有塩バター
- フォンダン・オ・キャラメル
- パータ・シュー
- キャラメルのクレーム・ディプロマット

エクレール・ブルトン　　　　　　　　　　　Éclair breton

材料 （15×3cm・20個分）

パータ・シュー　Pâte à chou
（20個分）
パータ・シュー
牛乳　lait　125g
水　eau　125g
バター　beurre　112g
塩　sel　5g
グラニュー糖　sucre semoule　5g
薄力粉　farine ordinaire　137g
全卵　œufs entiers　250g
ドリュール　dorure　適量

キャラメルのクレーム・パティシエール
Crème pâtissiere au caramel
牛乳　lait　470g
生クリーム（乳脂肪35%）
crème fraîche 35% MG　115g
フルール・ド・セル　fleur de sel　0.3g
グラニュー糖　sucre semoule　140g
卵黄　janues d'œufs　140g
グラニュー糖　sucre semoule　60g
コーンスターチ　fécule de maïs　26.5g
薄力粉　farine ordinaire　26.5g
有塩バター　beurre　60g

キャラメルのクレーム・シャンティイ
Crème Chantilly au caramel
（作りやすい量）
グラニュー糖　sucre semoule　100g
生クリーム（乳脂肪40%）
crème fraîche 40% MG　230g

キャラメルのクレーム・ディプロマット
Crème diplomate au caramel
（1個48g使用）
キャラメル風味のクレーム・パティシエール
crème patissière au caramel　900g
キャラメルのクレーム・シャンティイ
crème Chantilly au caramel　90g

フォンダン・オ・キャラメル
Fondant au caramel
（作りやすい量）
フォンダン　300g
キャラメル・バーズ（p251）　30g
色粉のベース*　適量
- 黄の色粉　4g
- 赤の色粉　2g
- 緑の色粉　1g
- 青の色粉　0.1g

＊色粉をすべて混ぜ合わせる（分量は作りやすい量）。

有塩バター　beurre salé　適量
フルール・ド・セル　fleur de sel　適量
金箔　feuilles d'or　適量

作り方

パータ・シュー
① p173〈パータ・シュー〉①〜⑥の要領で生地を作る。
② 口径15mmの丸口金をつけた絞り袋に①を入れ、長さ13.5cm、幅2.5cmの棒状に絞る。
＊天板に13.5cm幅に線を描いた紙、その上にシルパットをのせ、線の幅に絞る。紙を抜く。
③ フォークに軽く水をつけ、表面を軽く押さえてから筋を入れる。ドリュールを薄くぬり、ショックフリーザーで冷凍する。
＊いったん冷凍すると生地が安定し、焼いた時にきれいにふくらむ。
④ ダンパーを閉めた上火210℃・下火200℃のデッキオーブンで約4分焼く。ダンパーを開け、上火160℃・下火130℃に落として約60分焼く。シルパットごと網にのせて室温で冷ます。

キャラメルのクレーム・パティシエール
① 鍋に牛乳、生クリーム、フルール・ド・セルを入れ、軽く沸騰させる。
② 銅ボウルにグラニュー糖を半量入れて弱火にかけ、時々混ぜながら加熱する。周りから溶けてきたら残りのグラニュー糖を加え、すべて溶けたら火力を少し強め、泡立て器で軽く混ぜながら加熱する。泡が静まり、煙が出て黒っぽくなるまで焦がす。
③ 火からおろし、キャラメルを混ぜながら①を一定のスピード（1cmほどの太さを保つ）で注ぎ入れ、乳化するまで混ぜる。
＊一定のスピードで液体を加え混ぜることで、なめらかに仕上がる。
④ ボウルに卵黄とグラニュー糖を入れて泡立て器ですり混ぜる。合わせたコーンスターチと薄力粉を加え、粉が見えなくなるまで混ぜる。
⑤ ③の1/4量を加えてよく混ぜる。これを③の鍋にもどす。
⑥ 泡立て器で絶えず混ぜながら強火で加熱する。沸騰したあとにコシが切れて、全体がつながってツヤが出るまで炊く。
⑦ 火からおろし、有塩バターを加えて乳化するまでよく混ぜる。
＊ここできちんと乳化させないと、冷やした時になめらかさに欠け、もそっとした質感になってしまう。
⑧ 天板に移してざっと薄くならす。ラップを密着させてかけ、ショックフリーザーで急冷してから冷蔵庫で保存する。

キャラメルのクレーム・シャンティイ
① 生クリームを入れて火にかけ、軽く沸騰させる。
② 銅ボウルにグラニュー糖を半量入れて弱火にかけ、泡立て器で時々混ぜながら加熱する。周りから溶けてきたら残りのグラニュー糖を加え、すべて溶けたら火力を少し強め、軽く混ぜながら加熱する。ふちに細かい泡が沸いてきたら、火を止める。
③ 火からおろし②のキャラメルを混ぜながら①を一定のスピード（1cmほどの太さを保つ）で注ぎ入れ、乳化するまで混ぜる。
＊一定のスピードで液体を加え混ぜることで、なめらかに仕上がる。
④ 再び火にかけ、鍋肌についたキャラメルを溶かしながら加熱する。漉して室温で冷まし、冷蔵庫で一晩休ませる。
⑤ 使う直前に、高速のミキサーで角がしっかり立つまで泡立てる。

キャラメルのクレーム・ディプロマット
① キャラメル風味のクレーム・パティシエールをゴムべらでなめらかにほぐす。
② キャラメルのクレーム・シャンティイを角が立つまでしっかり泡立てる。①に加え、ゴムべらでさっくりとムラなく混ぜ合わせる。

フォンダン・オ・キャラメル
① フォンダンをボウルに入れ、なめらかにつながるまで手で練る。
② キャラメル・バーズを加え、へらで均一になるまで混ぜ合わせる。
③ ほどよいキャラメル色になるように色粉のベースを適量加え、ゴムべらで練り込む。
④ 使う際は、必要な量を電子レンジに数秒ずつかけては木べらでよく練り、人肌程度になるまで温める。
＊フォンダンは一度に加熱すると部分的にしか溶けないので、こまめに加熱しては混ぜ、均一にやわらかくする。

仕上げ
① パータ・シューの底に口金を使い、5mm程度の穴を3カ所開ける。
② 口径5mmの丸口金をつけた絞り袋にキャラメルのクレーム・ディプロマットを入れ、①の穴から全体に行き渡るまで絞る。
③ 温めたフォンダンに②の表面を浸し、引き上げる。指でフォンダンを端から端へとすべらせて厚さを整え、余分なフォンダンをぬぐい取る。バットにのせて室温で約10分間乾かす。
④ バターピーラーで有塩バターを削ってコポーにし、③に1つずつのせる。その上にフルール・ド・セルを2粒のせ、金箔を飾る。

上には、ブルターニュ地方の特産品である、有塩バターのコポーをのせました。一緒に味わうと、キャラメルの苦みと塩気がマイルドに感じられます

Bacchus
バッカス

「バッカス」(酒神)は、その名のとおり、しっかり効かせたお酒の味わいが主役のひと品です。気品高いコニャックをふんだんに使い、ラム酒をブレンドして味と香りに丸みを出しました。私自身、お酒の効いたお菓子は非常に好きですが、さまざまなお客様がいらっしゃるパティスリーのアイテムとして考えれば、たくさんの種類を揃えられるものではありません。でも、ひとつくらいは作りたいと思い、熟考と吟味を重ねてこのお菓子を作りました。ビスキュイとガナッシュに、ビターチョコレートだけでなくパート・ド・カカオを加えることで、お酒のインパクトに見合う力強いカカオ感を出しています。お酒に漬けたレーズンは手作業ですき間なく並べ、1つの層のようにきっちりと。ビスキュイはほどよい厚みを見極めてシロップをたっぷりしみ込ませ、ガナッシュを間に挟みながら3層に重ねます。その乱れのないバランスこそが、このお菓子の味の要であり、デザインなのです。シンプルすぎると不安で何かのせたくなりますが、美しいデザインというものはじつは空白にあると心得て、ぐっと我慢。味に見合う理にかなった美しさは、追求すればするほど引き算が求められる気がします。

上から
・グラサージュ・ミロワール・ショコラ
・ガナッシュ
・コニャックとラム酒のシロップ
・ビスキュイ・モワルー・ショコラ
・コニャックとラム酒漬けレーズン
・ガナッシュ
・コニャックとラム酒のシロップ
・ビスキュイ・モワルー・ショコラ
・コニャックとラム酒漬けレーズン
・ガナッシュ
・コニャックとラム酒のシロップ
・ビスキュイ・モワルー・ショコラ

バッカス　　Bacchus

材料（57×37cmのカードル型・1台分）

コニャックとラム酒漬けレーズン
Cognac et rhum raisin
（以下で作り、300g使用）
レーズン　raisins secs　1000g
コニャック　Cognac　250g
ラム酒　rhum　250g

ビスキュイ・モワルー・ショコラ
Biscuit moelleux chocolat
（57×37cm、高さ8mmのシャブロン型・3枚分）
クーベルチュール*（ビター、カカオ分55%）
couverture noir　685g
パート・ド・カカオ　pâte de cacao　70g
バター　beurre　730g
トレモリン　trimoline　90g
卵黄　jaunes d'œufs　320g
卵白*　blancs d'œufs　570g
グラニュー糖*　sucre semoule　120g
乾燥卵白*　blanc d'œufs en poudre　4.5g
アーモンドパウダー　amandes en poudre　285g
粉糖　sucre glace　685g
薄力粉　farine ordinaire　340g
＊クーベルチュールはヴァローナ社「エクアトリアール・ノワール」を使用。
＊卵白は冷やしておく。
＊グラニュー糖と乾燥卵白を混ぜ合わせておく。

コニャックとラム酒のシロップ
Sirop à imbiber Cognac et rhum
コニャック　Cognac　235g
ラム酒　rhum　115g
基本のシロップ（p250）
base de sirop　700g
＊すべての材料を混ぜ合わせる。

ガナッシュ　Ganache
クーベルチュール*（ビター、カカオ分61%）
couverture noir　840g
パート・ド・カカオ　pâte de cacao　235g
ヘーゼルナッツのジャンドゥージャ*（ビター）
gianduja de noisettes　360g
生クリーム（乳脂肪35%）
crème fraîche 35% MG　840g
トレモリン　trimoline　120g
コニャック　Cognac　68g
ラム酒　rhum　35g
バター　beurre　135g
＊クーベルチュールはヴァローナ社「エクストラ・ビター」を使用。
＊ジャンドゥージャはヴァローナ社「ノワゼット・ノワール」を使用。きざんでおく。

グラサージュ・ミロワール・ショコラ（p259）
glaçage miroir chocolat noir　適量
金箔　feuilles d'or　適量

作り方

コニャックとラム酒漬けレーズン

① レーズン、コニャック、ラム酒を混ぜ合わせ、冷蔵庫で2週間以上漬け込む(1)。

ビスキュイ・モワルー・ショコラ

① クーベルチュール、パート・ド・カカオ、バター、トレモリンを湯煎にかけて溶かし、約50℃に調整する。溶きほぐした卵黄を中心に流し、泡立て器を中心に立てて持ち、大きく動かさずにすり混ぜて乳化させる(2)。
＊チョコレートの油分の中に卵黄の水分を一度に散らすと乳化しにくい。泡立て器を垂直に持ってボウルの底につけ、小さく円を描くようにすり混ぜる。ここで乳化させないと焼成時に生地がしぼみ、上面が落ちる。

② ほぼ乳化してツヤが出たら、泡立て器を大きく動かして全体を混ぜる(3)。ねっとり、つややかになったら湯煎にかけて約40℃を保つ。

③ ミキサーボウルに卵白、合わせたグラニュー糖と乾燥卵白を入れ、高速のミキサーで泡立てる。しっかり角が立ち、ツヤのあるしなやかな状態になったらミキサーからおろし(4)、泡立て器でざっと混ぜてなめらかにする。

④ ③のメレンゲの¼量を②に加え、カードでざっと混ぜる。
＊粉に対してチョコレートが少なく、重くて混ぜにくい。先にチョコレートに¼量のメレンゲを混ぜ合わせることで、粉と混ざりやすくなる。

⑤ 合わせたアーモンドパウダー、粉糖、薄力粉を④に加え、カードでざっと混ぜ合わせる(5)。

⑥ 残りのメレンゲを3回に分けて⑤に加えながら、カードでムラなく混ぜ合わせる(6)。メレンゲが見えなくなればよい。

⑦ シルパットに57×37cm、高さ8mmのシャブロン型をのせ、⑥を流して平らにならす。シャブロン型をはずす(7)。

⑧ シルパットごと天板にのせ、175℃のコンベクションオーブンで約18分間焼く。シルパットごと網にのせ、室温で冷ます。

⑨ シルパットをはがして57×37cmのカードルをのせ、型の内側に沿ってビスキュイを切る。そのうち1枚は、OPPシートを貼った天板に焼き面を上にしてのせ、カードルをかぶせる(8)。
＊ビスキュイは、まずペティナイフで切り込みを入れてから波刃で切る。

ガナッシュ

① クーベルチュール、パート・ド・カカオ、ジャンドゥージャを湯煎にかけ、½程度溶かす。

② 鍋に生クリームとトレモリンを入れ、沸騰させる。①に注ぎ、泡立て器で中心からすり混ぜ、徐々に周りに広げて全体を均一に混ぜる(9)。

③ 深い容器に移し、スティックミキサーでツヤが出て、なめらかになるまで乳化させる。②のボウルにあける。

④ ポマード状にやわらかくしたバターを加え、泡立て器で混ぜ、スティックミキサーでなめらかに乳化させる。

⑤ コニャックとラム酒を加え、泡立て器で中心からすり混ぜ、徐々に周りに広げて混ぜる(10)。スティックミキサーでツヤが出て、なめらかになるまで乳化させる(11)。

139

組み立て

① 型に敷いたビスキュイに、コニャックとラム酒のシロップを刷毛で350g打つ(12)。

② ガナッシュを約35℃に調整し、1000g計量して①に流してパレットナイフで平らにならす。コニャックとラム酒漬けレーズンの汁気をきり、まんべんなく散らす。パレットナイフで軽く押さえて埋め込む(13)。
＊ガナッシュが35℃以下になると、ならす際に分離してしまう。

③ ビスキュイを1枚、焼き面を上にして②にかぶせる(14)。オーブンペーパーと重石用の平らな板をのせ、上から押さえてしっかり密着させる。
＊ビスキュイが割れやすいので、一度天板にのせ、すべらせるようにかぶせる。

④ 重石用の板とオーブンペーパーをはずしてシロップを350g打ち、②〜③を繰り返す(15)。ビスキュイにシロップを350g打つ。

⑤ 残りのガナッシュを流し入れ、パレットナイフでざっと平らにならす。カードルの上に平刃包丁をすべらせ、余分なガナッシュを取り除きながら平らにならす。ショックフリーザーで冷凍し、残りのガナッシュは取りおく。

⑥ カードルの側面をバーナーで温め、菓子を取り出す。平刃包丁をバーナーで軽く温めて菓子の端を切り落とし、37×10.5cmに切り分ける。

⑦ 取りおいたガナッシュを人肌程度に温める。⑥の長いほうの切り口にパレットナイフで薄くぬり、室温で少し固まったら再度ガナッシュをぬる。上面にはみ出したガナッシュを取り除き、ショックフリーザーで冷凍する。

仕上げ

① 天板に網をのせ、菓子をのせる。ビターチョコレートのグラサージュを温め、菓子の側面→上面の順にかけて全体を覆う(16)。

② 上面にパレットナイフをすべらせ、余分なグラサージュを落とす。裾にたれたグラサージュを除き、OPPシートを貼った天板にのせて、冷蔵庫に約10分間入れて少し固める。

③ 平刃包丁をバーナーで軽く温め、端を切り落とす。上面に、2.5cm幅にガナッシュに達するまで切り込みを入れる。ペティナイフを軽く温め、側面にも2.5cm幅に約5mmの切り込みを入れる。
＊レーズンが飛び出てこないよう、2段階に分けて切る。

④ 平刃包丁を軽く温めて完全に切り分ける(17)。ひとつの角にペティナイフの先で金箔をつける(18)。

おいしさの鍵は、口溶けよく風味豊かなビスキュイ・モワルー・ショコラ。チョコレートやパート・ド・カカオが入ってリッチなぶん、生地が重くなるので、きちんと乳化させておかないと焼成しても中まで火が通らず、シロップもしみ込みにくくなります。温度や混ぜ方に気を配り、段階を踏んでていねいに乳化させます

Cappuccino
カプチーノ

フランスにいるとき、リラックスしたくなると足が向いてしまうのは、街のあちらこちらにあるカフェです。エスプレッソ（邪道と言われるかもしれませんが、私は砂糖を入れません）を飲みながらぼーっと考えごとをして、気づくと2時間くらい経っていることも。お腹がすけば食事もでき、好きなだけのんびりできるのがカフェのいいところです。「カプチーノ」は、そんなカフェのメニューから発想した、私自身お気に入りのヴェリーヌ。味と見た目で「カプチーノ」をデザインしてみました。淹れたてのエスプレッソを使ったゆるめのジュレは、力強くてみずみずしく、インパクト大。その上に、コーヒー豆を浸して香りを移したミルクをベースに、コニャックを香らせたバヴァロワを重ね、コーヒーとミルクが混じり合う部分を表現しています。フォーム・ミルクを思わせる、丸く絞ったクレーム・シャンティイは、ブランマンジェのようにヘーゼルナッツを生クリームで煮出し、エキスだけを使ったぜいたくな味わい。ねっとり口溶けのよいチョコレートのクレーム・オンクチューズとともにこれらを味わうと、コーヒーとミルクの調和に重厚感と深みが加わって、奥行きのある余韻が楽しめます。

上から
・クラックラン・アマンド
・コーヒーとヘーゼルナッツのクレーム・シャンティイ
・コーヒーのバヴァロワ
・コーヒーのジュレ
・チョコレートのクリーム

カプチーノ　　Cappuccino

材料　（口径5.5cm、高さ7cmのグラス・20個分）

コーヒーとヘーゼルナッツのクレーム・シャンティイ
Crème Chantilly au café et à la noisette

(1個30g使用)

ヘーゼルナッツ（皮むき）　noisesttes　200g
生クリーム（乳脂肪35％）　crème fraîche　650g
コーヒー豆（中煎り）　grains de café　40g
クーベルチュールA*（ホワイト）
couverture blanc　80g
クーベルチュールB*（ミルク、カカオ40％）
couverture au lait　40g
パート・ド・カフェ(p250)　pâte de café　2.5g
*クーベルチュールAは「イヴォワール」を、Bは「ジヴァラ・ラクテ」(いずれもヴァローナ社)を使用。

チョコレートのクレーム・オンクチューズ
Crème onctueuse au chocolat

(1個50g使用)

生クリーム（乳脂肪35％）
crème fraîche 35% MG　300g
牛乳　lait　300g
シナモンスティック　bâton de cannelle　1本
クーベルチュールA（ビター、カカオ61％）
coouverture noir　110g
クーベルチュールB（ビター、カカオ66％）
couverture noir　165g

クーベルチュールC（ミルク、カカオ40％）
couverture au lait　50g
卵黄　jaunes d'œufs　115g
グラニュー糖　sucre semoule　55g
シナモンパウダー　cannelle en poudre　2g
*クーベルチュールAは「エクストラ・ビター」、Bは「カライブ」、Cは「ジヴァラ・ラクテ」(いずれもヴァローナ社)を使用。

コーヒーのジュレ　Gelée de café

(1個30g使用)

エスプレッソ液*　café express　555g
グラニュー糖　sucre semoule　55g
インスタントコーヒー（粉末）
café soluble　10g
板ゼラチン　gélatine en feuilles　10g
*抽出したてのエスプレッソを使用。

コーヒーのバヴァロワ　Bavarois au café

(1個25g使用)

牛乳　lait　130g
コーヒー豆（中煎り／挽いたもの）
grains de café　25g
卵黄　jaunes d'œufs　63g
グラニュー糖　sucre semoule　45g
板ゼラチン　gélatine en feuilles　5.5g
インスタントコーヒー　café soluble　1.5g
コニャック　Cognac　25g
生クリーム（乳脂肪35％）
crème fraîche 35% MG　285g

クラックラン・アマンド(p255)
craquelin amandes　100g
クーベルチュール*（ホワイト）
couverture blanc　40g
*ヴァローナ社「イヴォワール」を使用。

デコレーション用粉糖(p264)
sucre décor　適量
シナモンパウダー　cannelle en poudre　適量

作り方

コーヒーとヘーゼルナッツのクレーム・シャンティイ

① ヘーゼルナッツは160℃のコンベクションオーブンで約12分間ローストし、包丁の腹で2〜4等分に砕く。
② 生クリームと①を鍋に入れて沸騰させる(1)。火を止めてふたをして10分間アンフュゼする。
③ ②の半量をジューサーに入れて断続的に攪拌し、ヘーゼルナッツをざっと砕いてシノワで漉す(2)。残りのヘーゼルナッツも同様にする。
*ヘーゼルナッツは、細かく砕くと渋みが出るので、ざっと砕いて風味を強く出す程度にとどめる。漉す際も渋みが出ないよう、ナッツを押さえたりせずにシノワをへらでトントンと叩いて自然に漉す。
④ 漉した液体を430g計量し、氷水にあてて室温程度に冷ます。
⑤ コーヒー豆を入れて混ぜ(3)、ラップを二重にかけて冷蔵庫で2日間休ませる。1日経ったらいったん混ぜる。
⑥ 2種類のクーベルチュールを湯煎にかけ、2/3ほど溶かす。
⑦ ⑤をシノワで漉し、430g計量する(4)。足りないぶんは生クリーム

（分量外）を加える。中火にかけ、フツフツと沸く程度に加熱する。
⑧ ⑥に60g注ぎ入れ、ゴムべらで混ぜ合わせる（5）。深い容器に入れ、スティックミキサーでツヤのあるなめらかな状態まで乳化させる（6）。ゴムべらではらう。
＊先にクーベルチュールとその半量のクリームを充分に乳化させ、ガナッシュの基盤を作る。2段階に分けてクリームを加えるほうが、しっかりした乳化状態を得られる。
⑨ 残りの⑦を60g加え、ゴムべらで混ぜ合わせる。再度スティックミキサーで撹拌し、さらっとしてツヤのある状態まで乳化させる。
⑩ ボウルに移し、残りの⑦を3回に分けて加え、そのつど泡立て器でよく混ぜる。
⑪ パート・ド・カフェを加えてゴムべらで混ぜる（7）。室温で冷まし、冷蔵庫で一晩休ませる。

組み立て
① ボウルにクラックラン・アマンドを入れ、テンパリングしたクーベルチュールを少量ずつ加え、そのつどアーモンドがサラサラした状態になるまでへらで手早くからめる（8）。
＊全体がうっすらコーティングされた状態になればよい。
② コーヒーとヘーゼルナッツのクレーム・シャンティイを8分立てにし、口径20mmの丸口金をつけた絞り袋に入れる。直径5.5cmの円を描いた紙にOPPシートをのせ、円より小さめのドーム型に絞る（9）。紙を抜く。
③ ①をまんべんなくふり（10）、ショックフリーザーで冷凍する。

チョコレートのクレーム・オンクチューズ
① 銅鍋に生クリーム、牛乳、シナモンスティックを入れ、火にかける。沸騰したら火を止め、ふたをして5分間アンフュゼする。
② 3種類のクーベルチュールを湯煎にかけ、½ほど溶かす。
③ ①を再度沸かす。
④ 並行して、ボウルに卵黄、混ぜ合わせたグラニュー糖とシナモンパウダーを加え、泡立て器でグラニュー糖が溶けるまですり混ぜる（11）。
⑤ ③の⅓量を④に加えて泡立て器でよく混ぜる。銅鍋にもどして中火にかけ、へらで混ぜながら82℃になるまで炊く（クレーム・アングレーズ）。
⑥ 漉して②のクーベルチュールに加え、泡立て器で中心からすり混ぜ、徐々に全体に広げて均一に混ぜる（12・13）。
⑦ 深い容器に移し、スティックミキサーでツヤのあるなめらかな状態になるまで乳化させる。デポジッターでグラスに50gずつ流し入れ（14）、ショックフリーザーで冷凍する。

コーヒーのジュレ
① 抽出したてのエスプレッソ液にグラニュー糖、インスタントコーヒー、板ゼラチンを順に加え、そのつどゴムべらで混ぜ溶かす（15）。
② 氷水にあてて約20℃になるまで冷ます。デポジッターに入れ、チョコレートのクレーム・オンクチューズを流したグラスに30gずつ流し入れる（16）。冷蔵庫で冷やし固める。

コーヒーのバヴァロワ

① ボウルに牛乳とコーヒー豆を入れ、ゴムべらで混ぜる。ラップを二重にかけて冷蔵庫で2日間休ませる(17)。1日経ったら一度混ぜる。
② 漉して130g計量する。足りないぶんは牛乳(分量外)を加える。
③ 銅鍋に②とインスタントコーヒーを入れて火にかけ、へらで混ぜながら沸騰させる。
＊コーヒー豆の風味は、牛乳で抽出しても水で淹れた時ほど味が出ないので、インスタントコーヒーで補強する。
④ ボウルに卵黄とグラニュー糖を入れ、泡立て器ですり混ぜてグラニュー糖を溶かす。③の⅓量を加え、泡立て器でよく混ぜる(18)。鍋にもどして中火にかけ、へらで混ぜながら82℃になるまで炊く(クレーム・アングレーズ)。
＊少し手前で火を止め、混ぜながら余熱で炊き上げる。
⑤ 火からおろし、板ゼラチンを加えて混ぜ溶かす(19)。網で漉し、氷水にあてて約26℃まで冷ます。コニャックを加え混ぜる(20)。
⑥ 生クリームを7分立てにし、⅓量を⑤に加えて泡立て器でざっと混ぜる。残りの生クリームを加えながら混ぜ、ほぼ混ざったらゴムべらに持ち替えて均一になるまで混ぜ合わせる。混ぜ残しがないよう、生クリームが入っていたボウルに移し替え、ゴムべらでムラなく混ぜる(21)。
⑦ 口径12mmの丸口金をつけた絞り袋に入れ、コーヒーのジュレを流したグラスに25gずつ絞る(22)。ショックフリーザーで冷凍する。

仕上げ

① 冷凍したコーヒーとヘーゼルナッツのクレーム・シャンティイに、デコレーション用粉糖とシナモンパウダーを順に軽くふる(23)。
② 頂点に竹串をそっと刺して、〈コーヒーのバヴァロワ〉⑦にのせ、竹串を静かに抜く(24)。

カプチーノにヘーゼルナッツの風味を加えるアイデアは、フランスのカフェで見かける、カプチーノ・ノワゼットというアレンジから浮かびました。砕いたヘーゼルナッツを生クリームに加えてアンフュゼしたのち、もうひと手間かけてジューサーミキサーで粉砕することで、風味を余すことなくクリームに移します

5

日常の中の上質

L'excellence tous les jours

　フランスのブーランジュリー・パティスリーの営業が始まるのは、だいたい朝7時頃。たいていのフランス人は、近所にお気に入りの店を持っているものです。眠い目をこすりながら、焼き上がったばかりの温かく、皮がパリッ！としたパンを持ち帰り、朝食にするのは最高です。お昼時にはサンドイッチを、小腹がすいたら飾らないお菓子やヴィエノワズリーをパッと買って、公園や電車、時には歩きながら食べたり。フランス修業時代に「そんな"日常"っていいな」と感じ、それをさらによいものにする"日常の中の上質"を提供したいと考えるようになったのが、「パリセヴェイユ」という店の原点です。

　それは、大理石で覆われたきらびやかな空間に、宝石箱のようにお菓子を並べるのではなくて、親しみやすくて身近だけれど、ちょっと質のよいお菓子やパンを提供するということ。お腹がすいた時に、いつもよりちょっぴりおいしいものを食べられたら、うれしい気持ちになるものです。レストランに毎日は通えないけれど、パティスリー・ブーランジュリーであれば値段も買いやすく、上質なものがずっと手軽に手に入ります。だからこそ生菓子はもちろん、焼き菓子もヴィエノワズリーも、パンやコンフィチュールにも手をかけて研ぎ澄まし、質を高めたいと思うのです。どのお菓子も一つひとつの作業が非常に細かく、それらをていねいに積み重ねていくものばかりなのは、こうした理由からであり、私のお菓子作りの特徴とも言えます。

　2013年、ヴェルサイユに開いたブーランジュリー・パティスリー「オー・シャン・デュ・コック」にも、朝7時半の開店と同時に、焼きたてのパンやお菓子を求めてお客様がいらっしゃいます。日本と違い、朝・昼・晩とほとんどいつもの時間にいつもの方がやって来るのを見ると、「お菓子もパンも、フランスの人々の暮らしに寄り添っている」と改めて感じずにはいられません。一年を通して見ても同じ。フランスでは、週末に家族で集まる文化があるので、アントルメが驚くほど売れるのです。また、クリスマスや公現祭、復活祭、母の日など、家族で盛大に祝う行事もいろいろあって、当日の売れ行きはすごい！　あたりまえのものとして買い求める姿は、長い歴史や文化、風土の中でフランス菓子を育んできた本場ならではだと感じます。文化の中に菓子があり、食べものがある。だからこそ、ほとんどのパティスリーが奇抜さや斬新さを求めるでもなく、フランスで普通に手に入る素材を使い、自然体でお菓子を作っているのでしょう。外国人である自分からすれば、「フランス菓子を作るうえでこれほどナチュラルなことはないなあ」と、妙に感心してしまうのです。

　それに比べ、日本におけるフランス菓子はかなり浸透してきたとはいえ、まだまだ特別感にあふれたハレの存在です。そういう面もあっていいと思いますし、私自身、最先端を行くような斬新なお菓子や話題のお店に興味もあります。パティスリーばかりでなく、非日常を感じるレストランに行くのも好きですし、料理人の哲学や技に感動し、刺激を受けることも少なくありません。でもやはり、素直に「いいな」と感じるのは、日常に結び付いたお菓子や料理、お店のスタイル。時に非日常を楽しむことで、日常の素晴らしさを改めて感じる部分もあるのでしょう。押し付けではなく、ごく自然体で日常の中の上質を感じられるお菓子を表現し続けることができれば、日本でもいつしかフランス菓子が本当の意味で浸透し、暮らしの一部として楽しんでいただけるようになるかもしれない。そんな日が来ることを楽しく思い描いています。

上：エッフェル塔前のメリーゴーランド／2番目：洒落たデザインの移動式屋台／
3番目：ギャラリー・ラファイエットのクリスマスツリー／下：マルシェにて

B
onnet

ボネ

クリスマスには、毎年5種類のケーキを用意します。普段は味わえない、その年のクリスマスだけのスペシャルなものを考えるようにし、3つは子供から大人まで楽しんでいただける味、2つは大人向けの味を意識して作ります。そのうちビュッシュ・ド・ノエルは3つほどで、あとの2つは円形やドーム形のケーキ。ツリーのオーナメントをモチーフにしたり、トナカイの角をイメージしたチョコレートを飾ったり、クリスマスらしい華やかなアントルメを作ることもあります。温かそうな毛糸の帽子をかたどった、「ボネ」もそのひとつ。型は私自身がデザインし、特別に注文して作ってもらいました。形は凝っていても、味は王道に。ザクザクしたクランブルにジャンドゥージャやプラリネをからめた土台と、ほろ苦いチョコレートのビスキュイ、おだやかなプラリネのバヴァロワ、クリーミーなムース・オ・ショコラ……。寒い季節ならではコク深い組み合わせに、グリオットチェリーの酸味とキルシュの香りでアクセントを加えています。仕上げに、毛糸に見立てたジェノワーズのクラムをふんわりと。ほわっと香るシナモンが、クリスマスらしさをよりいっそう感じさせてくれると思います。

上から
ホワイトチョコレートのボール
・ジェノワーズのクラム
・ムース・オ・ショコラ
・プラリネのバヴァロワ
・グリオッティーヌ
・ビスキュイ・アマンド・ショコラ
・グリオットのシロップ
・プラリネのバヴァロワ
・グリオットのコンフィチュール
・グリオットのシロップ
・ビスキュイ・アマンド・ショコラ
・クランブルのクルスティヤン
・側面にパスティヤージュ

ボネ　Bonnet

材料　（直径16cm、高さ12cmのボネ型・5台分）

ヘーゼルナッツとチョコレートのクランブル
Pâte à crumbre aux noisettes et au chocolat
（作りやすい量）

クーベルチュール（ビター、カカオ70%）
couverture noir　78g
グラニュー糖　sucre semoule　180g
バター　beurre　180g
薄力粉　farine ordinaire　180g
ベーキングパウダー　levere chimique　2.5g
ヘーゼルナッツ（皮つき）
noisettes　228g

*クーベルチュール以外を冷蔵庫で冷やしておく。
*クーベルチュールはヴァローナ社「グアナラ」を使用。
*バターを1cm角に切る。
*ヘーゼルナッツは160℃のオーブンで約15分ローストし、皮をむいて粗くきざむ。

ビスキュイ・アマンド・ショコラ
Biscuit amandes chocolat
（58×38cm、高さ1cmのシャブロン型・1枚分）

卵黄　jaunes d'œufs　170g
全卵　œufs entiers　120g
粉糖　sucre glace　243g
アーモンドパウダー　amandes en poudre　15g
卵白*　blancs d'œufs　245g
グラニュー糖　sucre semoule　105g
薄力粉　farine ordinaire　80g
カカオパウダー　cacao en poudre　80g
溶かしバター　beurre fondu　80g

*卵白は冷やしておく。

グリオットのシロップ　Sirop à imbiber griotte
グリオッティーヌのシロップ*
marinade de griottines　450g

*グリオッティーヌ（キルシュ漬けのグリオットチェリー）の漬け汁を、漉して使用する。

グリオットのコンフィチュール
Confiture de griotte
（作りやすい量。1台50g使用）

グリオットチェリー　griotte　500g
グラニュー糖A　sucre semoule　195g
グラニュー糖B*　sucre semoule　50g
NHペクチン*　pectine　5g

*グラニュー糖BとNHペクチンを混ぜ合わせておく。

プラリネのバヴァロワ　Bavarois au praliné
（1台265g使用）

牛乳　lait　207g
卵黄　jaunes d'œufs　108g
グラニュー糖　sucre semoule　135g
アーモンドのプラリネ　praliné d'amandes　129g
ヘーゼルナッツのプラリネ　praliné de noisettes　129g
板ゼラチン　gélatine en feuilles　13.8g
生クリーム（乳脂肪35%）
crème fraîche 35% MG　677g

ムース・オ・ショコラ　Mousse au chocolat
クーベルチュール*（ビター、カカオ61%）
couverture noir　630g
牛乳　lait　220g
生クリームA（乳脂肪35%）
crème fraîche 35% MG　220g
卵黄　jaunes d'œufs　90g
グラニュー糖　sucre semoule　45g
生クリームB（乳脂肪35%）
crème fraîche 35% MG　800g

*クーベルチュールはヴァローナ社「エクストラ・ビター」を使用。

クランブルのクルスティヤン
Fond croustillant de crumbre

ヘーゼルナッツのジャンドゥージャA（ミルク）
gianduja de noisettes　42g
ヘーゼルナッツのジャンドゥージャB（ビター）
gianduja de noisettes　42g
ヘーゼルナッツペースト　pâte de noisettes　85g
ヘーゼルナッツのプラリネ　praliné de noisettes　130g
溶かしバター　beurre fondu　45g
ヘーゼルナッツ*　noisettes　65g
ヘーゼルナッツとチョコレートのクランブル
pâte à crumbre aux noisettes et au chocolat　350g

*ヘーゼルナッツのジャンドゥージャAは「ジャンドゥージャ・ノワゼット・レ」、Bは「ジャンドゥージャ・ノワゼット・ノワール」（ともにヴァローナ社）を使用。
*ヘーゼルナッツは160℃のオーブンで約15分ローストし、皮をむいて粗くきざむ。

パスティヤージュ　Pastillage
（作りやすい量）

水　lait　30g
レモン果汁　jus de citron　20g
粉糖　sucre glace　500g
コーンスターチ　fécule de maïs　100g
板ゼラチン　gélatine en feuilles　7.5g
色粉*（黄、赤、緑）
colorant（jaune, rouge, vert）　各適量

*色粉は約10倍量のキルシュで溶き、キャメル色（黄色みがかったベージュ色）になるよう、黄8：赤1：緑1を目安に混ぜ使用する。

ジェノワーズのクラム　Chapelure de génoise
（作りやすい量）

ジェノワーズ・オ・ザマンド*
Genoise aux amandes　100g

*ジェノワーズ・オ・ザマンドはp24「パラディ」やp96「ボワ・ルージュ」などの余り生地を使用。焼き面を取り除いて計量する。

ジェノワーズのクラム
Chapelure de génoise à la cannelle
（作りやすい量）

ジェノワーズ・オ・ザマンド*
Genoise aux amandes　100g
シナモンパウダー　cannelles en poudre　4g

*ジェノワーズ・オ・ザマンドはp24「パラディ」やp96「ボワ・ルージュ」などの余り生地を使用。焼き面をつけたまま用いる。

グリオッティーヌ　griottines　300g
ホワイトチョコレートのボール（p254）
boule chocolat blanc　5個
クーベルチュール*（ホワイト）
couverture blanc　適量

*キッチンペーパーにのせて水気をとっておく。
*クーベルチュールはヴァローナ社「イヴォワール」を使用。

作り方

ヘーゼルナッツとチョコレートのクランブル
① クーベルチュールを湯煎にかけて溶かす。
② それ以外の材料をフードプロセッサーに入れ、①を加えて断続的に攪拌する。ざっと混ざったら羽根や容器についた生地をはらい、ほろほろとしているが、手で握るとまとまるようになるまで攪拌する(1)。
＊何度か羽根と容器についた生地をはらい、ムラなく混ぜる。
③ バットに移し、手でまとめながらざっとならす(2)。ラップを密着させてかけ、冷蔵庫で一晩休ませる。
④ 目が5mm角の網で漉し(3)、シルパットを敷いた天板に広げる。冷蔵庫で充分冷やす。
⑤ 170℃のコンベクションオーブンで約8分間焼く。取り出して生地がくっつかないよう広げ、さらに約7分間焼く。室温で冷ます(4)。

ビスキュイ・アマンド・ショコラ
① 卵黄と全卵を溶きほぐし、湯煎で人肌程度に温める。
② ミキサーボウルに①と合わせたアーモンドパウダーと粉糖を入れ、ビーターをつけた高速のミキサーで泡立てる(5)。ふわっと空気を含み、気泡がきめ細かくなったらボウルに移す。
③ 別のミキサーで卵白を高速で泡立てる。グラニュー糖を4分立て、6分立て、8分立てのタイミングで⅓量ずつ加え、しっかり角が立つまで泡立てる。ミキサーからおろし、泡立て器で混ぜてキメを整える。
＊泡立ちの目安は、p21の〈フォン・ド・シュクセ〉②を参照。
④ ⅓量を②に加え、ゴムべらでざっと混ぜる(6)。合わせた薄力粉とカカオパウダーを加え(7)、ほぼ混ざったら残りのメレンゲを加え混ぜる。
⑤ 約60℃の溶かしバターに④を少量加え、泡立て器でよく混ぜる。④にもどし入れながら、少しツヤが出るまでゴムべらで均一に混ぜる(8)。
⑥ オーブンペーパーに58×38cm、高さ1cmのシャブロン型をのせ、⑤を流して平らにならす。
⑦ 型をはずし、ペーパーごと天板にのせて175℃のコンベクションオーブンで約17分間焼く。ペーパーごと網にのせ、室温で冷ます(9)。

グリオットのコンフィチュール
① p82〈グリオットのコンフィチュール〉①〜⑤と同様に作り、糖度65% Brixまで煮詰める。バットに流し、ラップを密着させてかける。室温で冷まし、冷蔵庫で冷やす。

プラリネのバヴァロワ
① 銅鍋で牛乳を沸かす。
② 並行して卵黄とグラニュー糖を泡立て器で溶けるまですり混ぜる。
③ ①の⅓量を②に加えて泡立て器でよく混ぜる。銅鍋にもどして中火にかけ、へらで混ぜながら82℃まで炊く(クレーム・アングレーズ)。
④ 火を止め、板ゼラチンを加えて混ぜ溶かす(10)。2種類のプラリネを入れたボウルに漉し入れ、泡立て器でしっかりすり混ぜる。氷水にあてて約26℃まで冷ます。
⑤ 生クリームを7分立てにして⅓量を④に入れ、均一に混ぜ合わせる(11)。残りの生クリームを加えてさらに混ぜる。混ぜ残しがないよう、別のボウルに移してムラなく混ぜ合わせる(12)。

組み立て1

① ビスキュイ・アマンド・ショコラの焼き面を波刃包丁で薄くそぎ落とし、裏返して直径12cmと14cmの円型で抜く(1台につき1枚ずつ使用・13)。

② 直径14cm、高さ7cmのドーム型をセルクルにのせ、動かないよう固定する。プラリネのババロワを55gずつ流してスプーンの背などで平らにする。ふちから5mm空けてグリオッティーヌを敷き詰め(14)、その上にもババロワを60gずつ流す。

③ 直径12cmのビスキュイの底面に、グリオットのシロップを刷毛で軽く打ち、裏返して焼き面側にはたっぷり打つ(計40gが目安)。

④ 焼き面側を上にして②にかぶせる。重石用の平らな円盤をのせて軽く押さえ、密着させる。プラリネのババロワを150g流し、平らにならす(15)。

⑤ 直径14cmのビスキュイの底面にグリオットのシロップを軽く打つ。その面にグリオットのコンフィチュール50gをぬり広げる(16)。

⑥ コンフィチュールの面を下にして④にかぶせ、④と同様に平らに押さえる(17)。ビスキュイの上面にグリオットのシロップをたっぷり打ち、ショックフリーザーで冷凍する。

＊直径14cmのビスキュイにぬるシロップは合計50gほど。

⑦ 型を熱湯にさっと浸け、くるりと回転させるようにして取り出す(18)。ショックフリーザーで冷凍しておく(センター)。

ムース・オ・ショコラ

① クーベルチュールを湯煎にかけ、2/3ほど溶かす。

② 銅ボウルで牛乳と生クリームAを沸騰させる。

③ 並行して卵黄とグラニュー糖を泡立て器ですり混ぜる。

④ ②の1/3量を③に加え、泡立て器でよく混ぜる。銅ボウルにもどして中火にかけ、へらで混ぜながら82℃まで炊く(クレーム・アングレーズ)。

＊少し手前で火を止め、混ぜながら余熱で炊き上げる。

⑤ ④を①に漉し入れ、泡立て器で中心からすり混ぜ、徐々に全体に広げて混ぜる(19)。深い容器に移し、スティックミキサーでツヤがあり、なめらかになるまで乳化させる(混ぜ終わりは45℃が目安)。ボウルに移す。

⑥ 生クリームBを7分立てにし、1/4量を⑤に加えて泡立て器でよく混ぜる。これを残りの生クリームにゆっくりもどし入れながら、混ぜ合わせる(20)。ゴムべらに持ち替え、混ぜ残しのないように均一に混ぜる。

組み立て2

① 丸めたラップを輪にしてセルクルに入れ、上にボネ型を置いて固定する(21)。ムース・オ・ショコラを160g入れ、スプーンの背で型の内側に添わせる(シュミネする・22)。ショックフリーザーで半冷凍にする。

＊押した時に生地が指につかず、くぼむくらいまで固める。

② ムース・オ・ショコラを150g流し入れる。センターを逆さにして入れて手で押さえ、ムースの高さまで沈める(型の縁から5mmほど低い位置にくるのが目安・23)。ショックフリーザーで冷凍する。

クランブルのクルスティヤン

① 2種のジャンドゥージャを湯煎にかけて溶かす。ヘーゼルナッツペーストとヘーゼルナッツのプラリネを入れたボウルに加え、ゴムべらでよく混ぜる。約45℃の溶かしバターを加えて均一に混ぜる。

② きざんだヘーゼルナッツ、ヘーゼルナッツとチョコレートのクランブルも加え、からめるように混ぜる(24)。

③ 冷凍した〈組み立て2〉に150gのせ、パレットナイフで薄く敷き詰める(25)。型のふちをぬぐい、ショックフリーザーで冷凍する。

パスティヤージュ

① 水とレモン果汁を約40℃に温め、溶かした板ゼラチンを加えてゴムべらで混ぜ合わせる。
② ミキサーボウルに合わせた粉糖とコーンスターチを入れ、①を加えながらビーターをつけた低速のミキサーでペースト状に混ぜる(26)。台に取り出し、しなやかな状態になるまで手でもみ込む。打ち粉にコーンスターチ(分量外)をふり、ひとまとめにしてざっと正方形に整える(27)。
③ パイシーターにコーンスターチ(分量外)をふり、厚さ9mmにのばす。長方形に整え、90度向きを変え、厚さ3mmにのばす。
④ 端を落として幅3.8cmに切る。スタンプを押し、周りを切り落とす(28・29)。コーンスターチをふったバットにのせ、室温で丸1日乾燥させる。
＊スタンプの「P」は店名のパリセヴェイユ Paris S'éveille から。
⑤ 粉糖(分量外)をふったバットに並べ、色粉をピストレしてグラデーションを出す(30)。室温で乾燥させる。

ジェノワーズのクラム

① ジェノワーズ・オ・ザマンドを目が3mmの網で漉す(31)。
② オーブンペーパーを敷いた天板に薄く広げ、110℃のデッキオーブンで約20分間焼く。途中何度か混ぜて、全体を均一に乾燥させる。室温で冷ます。

シナモン風味のジェノワーズのクラム

① ジェノワーズ・オ・ザマンドを、焼き面を切らずに目が3mmの網で漉す。シナモンパウダーを加え、手ですり合わせてなじませる(32)。
② 〈ジェノワーズのクラム〉②と同様に焼き、冷ます。

仕上げ

① 菓子の中央にフォークを刺し、型を湯に浸ける。菓子を型からはずしてフォークを抜き、台紙にのせて冷蔵庫で解凍する。
② シナモン風味のジェノワーズのクラムを手に取り、菓子の上部にまんべんなくつける。
③ ジェノワーズのクラムを菓子の下部(帽子の裾にあたる部分)にまんべんなくつける。バットなどに置き、裾の部分にジェノワーズのクラムを手でたっぷり押しつけ、ふんわりした質感を出す(33)。
＊茶色と白のクラムの境界がはっきりするように意識してまぶす。
④ ホワイトチョコレートのボールに溶かしたクーベルチュールを薄くぬる。ジェノワーズのクラムに転がし、手で包むようにしてまぶす(34)。
⑤ 菓子の頂点(帽子のてっぺん)に温めたスプーンをあて、ムースを溶かす。そこに④のボールを接着し、冷蔵庫で冷やし固める(35)。
⑥ 菓子の正面となる裾の部分を、ムースが見えるまでペティナイフで削る。パスティヤージュの裏に溶かしたクーベルチュールを少し絞り、削ったところに貼りつける(36)。

ジェノワーズのクラムはくっつきにくいので、ていねいに何度も重ねてつけていきます。毛糸のイメージなので、押しつぶさずにふんわりのせて静かに置いておけば、ケーキの水分をほどよく含んで落ちなくなります

Bûche baroque
ビュッシュ・バロック

154　5　L'excellence tous les jours

クリスマスケーキというといろいろ飾りたくなりますが、見た目も味わいもシンプルを心がけたのが、この「ビュッシュ・バロック」です。なめらかなムース・ショコラの中から、ラム酒をたっぷり加えたバヴァロワが現れ、体全体を包みこむように広がるふくよかな香りが魅力的。底に敷いたパータ・ジャンドゥージャのザクッ、ガリッとした食感も、おもしろいと思います。小麦粉不使用のビスキュイ・ショコラは、2種を組み合わせてバランスを調整。素材選びから配合、食感まで吟味して味を磨いた、大人のためのビュッシュ・ド・ノエルです。

ビュッシュ・バロック　　Bûche baroque

材料　（20×8cm、高さ7cmのビュッシュ・バロック型・6台分）

パータ・ジャンドゥージャ・カカオ
Pâte à gianduja cacao
(60×40cmの天板・1枚分)

バター*　beurre　150g
オレンジの皮（粗めにすりおろす）
zestes d'orange　4個分
グラニュー糖　sucre semoule　220g
ヘーゼルナッツパウダー
noisettes en poudre　220g
カカオパウダー　cacao en poudre　75g
薄力粉　farine ordinaire　150g
フルール・ド・セル　fleur de sel　8g
ヘーゼルナッツのジャンドゥージャ（ビター）*
gianduja noisettes noir　290g
＊バターをポマード状にやわらかくする。
＊ヘーゼルナッツのジャンドゥージャはヴァローナ社「ジャンドゥージャ・ノワゼット・ノワール」を使用。

ビスキュイ・フォンダン・ショコラ
Biscuit fondant chocolat
(60×40cmの天板・1枚分)

バター　beurre　252g
クーベルチュール（ビター、カカオ70％）*
couverture noir　252g
卵黄　jaunes d'œufs　132g
グラニュー糖A　sucre semoule　100g
卵白*　blancs d'œufs　252g
グラニュー糖B　sucre semoule　140g
＊クーベルチュールはヴァローナ社「グアナラ」を使用。
＊卵白は冷やしておく。

ビスキュイ・ザッハー　Biscuit sacher
(60×40cmの天板・1枚分)

パート・ダマンド・クリュ
pâte d'amandes cru　200g
卵黄　jaunes d'œufs　200g
卵白*　blancs d'œufs　350g
グラニュー糖　sucre semoule　280g
乾燥卵白*　blancs d'œufs en poudre　6g
カカオパウダー　cacao en poudre　60g
＊卵白を冷やしておく。
＊乾燥卵白をグラニュー糖の一部（ひとつまみ）と混ぜ合わせておく。

ラム酒風味のバヴァロワ　Bavaroise rhum
(34×8cm、高さ6.5cmの三角形のトヨ型・3台分)

牛乳　lait　190g
生クリーム（乳脂肪35％）
crème fraîche 35% MG　190g
グラニュー糖　sucre semoule　38g
卵黄　jaunes d'œufs　75g
板ゼラチン　gélatine en feuilles　12g
ラム酒　rhum　98g
生クリーム（乳脂肪35％）
crème fraîche 35% MG　435g

ビターチョコレートのムース
Mousse chocolat noir

クーベルチュール（ビター、カカオ61％）*
couverture noir　620g
牛乳　lait　218g
生クリームA（乳脂肪35％）
crème fraîche 35% MG　218g
卵黄　jaunes d'œufs　87g
グラニュー糖　sucre semoule　44g
生クリームB（乳脂肪35％）
crème fraîche 35% MG　793g
＊クーベルチュールはヴァローナ社「エクストラ・ビター」を使用。

キャラメルとコーヒーのグラサージュ（p260）
glaçage au caramel café　適量
カカオニブ*　grué de cacao　適量
＊ヴァローナ社「グリュエ・ド・カカオ」を使用。
＊カカオニブは160℃のコンベクションオーブンで3分間ほど乾かす。

> 作り方

パータ・ジャンドゥージャ・カカオ

① ミキサーボウルにヘーゼルナッツのジャンドゥージャ以外の材料を入れ、粉が見えなくなるまでビーターで断続的に混ぜる。
② OPPシートを貼った天板に移し、平らにならす。ラップを密着させてかけ、冷蔵庫で一晩休ませる。
③ 生地を手で軽くもみ込み、しなやかな状態にして四角く整える。90度ずつ向きを変えながら、パイシーターで厚さ3mmにのばす。
④ シルパットを敷いた天板にのせ、170℃のコンベクションオーブンで約15分間焼く。そのまま室温で冷ます。
⑤ ボウルに入れ、めん棒で粗く砕く。ヘーゼルナッツのジャンドゥージャを湯煎で溶かして加え、ゴムべらでからめる。
⑥ OPPシートを貼った60×40cmの天板にのせ、パレットナイフで薄くのばす。ショックフリーザーで冷やし固める。
⑦ シートをはがし、牛刀で18×6.5cmに切る(1台につき1枚使用)。冷凍庫に入れておく。

ビスキュイ・フォンダン・ショコラ

① バターとクーベルチュールを湯煎にかけて溶かし、約45℃に調整する。
② 卵黄を湯煎にかけ、泡立て器で混ぜながら約40℃に温める。グラニュー糖Aを加え、混ぜ溶かす。
③ ②を①に加え、泡立て器で中心からすり混ぜ、徐々に全体に広げて均一に乳化させる。
④ 卵白を高速のミキサーで泡立てる。グラニュー糖Bを4分立て、6分立て、8分立てのタイミングで⅓量ずつ加え、ツヤとしなやかさがあり、しっかり角が立つ状態まで泡立てる。
＊泡立ちの目安は、p21〈フォン・ド・シュクセ〉②を参照。
⑤ ④のメレンゲの⅓量を③に加え、泡立て器でよく混ぜる。残りを加え、メレンゲが見えなくなるまでゴムべらでさっくり混ぜ合わせる。
⑥ オーブンペーパーに58×38cm、高さ1cmのシャブロン型をのせ、そこに⑤を流して表面を平らにならす。
⑦ 型をはずしてペーパーごと天板にのせ、175℃のコンベクションオーブンで約18分間焼く。天板をはずし、網にのせて冷ます。
⑧ 平刃包丁で端を切り落とし、34×6.5cmに切り分ける(1台あたり½枚使用)。

ビスキュイ・ザッハー

① パート・ダマンド・クリュを人肌程度に温める。卵黄を溶きほぐし、湯煎にかけて約40℃に温める。
② ミキサーボウルにパート・ダマンド・クリュを入れ、卵黄の半量を少しずつ加えながらビーターをつけた低速のミキサーでダマのないように攪拌する。卵黄を⅓量ほどと半量混ぜ終えた時点でミキサーを止め、ビーターやボウルについた生地をゴムべらではらう。
③ ムラなく混ざったら残りの卵黄を一度に加え、高速のミキサーで攪拌する。充分に空気を含み、白くもったりした状態になればよい。
④ 中速→中低速→低速と段階的に速度を落としながら攪拌し、キメを整える。すくい上げるとリボン状に流れ落ちる状態になったら、ボウルに移す。
⑤ 別のミキサーボウルに卵白を入れ、混ぜ合わせた乾燥卵白とグラニュー糖ひとつまみを加え、高速のミキサーで泡立てる。残りのグラニュー糖を4分立て、6分立て、8分立てのタイミングで⅓量ずつ加え、しっかり角が立つまで泡立てる。ミキサーからおろし、泡立て器で混ぜてキメを整える。
＊泡立ちの目安は、p21〈フォン・ド・シュクセ〉②を参照。
⑥ ⑤のメレンゲの⅓量を④に加え、ゴムべらで混ぜ合わせる。カカオパウダーを加え、ほぼ混ざったら残りのメレンゲを加えて、均一になるまでさっくり混ぜる。
⑦ オーブンペーパーに58×38cm、高さ1cmのシャブロン型をのせ、⑥を流して表面を平らにならす。
⑧ 型をはずしてペーパーごと天板にのせ、175℃のコンベクションオーブンで約18分間焼く。ペーパーごと網にのせて室温で冷ます。
⑨ 平刃包丁で端を切り落とし、34×3.5cmに切り分ける(1台あたり½枚使用)。

ラム酒風味のバヴァロワ

① 銅鍋に牛乳と生クリームを入れ、沸騰させる。
② 並行して、卵黄とグラニュー糖を泡立て器で溶けるまですり混ぜる。
③ ⅓量を①に加え、よく混ぜる。銅鍋にもどして中火にかけ、へらで混ぜながら82℃まで炊く(クレーム・アングレーズ)。
＊少し手前で火を止め、混ぜながら余熱で炊き上げる。
④ 火からおろし、板ゼラチンを加えて混ぜ溶かす。ボウルに漉し入れ、氷水にあててゴムべらで混ぜながら約26℃まで冷ます。ラム酒を加え混ぜる。
⑤ 生クリームを7分立てにする。⅓量を③に加え、泡立て器でざっと混ぜる。残りの生クリームを加えながら混ぜ合わせる。ボウルの底に混ぜ残しがないよう、生クリームを泡立てたボウルに移し替え、ゴムべらでムラなく混ぜ合わせる。

組み立て1

① OPPシートを33.5×12cmに切り、縦半分に折り目をつける。34×8cm、高さ6.5cmの三角形のトヨ型の内側にアルコールを噴きつけ、シートをぴったり貼る。
② 口金をつけずにラム酒のバヴァロワを絞り袋に入れ、①に75g絞り入れる。
③ ビスキュイ・ザッハー1枚を焼き面を下にして②にのせる。軽く押さえて密着させ、ショックフリーザーで冷凍する。
④ ③の上にラム酒のバヴァロワを230g絞り入れる。ビスキュイ・フォンダン・ショコラを1枚、焼き面を下にしてのせる。軽く押さえて密着させ、ショックフリーザーで冷凍する。
⑤ 側面をバーナーで温めて型からはずし、OPPシートを貼った天板にのせてショックフリーザーで冷凍する。
⑥ 平刃包丁を軽く温めて長さ15.5cmに切り分け、ショックフリーザーで冷凍しておく(センター)。

ビターチョコレートのムース

① クーベルチュールを湯煎にかけ、½ほど溶かす。
② 銅鍋に牛乳と生クリームAを入れ、沸騰させる。
③ 卵黄とグラニュー糖を泡立て器で溶けるまですり混ぜる。
④ ②の⅓量を③に加え、泡立て器でよく混ぜる。銅鍋にもどして中火にかけ、へらで混ぜながら82℃まで炊く(クレーム・アングレーズ)。
＊少し手前で火を止め、混ぜながら余熱で炊き上げる。
⑤ ①に漉し入れる。泡立て器で中心からすり混ぜ、徐々に全体に広げて均一に混ぜる。
⑥ 深い容器に移し、スティックミキサーでツヤのあるなめらかな状態になるまで乳化させる。⑤のボウルにもどす。
⑦ 生クリームBを7分立てにし、⅓量を⑥に加えて泡立て器でざっと混ぜ合わせる。残りの生クリームを加えながら、さらに混ぜる。混ぜ残しがないよう、生クリームを泡立てたボウルに移し替え、ゴムべらでムラなく混ぜ合わせる。

組み立て2・仕上げ

① 口金をつけずにビターチョコレートのムースを絞り袋に入れ、20×8cm、高さ7cmのビュッシュ・バロック型に330g絞り入れる。カードでムースを内壁に薄く添わせる(シュミネする)。
② センターを逆さにして入れ、ムースと同じ高さまで手で押し込む。周りのムースをパレットナイフで平らにし、ショックフリーザーで冷凍する。
③ 型をぬるま湯に軽く浸し、引き上げて型からはずす。OPPシートを貼った天板にのせ、ショックフリーザーで冷凍する。
④ 天板に網をのせ、③を置く。グラサージュ・キャラメル・カフェを温め、上からまんべんなくかけて表面を覆う。裾にたれたグラサージュをパレットナイフで取り除く。
⑤ 台紙にパータ・ジャンドゥージャ・カカオをのせ、上に④をのせる。カカオニブを散らして松ぼっくりと葉の飾りをのせる。

上から
・グラサージュ・キャラメル・カフェ
・ビターチョコレートのムース
・ラム酒のバヴァロワ
・ビスキュイ・ザッハー
・ラム酒のバヴァロワ
・ビスキュイ・フォンダン・ショコラ
・パータ・ジャンドゥージャ・カカオ

G
alette des rois
ガレット・デ・ロワ

フランスの1月は、ガレット・デ・ロワ一色に染まります。正確に言えば、1月6日の公現節から月末まで。パティスリーもクリスマス以上の忙しさで、朝から晩までガレット作りに追われ続けます。日本にも和菓子を中心に歳時記に沿ったお菓子はありますが、これほどまでに子供から大人まで心待ちにし、熱狂するお菓子はないと思います。パティシエとしては、うらやましい限り。パリで働いていた時から、帰国してお店を始める際には、このシンプルで素晴らしいお菓子を看板商品のひとつにしようと決めていました。そして完成させたガレット・デ・ロワは、バターの比率を高めてもろさを出したフイユタージュ・アンヴェルセと、プードル・ア・フランが甘いヴァニラのように香る、クレーム・フランジパーヌの組み合わせ。薄く焼くことでクリームの存在感が高まり、フイユタージュがより繊細に感じられます。模様は、きれいすぎるとおいしそうに見えなくなるので、手描きであることを感じさせる範囲で美しく描き、つやよく焼き上げるのが私の信条。時代のあと押しも受けて、日本にもガレット・デ・ロワが徐々に浸透し、多くの方が楽しんでくださっていることをうれしく思います。

上から
・パート・フイユテ・アンヴェルセ
・クレーム・フランジパーヌ
・パート・フイユテ・アンヴェルセ

ガレット・デ・ロワは公現祭のお菓子。中のクリームにしのばせた小さな陶器（フェーヴ）が当たった人はその日の王様になり、幸運が持たらされる。

ガレット・デ・ロワ　　Galette des rois

材料　（直径25cm・2台分）

●パート・フイユテ・アンヴェルセ
Pâte feuilletée inversée
（作りやすい量／4台分）

バター生地　pâte de beurre
- 薄力粉　farine ordinaire　150g
- 強力粉　farine gruau　150g
- バター*　beurre　750g

デトランプ　détrempe
- 薄力粉　farine ordinaire　455g
- 強力粉　farine gruau　245g
- 水　eau　215g
- 塩　sel　30g
- グラニュー糖　sucre semoule　50g
- 白ワインヴィネガー　vinaigre de vin blanc　5g
- バター　beurre　200g

＊材料をすべて冷蔵庫でよく冷やしておく。
＊バター生地用のバターを1.5cm角に切る。
＊デトランプ用の薄力粉と強力粉は合わせてミキサーボウルに入れ、ボウルごと冷蔵庫で冷やす。

●クレーム・フランジパーヌ
Crème frangipane
（1台300g使用）

バター　beurre　180g
アーモンドパウダー
amandes en poudre　180g
グラニュー糖　sucre semoule　180g
全卵　œufs entiers　135g
プードル・ア・フラン　flan en poudre　22g
ラム酒　rhum　30g
クレーム・パティシエール（p248）
crème pâtissière　225g

ドリュール　dorure　適量
基本のシロップ（p250）
base de sirop　適量

作り方

パート・フイユテ・アンヴェルセ

① バター生地を作る。ミキサーボウルに合わせた薄力粉と強力粉、バターを入れて、カードでざっと混ぜる。ビーターをつけた低速のミキサーで攪拌し、粉が見えなくなり、少し粘りが出るまで混ぜる(1)。
＊こまめにミキサーを止めては、ビーターやボウルについた生地をカードではらう。バターが生地にしっかり混ざり込んでいないと、折り込みの際に部分的に冷え固まり、割れやすくなるのでよく混ぜる。

② 広げたビニールに①をのせて包み、上からめん棒でのばして生地を25cm角に整える(2)。いったんビニールを広げて25cm角に包み直す。めん棒でのばして25cm角に整え、バットにのせ、冷蔵庫で一晩休ませる。

③ デトランプを作る。ボウルに水、塩、グラニュー糖、白ワインヴィネガーを入れて混ぜ溶かす。冷蔵庫でよく冷やしておく。

④ 薄力粉と強力粉を入れて冷やしたミキサーボウルに、やわらかいポマード状にしたバターを加える。フックをつけた低速のミキサーでバターが全体になじんで黄色っぽく、サラサラになるまで混ぜる。

⑤ ③を少しずつ注ぎ(3)、ざっと混ざったらフックやボウルについた生地をはらう。粉が見えなくなり、生地がざっとまとまるまで混ぜる(4)。

⑥ 台に取り出し、ざっと四角くまとめる。ビニールにのせて包み、めん棒でのばして20cm角に整える。いったんビニールを開き、同じ大きさに包み直す(5)。めん棒で20cm角にのばし、冷蔵庫で約30分間休ませる。

⑦ フイタージュの折り込み。デトランプを冷蔵庫から出し、10分間ほど室温に置いておく。

⑧ ②のバター生地に打ち粉を多めにふる。めん棒で上から押さえるように全体を叩く。中央の厚さはそのまま残して、まず4つの角に向かって生地をのばしてから、くぼみをのばし広げて約35cm角の正方形になるよう生地をのばす。

⑨ 向きを45度ずらしてデトランプをのせ(6)、空気が入らないように四方から生地をぴったり折りたたむ。生地が重なる部分を指でしっかり接着させる(7)。

⑩ めん棒で生地全体を叩いたのち、少しずつずらしては上から押さえて約45×27cmにのばす(8)。しっかり角を作る。

⑪ ビニールで包み、めん棒で均一な厚さに整える。網にのせて冷蔵庫で約30分間休ませる。

⑫ パイシーターに打ち粉をし、生地を何度か通して厚さ9mm(65×30cmが目安)にのばす(9)。

⑬ ブラシで余計な打ち粉をはらい、ていねいにぴったり3つ折りにする。手で形を整えたらめん棒で上から全体を押さえて3つ折りを密着させる。90度向きを変え、折り山以外の3辺と対角線を押さえてからめん棒で約30×25cmに整える(10)。

⑭ 打ち粉をし、パイシーターで厚さ9mm(70×27cmが目安)にのばす(11)。

⑮ ていねいにぴったり3つ折りにし、手で形を整える。めん棒で折り山以外の3辺と対角線を押さえてから約27×25cmに整える(12)。ビニールで包み、冷蔵庫で2時間休ませる。

⑯ ⑫〜⑮を繰り返す(13・14)。

⑰ もう一度⑫〜⑬を繰り返し(計5回3つ折りを行なうことになる)、約25cm角に整える(15)。ビニールで包み、冷蔵庫で一晩休ませる。

＊生地が楕円形にのびていくようなら、のばす方向に向かってセンターラインをめん棒で薄くのばし、パイシーターに通すと長方形になる。

クレーム・フランジパーヌ

① p250「クレーム・フランジパーヌ」を参照して作る(16)。

仕上げ

① パート・フイユテ・アンヴェルセを4等分にし、そのひとつを1台分に使う(17)。打ち粉をふり、パイシーターに数回通して厚さ9mm(30×15cmが目安)にのばす。90度向きを変え、打ち粉をして厚さ3mm(30×30cmが目安)にのばす。

② 生地を持ち上げ、ざっと形を整えて90度向きを変えて置き直す。めん棒を転がしてきれいな正方形に整える。

③ 打ち粉をし、パイシーターで厚さ1.75mm(60×30cmが目安)にのばす。途中で生地を持ち上げて波打たせ、自然に縮ませつつ形を整える。

④ 縁なし天板に移し、生地を手で波打たせて自然に縮ませる(18)。冷蔵庫で約2時間休ませる。

⑤ 牛刀で半分に切り分ける(約27cm角になる)。そのうち1枚に直径18cmと直径24cmのセルクルをのせて大きさと位置を確認し、18cmのセルクルで生地に印をつける(19)。
＊この時、生地の向きを変えないこと。

⑥ 口径16mmの丸口金をつけた絞り袋にクレーム・フランジパーヌを入れ、⑤の印に沿って内から外へとうず巻き状に絞る(1台約300g・20)。パレットで中央がやや高くなるようにならす。

⑦ フェーヴをクリームに埋め込む(21)。クリームの周りの生地に刷毛で水を軽くぬる。

⑧ もう1枚の生地を、90度向きを変えてぴったりかぶせる。中央から徐々に空気を抜くように手でクリームと生地を密着させる(22)。
＊同じ向きで生地を重ねると、焼いた時に2枚とも同じ方向に生地が縮み、形がゆがみやすい。90度向きを変えることでゆがみを軽減する。

⑨ クリームの際を1周、指で押して接着させる。直径21cmのセルクルをかぶせて生地を接着させるように押さえ、直径24cmのセルクルをかぶせ、外周に合わせて生地をカッターで切り落とす(23)。
＊断面を美しく仕上げるため、切れ味のよいカッターでスパッと切る。

⑩ 切り口を中指でぐっと押し、その指先の側面に添わせるようにして、ペーパーナイフで下から上へと切り込みを入れて綴じる(24)。
＊縁が開きやすいのを、押さえて切り込みを入れることによって封じる。

⑪ 台紙に水を噴きつけ、⑩を裏返してのせる。ドリュールを薄くぬり、冷蔵庫で30分間休ませて表面を乾かす。もう一度ドリュールをぬる。

⑫ 台紙ごと回転台にのせ、まず中心に、次に外周を4等分するようにペーパーナイフで印をつける。これを目印に、外周を12等分するように12本の弧を描く(25)。
＊ペーパーナイフを使うのは、生地を切らずにドリュールをぬぐうため。中心近くは立てて、外側になるにつれて寝かせるように筋を描くと、焼いた時に模様が美しく浮かび上がる。

⑬ 弧の終点に向かって、隣の弧の中央付近から曲線を描き、葉が重なり合った模様にする(26)。葉脈を描き、ふちの余白に直線の模様を描く。

⑭ 模様の筋の上に外寄りに6カ所、中央寄りに3カ所、竹串で空気穴をあける(27)。冷蔵庫で一晩休ませる。
＊焼く前に休ませることでふくらみが落ち着き、均一になる。

⑮ 天板にのせ、170℃のコンベクションオーブンで約20分間焼く。いったん取り出し、天板の四隅に高さ3cmのセルクルを置いて天板をのせる(28)。さらに約30分間焼き、天板をはずして約20分間焼く。

⑯ 網にのせ、ボーメ30°のシロップをごく薄くぬる。室温で冷ます。

*G*alette des rois pomme abricot
リンゴとアプリコットのガレット・デ・ロワ

時代とともに、味も形も実にさまざまなガレット・デ・ロワが登場するようになりました。それでも、外国人である自分が伝統菓子に手を加えるのは気が引けて、基本のスタイルを崩さずに作り続けていた私に、ある日、若いフランス人パティシエが言いました。「なんでそんなにこだわるの？ 毎年同じものを作って、楽しい？」。正直、ショックでした。耳に残り続けたこの言葉をようやく自分なりに消化できたのは、ヴェルサイユに自分のお店を持ち、フランスにより深く関わることになった約10年後のことです。そこには、進化に無理に抗ったり、伝統に固執しすぎたりするのではなく、伝統に根ざしつつもフランス人のように自然体でお菓子と向き合い、一緒に前へ進んでいきたいと思う自分がいました。「リンゴとアプリコットのガレット・デ・ロワ」は、そのような心境の変化から生まれた現代的なスタイルのガレットです。リンゴのやさしい甘酸っぱさにアンズの力強い酸味を合わせることで、フレッシュなリンゴを思わせる一体感のある味わいを表現し、クレーム・ダマンドとともにフイユタージュで挟みました。四角い形と表面に施した幾何学的な模様が、伝統のガレットと対を成します。

上から
・カソナード
・アプリコットのナパージュ
・パート・フイユテ・アンヴェルセ
・リンゴのガルニチュール
・アプリコットのガルニチュール
・リンゴのコンポート
・クレーム・ダマンド
・パート・フイユテ・アンヴェルセ

リンゴとアプリコットのガレット・デ・ロワ   Galette des rois pomme abricot

材料　（16cm角・2台分）

パート・フイユテ・アンヴェルセ
Pâte feuilletée inversée
＊p161のパート・フイユテ・アンヴェルセを全量使用する。

クレーム・ダマンド　Crème d'amande
(1台140g使用)
バター＊　beurre　75g
ヴェルジョワーズ　vergeoise　75g
アーモンドパウダー　amandes en poudre　75g
全卵＊　œufs entiers　55g
プードル・ア・フラン　flan en poudre　10.5g
＊バターと全卵をそれぞれ室温にもどしておく。

リンゴのガルニチュール
Garniture de pommes
(1台80g使用)
リンゴ　pomme　1個
バター　beurre　15g
グラニュー糖　sucre semoule　30g
シナモンパウダー　cannelles en poudre　0.1g
ヴァニラビーンズの種
pépins de vanille　0.3本分

アプリコットのガルニチュール
Garniture d'abricots
(1台25g使用)
アプリコット（ドライ）　abricots sec　50g
アプリコットのリキュール＊　liqueur d'abricot　12g
＊ヴォルフベルジェールのアプリコットリキュールを使用。

リンゴのコンポート　Compote de pomme
(1台70g使用)
リンゴ　pomme　1個
水　eau　100g
レモン果汁　jus de citron　5g
ヴァニラビーンズの種
pépins de vanille　1/5本分
グラニュー糖A　sucre semoule　40g
水　eau　20g
グラニュー糖B　sucre semoule　40g
生クリーム（乳脂肪35%）
crème fraîche 35% MG　20g

ドリュール　dorure　適量
基本のシロップ（p250）　base de sirop　適量
アプリコットのナパージュ（p258）
napage d'abricot　適量
ヴェルジョワーズ　vergeoise　適量

作り方

クレーム・ダマンド
① ビーターをつけたミキサーでバターをポマード状にやわらかくし、ヴェルジョワーズを加えて低速で混ぜる。
② アーモンドパウダーを加え、粉が見えなくなるまで低速で混ぜる。全卵を溶きほぐして5～6回に分けて加え、そのつどしっかり乳化させる。途中で一度ミキサーを止め、ビーターやボウルについたクリームをゴムべらではらう。
＊分離しないよう、卵は室温にもどし、少しずつ加えること。
＊適度な軽さを出すため、高速で撹拌して空気を入れるのではなく、低速で自然に空気を含ませる程度に混ぜる。
③ プードル・ア・フランを加えて混ぜ、粉がほぼ見えなくなったら、バットに移して平らにならす。ラップを密着させてかけ、冷蔵庫で一晩休ませる。

リンゴのガルニチュール
① リンゴの皮をむき、芯を除いて縦8等分にしてから横に3等分に切る。バターは溶かしておく。
② すべての材料をボウルに入れ、ゴムべらで混ぜ合わせる。シルパットに広げ、200℃のコンベクションオーブンで約15分間焼く。途中、5分おきに取り出してはリンゴと汁をからめるように混ぜる。
＊このあとまた焼くので、完全に火を入れなくてよい。

アプリコットのガルニチュール
① ドライのアプリコットを4等分にし、アプリコットのリキュールをふりかけて混ぜ合わせる。1日1回混ぜながら、冷蔵庫で1週間漬ける。

リンゴのコンポート
① リンゴは皮ごと半分に切って芯を除き、適当な大きさに切る。
② 鍋に①と水、レモン果汁、ヴァニラビーンズの種、グラニュー糖Aを入れて中火にかけ、やわらかくなるまで約30分間煮る。

③　銅ボウルにグラニュー糖Bを入れて火にかけ、泡立て器で混ぜながらキャラメルを作る。しっかり色づき、泡が上がってきたら火を止める。
④　軽く温めた水と生クリームを順に加え混ぜる。
⑤　①を加えて中火にかけ、へらで時々混ぜながら水分をとばす。汁気がなくなったら火からおろし、スティックミキサーでなめらかなピュレにする。
⑥　再び火にかけ、へらで混ぜながら糖度50%brixまで煮詰める。
⑦　バットに移して平らにならし、ラップを密着させてかける。室温で冷ましたあと、冷蔵庫で保存する。

仕上げ
①　p163「ガレット・デ・ロワ」の〈仕上げ〉①～⑤と同様に、パート・フイユテ・アンヴェルセをのばす。冷蔵庫で約2時間休ませる。
②　クレーム・ダマンドとリンゴのコンポートを室温でもどし、クレーム・ダマンドはなめらかにほぐす。2:1の割合で混ぜ合わせる。
③　①を牛刀で20cm角に切る（1台につき2枚使用）。そのうち1枚に12cm角のカードルをのせ、印をつける。
④　口径14mmの丸口金をつけた絞り袋に②を入れ、③の印に沿って外から内へとうず巻き状に絞る。
⑤　リンゴのガルニチュール、アプリコットのガルニチュールを④にまんべんなく散らす。指で軽く埋め込み、パレットナイフで表面を平らにならす。
⑥　クリームの周りの生地に刷毛で水を軽くぬる。もう1枚のパート・フイユテを、90度向きを変えてぴったりかぶせる。中央から空気を抜くように手でクリームと生地を密着させる。
＊同じ向きで生地を重ねると、焼いた時に2枚とも同じ方向に生地が縮み、形がゆがみやすい。90度向きを変えることでゆがみを軽減する。
⑦　クリームの外側を1周、指で押して接着させる。冷蔵庫で30分間休ませる。
⑧　18cm角のカードルをかぶせ、外周に合わせて生地をカッターナイフで切り落とす。
＊断面を美しく仕上げるため、切れ味のよいカッターでスパッと切る。
⑨　切り口を中指でぐっと押し、その指先の側面に添わせるようにして、ペーパーナイフで下から上へと切り込みを入れて綴じる。
＊ふちが開きやすいのを押さえて切り込みを入れることで封じる。
⑩　台紙に水を噴きつけ、⑨を裏返してのせる。ドリュールを表面に薄くぬる。冷蔵庫で30分間休ませて表面を乾かす。もう一度ドリュールをぬる。
⑪　上面にペーパーナイフで波模様を描き、筋の上に6カ所、竹串で空気穴をあける。冷蔵庫で一晩休ませる。
＊焼く前に休ませることでふくらみが落ち着き、均一になる。
⑫　天板にのせ、170℃のコンベクションオーブンで約15分間焼く。いったん取り出し、天板の四隅に高さ3cmのセルクルを置いて天板をのせる。さらに約45分間焼き、天板をはずして約15分間焼く。
⑬　網にのせ、基本のシロップを薄くぬる。室温で冷ます。
⑭　波模様の間に、交互に温めたアプリコットのナパージュをぬる。その上にヴェルジョワーズをふり、指で軽く押さえて接着させる。余分なヴェルジョワーズを払い落す。

リンゴのコンポートは、ペースト状になるまで水分をとばしながらしっかり煮詰めておくこと。そうしないとフイユタージュが余分な水分を吸い込み、中まで焼けにくくなってしまいます

6
普遍性を追い求めて
À la recherche de la pâtisserie intemporelle

「新しいものは求めていません。力のあるものを見せてください」。これは、グラフィック・デザイナーの横尾忠則さんの言葉です。私が20代の頃、あるデザインのコンペティションでこの言葉を聞き、はっとさせられました。力のあるものとはなんだろう。どうしたら作れるのだろう。考えても明確な答えは見つからず、お菓子の世界へ戻ったあとも、ずっとその答えを探し続けてきた気がします。

新しいお菓子を考え始めると、つい複雑なもの、珍しいものへと進んでいき、ふと我に返って「いったい自分は何を作りたいのか」と、頭が真っ白になることがあります。どうしたって流行や最新技術は目に入りますし、気にもなります。でも、本質を見極めずに軽々しく飛びつくのは、表面的な部分を追うに過ぎず、力のあるものを生み出すことにはなりません。だから、迷うのです。そんな時に私がいつも立ち返るのは、クラシックなお菓子やその起源です。けっして「クラシックを守ろう」「やっぱり最後に戻るのはクラシックだ」と言いたいわけではありません。ただ、今の時代まで消えることなく脈々と受け継がれてきたお菓子には、それだけの強さがあるということ。時の流れの中でクラシックは常にモードと戦い、せめぎ合いながら弱いものが淘汰され、強くて力のあるものだけが残っていくからです。お菓子の過去を振り返ると、おいしいものを作るためにどう素材を扱い、調理してきたかという苦労の過程や意味が見えてきて、そこから新しいイメージが掘り起こされてきます。そうしたクラシックの強さに敬意を払い、自分なりの発想を広げてよりよいものをつくっていきたいというのは、私の変わらない思いです。

その一方、ここ数年気づかされるのは、過去でも未来でもなく、自然体で目の前のお菓子と向き合い、おいしさを磨こうと考えるようになり、一歩先へ進んだ自分の姿です。フランスから帰国後、本国のフランス菓子は急激に変貌を遂げ、クラシックな味や形を打ち砕く"進化形"へと大きく傾いていきました。私は激しく違和感を覚え、どう消化すればよいかわからないまま、長い間悶々としていました。そんな中で始めた、ヴェルサイユでの開店準備。必然的にフランスへ行く機会が多くなり、フランス人パティシエとも頻繁に会って話すようになりました。そしてわかったのは、彼らは外国人である私たちのように昔の常識や概念にこだわらず、ただナチュラルに今のお菓子を見つめ、先を見て歩んでいるということ。私が勝手にこだわり続けていたクラシックを守る姿勢は、帰国後の10年ですっかり自由化され、誰もが知るお菓子を糸口に、自由に噛み砕いて提案するのが自然になっていました。一部では流行や斬新さばかりがもてはやされる傾向もあり、それには疑問を感じずにはいられませんが、パティシエの多くは自分なりのやり方でおいしさと向き合っている。それが今に見るフランス菓子ならば、私自身がその枠からはずれないためにも、もっと柔軟に進化と向き合いたいと考えるようになりました。本質的に「力のあるもの」も、そこから見えてくる気がするのです。

本当の意味でよいものとは、古くて新しいものであり、また一方で古くも新しくもないものである。そして、時も場所も超えて輝きを放つものであり、無駄がなくて質が高く、美しい。それが普遍の強さなのでしょう。パティスリーであろうと、レストランであろうと、力のあるよい店は10年、20年と色褪せず、賑わっています。そうした店作り、お菓子作りを、私はこれからも足を止めることなく追い求めていくのだと思います。

右上:"吉報"を意味する、メトロ9番線のボンヌ・ヌーヴェル駅／右下:サン=ラザール駅のオブジェ「L'heure peur tous」／左上:カフェのギャルソン／左下:サン=ラザール駅のホームにて

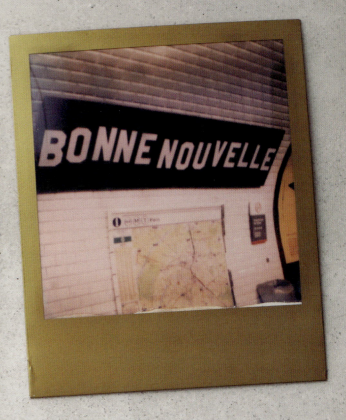

Saint-Honoré d'été
サン゠トノーレ・デテ

「パリセヴェイユ」のオープンから10年が過ぎた2013年、ヴェルサイユにもお店を開くことになり、私は時の流れや積み重ねを実感として感じるようになっていました。同時に、「フランス菓子はこうあるべき」と自分を閉じ込めていた垣根を超えて、素直に作りたいと思う味やスタイルをそろそろ表現してみてもいいのかな、と考えるようになりました。その第一歩を踏み出したのが、「サン゠トノーレ・デテ」です。伝統的なサン゠トノーレとは違いが出るよう、土台としてパート・シュクレを敷き、クレーム・シブーストやクレーム・ディプロマットの代わりに、夏らしいマンゴーのムースとジュレを中に入れました。プティシューにはパッションフルーツのクリームを詰め、上にはまろやかなココナッツとヴァニラ風味のシャンティイを絞っています。それまでサン゠トノーレにアレンジを加えるとしても、伝統的な味からそれほど遠くないキャラメルやプラリネ、コーヒー味までが限度だった私としては、思い切った味の構成です。見た目にも、サン゠トノーレの要素は残しつつ新しいイメージに変えるため、四角いフォルムに。殻を破って自由な発想で伝統菓子の進化に取り組んだ、心に残る創作菓子です。

上から
・マンゴー
・ライムとレモンの皮
・ココナッツとヴァニラのクレーム・シャンティイ
・マンゴーのムース
・マンゴーのジュレ
・マンゴー
・マンゴーのムース
・ビスキュイ・ダコワーズ
・パート・シュクレ
・側面にシュトロイゼルをのせたシューとパッション・フルーツのクレーム・パティシエール

サン=トノーレ・デテ　　Saint-Honoré d'été

材料 （約14×14cm・2台分）

ココナッツとヴァニラのクレーム・シャンティイ
Crème Chantilly à la noix de coco et à la vanille

生クリーム（乳脂肪35%）　crème fraîche 35% MG　315g
ヴァニラビーンズ　gousse de vanille　0.5本
クーベルチュール（ホワイト）*　couverture blanc　92g
ココナッツリキュール　liqueur de la noix de coco　65g
ココナッツシロップ　sirop à la noix de coco　32g

*クーベルチュールはヴァローナ社「イヴォワール」を使用。
*ココナッツリキュールは「マリブ」、ココナッツシロップは「モナン」を使用。

パータ・シュトロイゼル　Pâte à sutreusel
（直径2.4cm、約300枚分）

バター　beurre　100g
ヴェルジョワーズ　vergeoise　125g
薄力粉　farine ordinaire　125g

パータ・シュー　Pâte à chou
（直径4.5cm、約150個分）

牛乳　lait　250g
水　eau　250g
バター　beurre　225g
塩　sel　10g
グラニュー糖　sucre semoule　10g
薄力粉　farine ordinaire　275g
全卵　œufs entiers　500g

*バターは溶けやすいように薄く切っておく。

パート・シュクレ　Pâte à sucrée
（p82。12cm角・6枚分、1枚50g使用）　約300g

マンゴーのジュレ　Gelée de mangue
（37×28.5cmのカードル・1台分）

マンゴーのピュレ　purée de mangue　480g
オレンジのピュレ　purée d'oranges　130g
レモン果汁　jus de citron　30g
グラニュー糖　sucre semoule　95g
板ゼラチン　gélatine en feuilles　12.5g

ココナッツのビスキュイ・ダコワーズ
Biscuit dacquoise à la noix de coco
（57×37cm、高さ8mmのシャブロン型・1枚分）

卵白*　blancs d'œufs　300g
グラニュー糖　sucre semoule　100g
アーモンドパウダー　amandes en poudre　130g
粉糖　sucre glace　270g
ココナッツファイン　noix de coco râpé　140g

*卵白は冷やしておく。

マンゴーのムース　Mousse à la mangue
（37×28.5cmのカードル・1台分）

マンゴーのピュレ　purée de mangue　616g
グラニュー糖　sucre semoule　126g
板ゼラチン　gélatine en feuilles　12.5g
キルシュ　kirsch　18g
オレンジのリキュール*　liqure d'orange　6g
生クリーム（乳脂肪35%）　crème fraîche 35% MG　610g

*オレンジのリキュールは「マンダリン・ナポレオン」を使用。

パッションフルーツのクレーム・パティシエール
Crème pâtissiere passion

クレーム・パティシエール（p248）　Crème pâtissière　600g
パッションフルーツのクリーム　Crème fruit de la Passion　600g
┌パッションフルーツのピュレ　purée fruit de la Passion　360g
│卵黄　jaunes d'œufs　108g
│全卵　œufs entiers　67g
│グラニュー糖　sucre semoule　116g
│板ゼラチン　gélatine en feuilles　3.5g
└バター　beurre　130g

マンゴー（果肉）*　mangues　330g
デコレーション用粉糖（p264）　sucre décor　適量
アプリコットのコンフィチュール　confiture d'abricot　適量
レモンの皮（粗くすりおろす）　zestes de citron　適量
ライムの皮（粗くすりおろす）　zestes de citron vert　適量
ナパージュ・ヌートル　nappage neutre　適量

*マンゴーは1cm角に切る。

作り方

ココナッツとヴァニラのクレーム・シャンティイ
① p74〈ココナッツとヴァニラのクレーム・シャンティイ〉①〜⑧を参照してクリームを作り、冷蔵庫で24時間休ませる。
② ホイッパーをつけた高速のミキサーで泡立てる。少しとろみがついたらミキサーからおろし、全体を混ぜて均一にする。再びミキサーにかけて6分立てにしておく(1)。

パータ・シュトロイゼル
① ミキサーボウルにポマード状にやわらかくしたバター、ヴェルジョワーズを入れ、ビーターをつけた低速のミキサーで混ぜ合わせる(2)。
② 薄力粉を加え、粉が見えなくなるまで混ぜ合わせる(3)。途中、ボウルの内側についた粉をはらう。
③ 軽くひとまとめにしてバットに移し、手で厚さ約2cmにならす。ラップを密着させてかけ、冷蔵庫で一晩休ませる。
④ 打ち粉をふり、ひび割れを直しながら四角く整える(4)。時々打ち粉をふりながらパイシーターで何度かかけ、厚さ1.75mmにのばす。
⑤ オーブンペーパーを敷いた天板にのせ、直径2.4cmの円型で抜く(5)。くり抜かずに周りの生地をつけたまま冷蔵庫で休ませる。
＊もろく崩れやすい生地なので、極力いじらない。

パータ・シュー
① 鍋に牛乳、水、バター、塩、グラニュー糖を入れ、強火にかける。
② 沸騰したら火を止め、薄力粉を一気に加える(6)。水分を吸わせながら木べらで手早く、力強く混ぜて生地をつなげる(7)。
③ 中火にかけ、混ぜながら加熱する。鍋底から生地がはがれるようになれば火からおろす(8)。
④ ミキサーボウルに入れ、ビーターをつけた低速のミキサーで攪拌し、ざっと粗熱をとる。
⑤ 溶きほぐした全卵の1/8量程度を取りおき、残りを6回ほどに分けて加え、そのつど均一になるまで混ぜる(9)。4回目と6回目の全卵を入れる前にミキサーを止め、ビーターやボウルについた生地をへらではらう(10)。
＊取りおく全卵は、固さの調整用。
⑥ ミキサーからおろし、ゴムべらで全体を混ぜる。すくい上げた時に生地がなめらかに伸びながら落ち、へらに残った生地がきれいな三角形になればよい(11)。生地が固い場合は、取りおいた全卵を少し加えて混ぜ、調整する。
⑦ 口径10mmの丸口金をつけた絞り袋に入れて直径3.2cmの円形に絞る(12)。ショックフリーザーで冷凍する。
＊直径3cmの円を描いた紙を天板にのせてシルパットをかぶせ、それを目安にして絞る。紙を抜く。

パート・シュクレ

① p82〈パート・シュクレ〉①〜④を参照して生地を作る。
② 台に取り出して生地を軽くもみ込み、しなやかな状態にして四角く整える。90度ずつ向きを変えながらパイシーターで厚さ2.75mmにのばす。
③ 天板にのせて平刃包丁で12cm角に切る(13)。冷蔵庫で30分休ませる。
④ シルパンを敷いた天板にのせ、170℃のコンベクションオーブンで約14分間焼く。シルパンごと網にのせ、室温で冷ます。

マンゴーのジュレ

① マンゴーとオレンジのピュレを約40℃に温める。グラニュー糖を加え、ゴムべらで混ぜ溶かす。
② ①のうち1/6量を、溶かした板ゼラチンに少しずつ加えながらゴムべらで混ぜる。これを残りの①にもどしながら、ゴムべらで混ぜる(14)。
③ カードルの底にOPPシートをぴんと張ってテープでとめる。OPPシートを貼った天板にのせ、②を流し入れて表面を平らにする(15)。ショックフリーザーで冷凍する。

ココナッツのビスキュイ・ダコワーズ

① p75〈ココナッツのビスキュイ・ダコワーズ〉①〜②を参照して生地を作る。
② オーブンペーパーに57×37cm、高さ8mmのシャブロン型をのせ、①を流して平らにならす。
③ 型をはずし、ペーパーごと天板にのせて175℃のコンベクションオーブンで約20分間焼く。ペーパーごと網にのせ、室温で冷ます。
④ ペーパーをはがし、37×28.5cmのカードルの外周に合わせて平刃包丁で切る(16)。カードルの内側に敷き込む。
＊型に敷いた時に隙間がないよう、外周に合わせて生地を切る。

マンゴーのムース

① マンゴーのピュレを約40℃に温める。グラニュー糖を加えてゴムべらで混ぜ溶かす。
② ①のうち1/6量を、溶かした板ゼラチンに少しずつ加えながらゴムべらで混ぜる。これを残りの①にもどしながら、混ぜる。キルシュとオレンジのリキュールを加える(17)。
③ 生クリームを8分立てにし、約1/4量を②に加えて泡立て器でよく混ぜ合わせる。これを残りの生クリームに加え、均一になるまで混ぜる(18)。混ぜムラがないよう、別のボウルに移してゴムべらで混ぜる(19)。

組み立て

① ビスキュイ・ダコワーズを敷いたカードルに、マンゴーのムースの半量(700g)を流し入れ、パレットナイフで平らにならす。
② 角切りにしたマンゴーを全体に散らし、パレットナイフで軽く押さえて埋める(20)。ショックフリーザーで10〜15分間冷やす。
③ マンゴーのジュレを型からはずし、②にかぶせてOPPシートをはがす。ところどころペティナイフで空気穴をあけ、パレットナイフで押さえてしっかり密着させる(21)。
④ 残りのマンゴーのムースを流し入れ、表面をならす(22)。天板ごと軽

く台に打ちつけて平らにし、ショックフリーザーで冷凍する。
⑤　冷凍したパータ・シューに、パータ・シュトロイゼルをのせる(23)。ダンパーを閉めた上火210℃、下火200℃のデッキオーブンで約4分間焼き、ダンパーを開けて上火150℃、下火130℃に落として約50分間焼く(24)。シルパットごと網にのせて室温で冷ます。
⑥　バットにパート・シュクレを並べ、カカオバター（分量外）をスプレーで噴きつける。
⑦　④の型をバーナーで軽く温め、菓子を取り出す。軽く温めた平刃包丁で端を切り落とし、8cm角に切り分ける。これを⑥にのせ、室温で解凍する(25)。

パッションフルーツのクリーム
①　p94〈パッションフルーツのクリーム〉①〜④を参照して作る。

パッションフルーツのクレーム・パティシエール
①　2種のクリームをそれぞれゴムべらでなめらかになるまで混ぜる。
②　①を均一になるまでゴムべらで混ぜ合わせる(26)。クリームに少し固さがもどるまで冷蔵庫に入れておく。
＊混ぜすぎるとコシが抜けるので注意。パッションフルーツのクリームにバターが入っているので、しばらく置いておくと固さがもどる。

仕上げ
①　パータ・シューの底に口金で5mm程度の穴を開ける。
②　口径5mmの丸口金をつけた絞り袋にパッションフルーツのクレーム・パティシエールを入れ、①の穴からクリームがいっぱいになるまで絞り込む（1個15g・27）。あふれ出たクリームを取り除き、バットに並べる。
③　表面にデコレーション用粉糖をふる。
④　温めたアプリコットのコンフィチュールをコルネに入れ、シューの側面に1カ所と底面の中央に少量絞る(28)。それを接着剤として、〈組み立て〉で解凍したマンゴーのムースの側面に計10個貼りつける(29)。シューの上にデコレーション用粉糖をふる。
⑤　ココナッツとヴァニラのクレーム・シャンティイを8分立てにし(30)、サン゠トノーレ用の口金をつけた絞り袋に入れる。マンゴーのムースを覆い隠すように、斜めに往復させながら絞る(31)。
⑥　レモンの皮とライムの皮を粗めにすりおろしながら、全体にふる。
⑦　1cm角に切ったマンゴーにナパージュ・ヌートルをぬり、ピンセットでところどころにのせる(32)。

マンゴーのマイルドな味わいに酸味とインパクトを補うのが、パッションフルーツです。混ぜ合わせるとマンゴーの味がパッションフルーツに負けてしまうので、別々のパーツとして組み込み、調和を考えつつ味のメリハリを出しています

Éclair Forêt-Noire
エクレール・フォレ=ノワール

「新古典菓子」ともいうべき潮流、「クラシック・ルヴィジテ Classiques Revisités」が一気に広まったのは、2010年頃のことでしょうか。誰もが知るお菓子を新しい感性で自由に再構築するというこの手法は、おそらく私がフランスで働いていた頃にはすでに芽吹いていたのではないかと感じられ、自然に自分も手掛けてみようという気持ちになりました。そして2013年冬、「サン=トノーレ・デテ」に続く変革として、エクレアでフランスの伝統菓子を再構築することをテーマに置き、誕生したのがこの「エクレール・フォレ=ノワール」です。「エクレール・ブルトン」(p134)がフレーバーのバリエーションであるのに対し、こちらはエクレアをプティガトーに仕立てるイメージ。フォレ=ノワールと名乗る限りお酒の香りは不可欠だと思うので、グリオットチェリーとともにキルシュの効いたグリオッティーヌを使い、シロップやクレーム・キルシュにもお酒をしっかり香らせました。間にチョコレートのビスキュイをはさみ込み、シューもほろ苦いチョコレート風味にして、味の統一を図っています。横から見た層も端正で美しく、クラシックでありながらモダンな趣が表現できたのではないかと思います。

上から
・グリオッティーヌ
・ビターチョコレートのコポー
・パータ・シュー・オ・ショコラ
・クレーム・キルシュ
・グリオッティーヌのシロップ
・ビスキュイ・アマンド・ショコラ
・スパイス風味のグリオットのマセレ
・グリオッティーヌ
・クレーム・ショコラ・ノワール
・パータ・シュー・オ・ショコラ

エクレール・フォレ=ノワール   Éclair Forêt-Noire

材料 (15×4cm、20台分)

パータ・シュー・オ・ショコラ
Pâte à chou au chocolat
(15×4cm。80個分)

パータ・シュー・オ・ショコラ
- 牛乳　lait　250g
- 水　eau　250g
- バター*　beurre　225g
- 塩　sel　5g
- グラニュー糖　sucre semoule　10g
- 薄力粉　farine ordinaire　250g
- カカオパウダー　cacao en poudre　38g
- 全卵　œufs entiers　500g

ドリュール　dorure　適量

*バターを2cm角に切る。
*薄力粉とカカオパウダーを合わせてふるっておく。

ビスキュイ・アマンド・ショコラ
Biscuit amande au chocolat
(57×37cm、高さ8mmのシャブロン型・1枚分)

- 卵黄　jaunes d'œufs　168g
- 卵白A　blancs d'œufs　72g
- アーモンドパウダー　amandes en poudre　168g
- 粉糖　sucre glace　168g
- 卵白B*　blancs d'œufs　312g
- グラニュー糖　sucre semoule　75g
- 薄力粉　farine ordinaire　132g
- カカオパウダー　cacao en poudre　48g
- 溶かしバター　beurre fondu　60g

*卵白Bをよく冷やしておく。

クレーム・ショコラ・ノワール
Crème au chocolat noir

- クーベルチュールA（ビター、カカオ66%）
  couverture noir　130g
- クーベルチュールB（ビター、カカオ70%）
  couverture noir　130g
- 牛乳　lait　250g
- 生クリーム（乳脂肪35%）　crème fraîche 35% MG　250g
- グラニュー糖　sucre semoule　50g
- 卵黄　jaunes d'œufs　100g

*クーベルチュールAは「カライブ」を、Bは「グアナラ」（いずれもヴァローナ社）を使用。

グリオッティーヌのシロップ
Sirop à imbiber griottine au kirsch

- スパイス風味のグリオットのマセレのシロップ　sirop de griottes macerées aux épices　160g
- キルシュ　kirsch　42g
- 基本のシロップ（p250）　base de sirop　42g

*材料を混ぜ合わせる。

クレーム・キルシュ　Crème kirsch
(1個45g使用)

- クレーム・パティシエール（p248）　crème pâtissière　200g
- ジュレ・デセール*　"gelée dessert"　4.3g
- キルシュ　kirsch　22g
- 生クリーム（乳脂肪35%）　crème fraîche 35% MG　405g

*DGF社「ジュレ・デセール」を使用。ゼラチンに甘みやでんぷんを加えてあり、水でもどす必要がなく、直接加えることができる。

- パータ・グラッセ　pâte à glacé　適量
- ビターチョコレートのコポー（p252）　copeaux de chocolat noir　適量
- カカオパウダー　cacao en poudre　適量
- グリオッティーヌ　griottines　適量
- スパイス風味のグリオットのマセレ（p264）　griottes macérées aux épices　350g
- ナパージュ・ヌートル　nappage neutre　適量

作り方

パータ・シュー・オ・ショコラ

① 鍋に牛乳、水、バター、塩、グラニュー糖を入れ、強火にかける。
② 沸騰したら火を止め、薄力粉とカカオパウダーを一気に加える(1)。水分を吸わせながら木べらで手早く、力強く混ぜて生地をつなげる。
③ 中火にかけ、混ぜながら加熱する(2)。鍋底から生地がはがれるようになれば火からおろす(3)。
④ ミキサーボウルに入れ、ビーターをつけた低速のミキサーで撹拌し、ざっと粗熱をとる。
⑤ 溶きほぐした全卵の1/8量程度を取りおき、残りを6回ほどに分けて加え、そのつど均一になるまで混ぜる(4)。4回目と6回目の全卵を入れる前にミキサーを止め、ビーターやボウルについた生地をへらではらう。

*カカオパウダーが入っているため、混ぜすぎると油脂が出てくる。少しずつ、ゆっくり混ぜること。

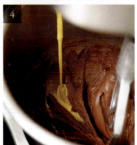

⑥　ミキサーからおろし、ゴムべらで全体を混ぜる。すくい上げた時に生地がなめらかに伸びながら落ち、へらに残った生地がきれいな三角形になればよい(5)。生地が固い場合は、取りおいた全卵を少し加えて混ぜ、調整する。
⑦　口径15mmの丸口金をつけた絞り袋に⑥を入れ、長さ13.5cm、幅2.5cmの棒状に絞る。
＊天板に幅13.5cmに線を描いた紙、その上にシルパットをのせ、線の幅に絞る。紙を抜く。
⑧　フォークに軽く水をつけ、表面を押さえてから筋を入れる(6)。ドリュールを薄くぬり、ショックフリーザーで冷凍する。
＊いったん冷凍すると生地が安定し、焼いた時にきれいにふくらむ。
⑨　ダンパーを閉めた上火210℃・下火200℃のデッキオーブンで3分間焼く。ダンパーを開け、上火165℃・下火130℃に落として55〜60分間焼く(7)。シルパットごと網にのせて室温で冷ます。

ビスキュイ・アマンド・ショコラ

①　卵黄と卵白Aを溶きほぐし、湯煎にかけて約40℃に温める。
②　ミキサーボウルに①と合わせたアーモンドパウダーと粉糖を入れる。ビーターをつけた低速のミキサーでざっと混ぜ、高速にして泡立てる。空気を含んで白っぽくなったら、中速、低速と徐々に速度を落としてキメを整える。ボウルに移す(8)。
＊きめ細やかな気泡に整えることで、つぶれにくい強い生地を作る。
③　別のミキサーで冷たい卵白Bを高速で泡立てる。グラニュー糖を4分立て、6分立て、8分立てのタイミングで⅓量ずつ加え、しっかり角が立つまで泡立てる(9)。
＊泡立ちの目安は、p21〈フォン・ド・シュクセ〉②を参照。
④　⅓量を②に加え、カードでざっと混ぜる。合わせた薄力粉とカカオパウダーを加え、均一になるまで混ぜ合わせる(10)。残りのメレンゲを加え、さらに混ぜる(11)。
⑤　約60℃の溶かしバターに④を少量加え、泡立て器でよく混ぜる。これを④にもどし入れながら、少しツヤが出るまでカードで混ぜる(12)。
⑥　シルパットに57×37cm、高さ8mmのシャブロン型をのせ、⑤を流して平らにならす。型をはずし、シルパットごと天板にのせる。
⑦　180℃のコンベクションオーブンで約15分間焼く(13)。シルパットごと網にのせ、室温で冷ます。

クレーム・ショコラ・ノワール

①　2種類のクーベルチュールを湯煎にかけ、½ほど溶かす。
②　銅ボウルに生クリームと牛乳を入れて沸騰させる。
③　並行して、卵黄とグラニュー糖を泡立て器ですり混ぜる。
④　②の⅓量を③に加えて泡立て器で混ぜる(14)。これを銅ボウルにもどして弱火にかけ、へらで混ぜながら82℃まで炊く(クレーム・アングレーズ／15)。
＊卵黄に対して水分が多いので、一気に火が入らないように弱火で炊く。
⑤　①に漉し入れ、泡立て器で中心からすり混ぜ、徐々に全体に広げて均一になるまで混ぜる(16)。

⑥　深い容器に移し、スティックミキサーでツヤが出てなめらかになるまで乳化させる(17)。室温で冷ましてからふたをし、冷蔵庫で一晩休ませる。

クレーム・キルシュ
①　p51〈クレーム・キルシュ〉①〜⑤を参照して作る。
②　エクレアの大きさ(長径13.5cm、幅4cm)を描いた紙を天板にのせ、OPPシートをかぶせる。口径12mmの丸口金をつけた絞り袋に①を入れ、線に合わせてまず外周を絞り、その中を埋めるようにひと筋絞る(18)。紙を抜き、ショックフリーザーで冷凍する。

仕上げ
①　ビスキュイ・アマンド・ショコラの焼き面を波刃包丁で薄くそぎ落とす。端を切り落とし、12.5×2.5cmに切り分ける(19)。
②　パータ・シュー・ショコラを高さ1.8cmのバールに合わせて波刃包丁で切る(20)。
③　クレーム・オ・ショコラ・ノワールをパレットナイフなどでなめらかにほぐす(21)。底のほうのシューに45gずつ詰める。中央を少しくぼませる。
④　キッチンペーパーにグリオットのスパイス漬けとグリオッティーヌを並べ、汁気を取り除く。③のくぼみに交互に並べる(グリオット5粒、グリオッティーヌ4粒／22)。
⑤　残ったクレーム・ショコラ・ノワールを口径9mmの丸口金をつけた絞り袋に入れ、④の上に直線に絞る。
⑥　①のビスキュイの両面と側面に、グリオッティーヌのシロップをたっぷり打つ(23)。⑤にのせ、軽く押さえて接着させる(24)。
⑦　クレーム・キルシュをのせ、軽く押さえて接着させる。表面の霜が取れるまで冷蔵庫に入れる。
⑧　ビターチョコレートのコポーにパータ・グラッセをコルネに入れて少しつけ、シューの上に接着させる。カカオパウダーをまんべんなくふる(25)。
＊くるりと巻いたコポーを両端に、弓形のコポーを中央にのせる。のせる位置をランダムにして動きを出す。
⑨　キッチンペーパーでグリオッティーヌの汁気を取り除き、ナパージュ・ヌートルに浸して余分をとる(26)。⑧のコポーの間を1か所ずつペティナイフで削ってパータ・グラッセをコルネで絞り、グリオッティーヌをのせる(27)。
⑩　⑦を冷蔵庫から出してカカオパウダーをふり(28)、⑨をのせる。

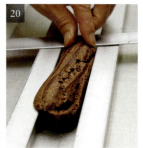

味の大切な要素として、ビスキュイにシロップをたっぷりしみ込ませたいところですが、シューにはさむとなると加減が必要です。ビスキュイを崩さず、あふれ出ない程度にしっかり打つようにします

Éclair Mont-Blanc
エクレール・モン=ブラン

「エクレール・モンブラン」は、フランスの伝統菓子を再構築したエクレアの第2弾として、2015年秋に作りました。「エクレール・フォレ=ノワール」(p176)よりももう一歩、エクレアの原型から離れた形として、横半分に切った上のシューは使わず、使っているのは下のシューだけ。クリームからメレンゲまで、定番のモンブランの味とスタイルをそのままエクレアに落とし込んでいきました。栗のクリームには、和栗ではなく洋栗を選択。洋栗のほうが野生的で味わいが力強く、フランス菓子としてのモンブランにはふさわしい気がするのです。ユズとの組み合わせは、お気に入りの旅館で和食の最後に供された、栗きんとんから思いつきました。主張させすぎず、ふわりと香らせる程度にユズを加えた塩梅が非常によく、品のよいさわやかさが印象的で、何かの機会に合わせてみたいとアイデアを温めていました(私の場合、洋菓子よりも和食や和菓子から発想を得ることがよくあります)。エクレアの底に少しだけ絞り入れた、ユズのコンフィチュールの香りと酸味がアクセントとなり、滋味深い栗や香ばしいシューと調和して、穏やかな余韻が広がっていきます。

上から
・ユズの皮のコンフィ
・栗のクリーム
・ヴァニラ風味のクレーム・シャンティイ
・ムラング・イタリエンヌ
・ユズのコンフィチュール
・ムース・オ・マロン
・マロン・コンフィ
・パータ・シュー

エクレール・モン=ブラン　　Éclair Mont-Blanc

材料　（15×4cm・20個分）

栗のコンポート　Compote de marrons
（作りやすい量）

マロン・キュイ　marron cuits
- 水　eau　1250g
- 牛乳　lait　375g
- 栗（皮むき）　500g

水　eau　375g
グラニュー糖　sucre semoule　190g
ヴァニラビーンズ　gousse de vanille　1本

ムラング・イタリエンヌ
Meringue à la italienne
（作りやすい量）

グラニュー糖A　sucre semoule　250g
水　eau　62g
卵白*　blancs d'œufs　100g
グラニュー糖B　sucre semoule　50g
アーモンドパウダー　amandes en poudre　30g
粉糖　sucre glace　適量

＊卵白はよく冷やしておく。

ユズのコンフィチュール（p188）
Confiture de yuzu　約160g

パータ・シュー　Pâte à chou
（p172。15×4cm・20台分）　約750g

ムース・オ・マロン　Mousse aux marrons
（1個20g使用）

パート・ド・マロン*　pâte de marrons　110g
クレーム・ド・マロン　crème de marrons　125g
コニャック　Cognac　35g
板ゼラチン　gélatine en feuilles　4.5g
生クリーム（乳脂肪35％）
crème fraîche 35% MG　350g

＊パート・ド・マロンを室温にもどしておく。

ヴァニラ風味のクレーム・シャンティイ
Crème Chantilly à la vanille
（1個20g使用）

生クリーム（乳脂肪40％）
crème fraîche 40% MG　400g
粉糖　sucre glace　12g
ヴァニラパウダー　vanille en poudre　3g

クレーム・ド・マロン　Crème de marrons
（1個50g使用）

栗のコンポート
compote de marrons　280g
パート・ド・マロン*
pâte de marrons　145g
バター　beurre　56g
粉糖　sucre glace　6g
水アメ　glucose　15g

＊パート・ド・マロンを室温にもどしておく。

ドリュール　dorure　適量
マロン・コンフィ*　confit de marrons　160g
＊約5mm角に砕く。
デコレーション用粉糖（p264）
sucre décor　適量
ユズの皮のコンフィ（市販）
confits zests de yuzu　適量
金箔　feuilles d'or　適量

作り方

栗のコンポート

① マロン・キュイを作る。鍋に水、牛乳、栗を入れて火にかけ、沸騰したら弱火にして軽く沸いた状態を保って約10分間ゆでる。
＊栗が崩れると水っぽくなるので、弱火で静かにゆでる。
② 静かにザルにあけて水気をきる(1)。
③ 鍋に水、グラニュー糖、ヴァニラビーンズの種とサヤを入れ、ゴムべらで混ぜながら沸騰させる。
④ ②の栗をボウルに入れ、③を注ぎ入れる(2)。ラップをかけて室温で冷まし、冷蔵庫で一晩漬ける。

ムラング・イタリエンヌ

① 銅鍋にグラニュー糖Aと水を入れて火にかけ、118℃まで煮詰める。
② ①が90℃に達したら、ミキサーボウルに卵白とグラニュー糖Bを入れ、高速のミキサーで5分立てにする。
③ ①を②に少しずつ注ぎ入れ、高速で泡立てる(3)。入れ終わったら低速に落とし、室温程度に冷めるまで撹拌を続ける(4)。
＊5分立ての卵白にシロップを一度に加えると、シロップがボウルの底に溜まってしまう。また、できるだけ気泡を含まないよう、低速で撹拌しながら冷ますことで、ねっとりとした目の詰まったメレンゲに仕上がる。

④　ミキサーからおろし、アーモンドパウダーを加えてゴムべらで混ぜ合わせる(5)。
⑤　口径10mmの丸口金をつけた絞り袋に④を入れ、線の上に口金の太さのまま棒状に絞る。
＊天板に長さ11cmの線を描いた紙、その上にオーブンペーパーをのせ、その上に絞る。紙を抜く。
⑥　粉糖を軽くふり、上火120℃・下火100℃のデッキオーブンで1時間焼く。火を止め、そのまま捨て火で一晩乾燥させる(6)。密閉容器に入れて保存する。

パータ・シュー
①　パータ・シューを口径15mmの丸口金をつけた絞り袋に⑥を入れ、長さ13.5cm、幅2.5cmの棒状に絞る。
＊天板に長さ13.5cmの線を描いた紙、その上にシルパットをのせ、線の幅に絞る。紙を抜く。
②　フォークに軽く水をつけ、表面を押さえてから筋を入れる(7)。ドリュールを薄くぬり、ショックフリーザーで冷凍する。
＊いったん冷凍すると生地が安定し、焼いた時にきれいにふくらむ。
③　ダンパーを閉めた上火210℃・下火200℃のデッキオーブンで約4分間焼く。ダンパーを開け、上火150℃・下火130℃に落として約60分焼く(8)。シルパットごと網にのせて室温で冷ます。

ムース・オ・マロン
①　パート・ド・マロンをビーターをつけた高速のミキサーで攪拌し、なめらかなペースト状にする。ビーターやボウルをゴムべらではらう。
②　クレーム・ド・マロンを¼量ずつ①に加え(9)、そのつど中速でなめらかな状態になるまで混ぜる。
③　コニャックを約40℃に温め、②に少しずつ加えながら均一になるまで混ぜる(10)。ダマがないことを確認し、ボウルに移す。
④　ボウルに溶かした板ゼラチンを入れ、③をカードでひとすくい加え、泡立て器でよく混ぜる。もうひとすくい加えて均一によく混ぜる。③にもどし入れ、ゴムべらで混ぜ合わせる(11)。
⑤　生クリームを6分立てにし、⅓量ずつ④に加えてそのつどゴムべらで混ぜ合わせる(12・13)。

ヴァニラ風味のクレーム・シャンティイ
①　生クリームに粉糖、ヴァニラパウダーを加えて、高速のミキサーで6分立てに泡立てる。
②　使用する直前に、泡立て器でしっかり泡立てる(14)。

組み立て1
①　パータ・シューを高さ2cmのバールに合わせ、波刃包丁で焼き面を切り落とす。中の生地を指で押し広げ、カップ状にする(15)。
＊中の生地が邪魔になる場合は、少し取り除いてもよい。
②　①の底に砕いたマロン・コンフィを1個あたり8切れ並べて入れる。
③　口径14mmの丸口金をつけた絞り袋にムース・オ・マロンを入れ、シューの高さいっぱいに絞り入れる(16)。パレットナイフで平らにならし、中央を少しくぼませる。

④ 口径5mmの丸口金をつけた絞り袋にユズのコンフィチュールを入れ、③の中央に絞る。ムラング・イタリエンヌをのせ、軽く押さえる(17)。
⑤ ヴァニラ風味のクレーム・シャンティイをパレットナイフにとり、ムラングに沿ってぬりつける。上から下へとパレットナイフをすべらせて余分なクリームを除き、山状に整える(18)。冷蔵庫で少し冷やす。

クレーム・ド・マロン
① 栗のコンポートの汁気をきり、裏漉しする(19)。
② パート・ド・マロンをビーターをつけた高速のミキサーで攪拌し、なめらかなペースト状にする。ゴムべらではらう。ビーターやボウルについた生地をゴムべらではらう。
③ バターをポマード状にやわらかくし、半量を②に加えて高速のミキサーで混ぜる。均一になったら残りのバターを加え、さらに混ぜる。粉糖と水アメを加え、均一に混ぜる(20)。
④ ①を③に加えて高速で混ぜる。いったんビーターやボウルについたクリームをゴムべらではらい、さらにムラなく混ぜる(21)。
⑤ モン=ブランの口金をつけた絞り袋に④を入れる。一度絞ってみて、クリームがぼそぼそと切れずにきれいに絞れるかを確認する。
＊切れるようであれば、生クリームを加えてミキサーで混ぜ、調整する。
⑥ 冷やしておいたシューの上面に、細かく斜めに往復させるようにまんべんなく絞って全体を覆う(22)。

仕上げ
① 絞ったクレーム・ド・マロンにデコレーション用粉糖を軽くふる。
② ユズの皮のコンフィをピンセットでのせ、エクレアの先端に金箔をつける(23)。

栗のクリームは、自家製の栗のコンポートから作ったペーストの配合を多くし、その風味を生かすようにしています。ただし、それだけではポソポソした質感になり、甘みも薄いので、パート・ド・マロンを混ぜ合わせ、邪魔しない程度にバターや水アメを加えてしっとり感を保ちます

*T*arte pomme yuzu
タルト・ポム・ユズ

「タルト・ポム・ユズ」は、2015年の冬に生まれたお菓子です。アシエット・デセール的な発想も踏まえてジュレやコンポートを上にのせ、みずみずしさを推し進めた新しい形をタルトに持ち込もうと考えました。大きく切ったリンゴのコンポートはタルト・タタンを意識しながらも、そこまでは深く火を入れず、ユズの果汁とともにオーブンに入れ、静かにじっくり煮含めていきます。でき上がったら、リンゴ果汁にユズのピュレを加えた清涼感のあるジュレでやわらかく寄せ、タルトの上へ。ここで気をつけなければいけないのは、フルーツからの離水です。コンポートの火入れが足りず、果実の中に余計な水分が残っている状態でゼラチンを加えて固めてしまうと、時間経過とともに果実の中から水分がにじみ出て、ボロリと崩れてしまいます。こうした保形性を考えなくてはいけないのが、プティガトーの難しさ。火入れをきちんと行うと同時に、ゼラチンだけでなくペクチンを併用することで水分を抱え込みやすくし、離水を抑える工夫もしています。ゼラチンとは違うとろんととろけるような舌触りも加わって、豊かな果実味をよりいっそう楽しんでいただけるかと思います。

上から
・ナパージュ・スプリモ
・リンゴとユズのジュレ
・ユズ風味のリンゴのロティ
・クレーム・フランジパーヌ
・ユズのコンフィチュール
・パート・シュクレ

タルト・ポム・ユズ　　　Tarte pomme yuzu

材料　（直径6.5cm・20個分）

ユズのコンフィチュール　Confiture de yuzu
（作りやすい量、1個8g使用）
ユズのピュレ　purée de yuzu　290g
グラニュー糖A　sucre semoule　150g
NHペクチン　pectine　8g
グラニュー糖B　sucre semoule　50g
板ゼラチン　gélatine en feuilles　3g

パート・シュクレ（p82）
Pâte sucrée　約400g
（1個20g使用）

クレーム・フランジパーヌ（p250）
Crème frangipane　約480g
（1台20g使用）

ユズ風味のリンゴのロティ
Pomme rôti au yuzu
リンゴ（フジ）　pommes　1000g
グラニュー糖A　sucre semoule　84g
ユズのピュレ　purée de yuzu　210g
キャラメル*　caramel　84g
┌ 水　eau　50g
│ グラニュー糖B　sucre semoule　200g
└ 水アメ　glucose　20g
ヴァニラビーンズ　gousse de vanilla　0.8本
＊キャラメルの材料は作りやすい量。そこから100g使用する。

リンゴとユズのジュレ
Gelée de pomme et de yuzu
（1個30g使用）
リンゴ（フジ）　pomme　約3個*
ユズのピュレ　purée de yuzu　63g
レモン果汁　jus de citron　6.2g
リンゴ果汁（市販）　jus de pomme　125g
グラニュー糖A　sucre semoule　73g
NHペクチン*　pectine　4g
グラニュー糖B*　sucre semoule　22g
板ゼラチン　gélatine en feuilles　15.7g
カルヴァドス　Carvados　7.5g
＊ジューサーで粉砕した時に405gがとれる量が必要。足りなければリンゴを増やす。
＊NHペクチンとグラニュー糖Bを混ぜ合わせておく。

ナパージュ・スブリモ（p258）
nappage "sublimo"　適量

作り方

ユズのコンフィチュール
① 銅ボウルにユズのピュレとグラニュー糖Aを入れて強火にかけ、泡立て器で混ぜながら沸騰させる。
② NHペクチンとグラニュー糖Bを混ぜ合わせて①に加えてよく混ぜ(1)、糖度65% brixになるまで煮詰める。
③ 火を止めて板ゼラチンを加え、ゴムべらで混ぜ溶かす(2)。
④ バットに流し(3)、ラップを密着させてかける。室温で冷まし、冷蔵庫で保存する。

パート・シュクレ
① 生地を軽くもみ込み、しなやかな状態にして四角く整える。90度ずつ向きを変えながらパイシーターにかけ、厚さ2.75mmにのばす。
② セルクルよりふた周り大きい円型（直径8.5cm）で抜く。冷蔵庫で30分間ほど休ませて扱いやすい固さにする。
③ 直径6.5×高さ1.7cmのセルクルに②を敷き込む（フォンサージュ→p265）。冷蔵庫で30分休ませる(4)。

組み立て1
① パート・シュクレを敷き込んだセルクルを、シルパンを敷いた天板に並べる。口金をつけずに絞り袋にユズのコンフィチュールを入れ、先を細く切ってごく薄い渦巻き状に約10g絞り入れる(5)。パレットナイフで平らにならす。
② 口径17mmの丸口金をつけた絞り袋にクレーム・フランジパーヌを入れ、①に8分目まで絞り入れる(6)。

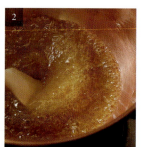
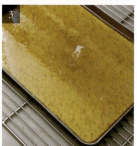

③ 170℃のコンベクションオーブンで約30分間焼く(7)。
＊途中で型をはずしたり上段に移すなどして焼け具合を調整する。
④ セルクルをはずし、粗熱がとれたら逆さにして室温で冷ます。

ユズ風味のリンゴのロティ

① キャラメルを作る。銅鍋に水、グラニュー糖B、水アメを入れて混ぜ、火にかける。色づいてきたら鍋をゆすって全体をなじませ、煙が出てきたら火を止めて余熱で深く色づける(8)。
② シルパットに流し、できるだけ薄く広げる。室温に置いて固め、適宜に割る(9)。乾燥剤とともに密閉容器で保存する。
③ リンゴの皮をむいて芯を丸くくり抜き、縦8等分にして深めのバットに並べる。グラニュー糖A、ユズのピュレを順に全体にふり、縦に裂いたヴァニラビーンズをのせ、②を散らす(10)。
＊コンポートにヴァニラの繊維をつけたくないので、ヴァニラビーンズは縦に裂いただけで使う。
④ ふたをして180℃のデッキオーブンで1時間ほど焼く。取り出し、1切れずつパレットナイフで裏返す。ふたをはずしてさらに約1時間焼く。室温で冷まし、冷蔵庫で一晩休ませる(11)。

リンゴとユズのジュレ

① リンゴの皮をむき、芯をくり抜いて16等分にする。少量ずつジューサーにかけて粉砕し、シノワで漉す。シノワに残ったリンゴもしっかり漉す(12)。
② ①の液体を405g計量してボウルに入れ、ユズのピュレ、レモン果汁、リンゴ果汁を加えてゴムべらで混ぜる(13)。電子レンジで約50℃に温める。
③ 銅鍋にグラニュー糖Aの半量を入れ、中火にかける。周りから溶けてきたら残りを加え、ある程度溶けたら泡立て器で混ぜる。色づいたら火を止め、余熱で深い赤茶色に色づける。
＊火を止めると全体から細かい泡が沸き上がり、その後沈まる。
④ ②を少しずつ加える(14)。火にかけて混ぜながら沸騰させる。合わせたNHペクチンとグラニュー糖を加え、さらに1分間ほど加熱して混ぜ溶かす。
⑤ 火を止めて板ゼラチンを加え、混ぜ溶かす。ボウルに移して氷水にあて、時々ゴムべらで混ぜながら約35℃まで冷ます。カルヴァドスを加え混ぜる(15)。

組み立て2・仕上げ

① リンゴとユズのジュレをデポジッターに入れ、直径6㎝、高さ2.5㎝の円型のフレキシパンに少量ずつ流し入れる。
② ユズ風味のリンゴのロティを3切れずつ、パレットナイフできれいに並べ入れ、軽く押さえて平らにする。
③ 残りのジュレを静かに、型の縁から5㎜下まで流し入れる(16)。ショックフリーザーで冷凍する。
④ 〈組み立て①〉のタルトのクレーム・フランジパーヌのふちを軽く指で押し、表面平らにする。
⑤ 天板に網をのせ、③を型からはずして置く。ナパージュ・スプリモをまんべんなく回しかける(17)。裾にたれたナパージュを取り除く。パレットナイフで④にのせる(18)。

Éclair printanier
エクレール・プランタニエ

　2016年春に誕生したこのお菓子は、好きな素材を自由に組み合わせて創作した初めてのエクレアです。春を意識して、若草色が美しいピスタチオと甘酸っぱいグリオットチェリーを主役とし、シューにはピスタチオと相性のよいビターチョコレートのクリームを詰めました。春らしくやさしい印象に仕上げるため、キルシュの効いたグリオッティーヌは上にのせ、スパイスやフランボワーズが香るシロップに漬けたグリオットだけを中に入れています。クランブルをのせてカラッと焼いたシューも、おいしさのポイント。ザクザクした歯触りが心地よく、しっかり泡立てた軽やかなクレーム・シャンティイとよく合います。仕上げは春の野辺のイメージで、可憐なエディブルフラワーをチェリーとともに。味の邪魔をすることもないので金箔に近い感覚であしらえ、ひとつの表現方法としてよいと思います。

エクレール・プランタニエ　　　Éclair printanier

材料　（15×4cm・20個分）

パータ・シュー (p173)
Pâte à chou　約750g
ドリュール　dorure　適量

パータ・シュトロイゼル　Pâte à sutreusel
(作りやすい量)
ヴェルジョワーズ　vergeoise　125g
色粉(緑)　colorant vert　0.1g
色粉(黄)　colorant jaune　0.2g
バター　beurre　100g
薄力粉　farine ordinaire　125g

クレーム・ショコラ・ノワール (p179)
Crème au chocolat noir　約900g
(1個45g使用)

グリオットのコンフィチュール (p82)
Confiture de griotte　約160g
(1個8g使用)

スパイス風味のグリオットのマセレ (p264)
Griottes macerées aux épices　140粒

ピスタチオ風味のクレーム・シャンティイ
Crème Chantilly à la pistache　(1個50g使用)
ピスタチオペーストA　pâte de pistache　24g
ピスタチオペーストB　pâte de pistache　24g
生クリーム(乳脂肪40％)
crème fraîche 40% MG　853g
グラニュー糖　sucre semoule　100g
＊ピスタチオペーストAはフガー社「パート・ド・ピスターシュ」を、Bはセバロメ社「アローム・ド・ピスターシュ」を使用。

グリオッティーヌ　griottines　適量
アプリコットのコンフィチュール
confiture d'abricot　適量
エディブルフラワー　fleur comestible　適量
ナパージュ・ヌートル　nappage neutre　適量

作り方

パータ・シュー
① p136〈パータ・シュー〉①〜③の要領で生地を絞り、冷凍する。

パータ・シュトロイゼル
① ヴェルジョワーズに色粉を加え、手のひらでまんべんなくすり混ぜる。p175〈パータ・シュトロイゼル〉①〜⑤を参照して生地を作り、厚さ1.75mmにのばして天板にのせる。
② 13×2cmに切る。角を丸く切り、冷蔵庫で休ませる。
＊もろく崩れやすい生地なので、できるだけていねいに扱う。

組み立て1
① 冷凍したパータ・シューに、パータ・シュトロイゼルをのせる。
② ダンパーを閉めた上火210℃、下火200℃のデッキオーブンで約4分間焼く。ダンパーを開け、上火160℃、下火130℃に落として約60分間焼く。シルパットごと網にのせて室温で冷ます。

ピスタチオ風味のクレーム・シャンティイ
① 2種類のピスタチオペーストをミキサーボウルに入れ、生クリームを少量加えてゴムべらで溶きのばす。残りの生クリームを3回に分けて加え、そのつどよく混ぜる。
② グラニュー糖を加え、高速のミキサーでしっかり泡立てる。

組み立て2・仕上げ
① パータ・シューを高さ1.8cmのバールに合わせて波刃包丁で切る。
② クレーム・ショコラ・ノワールをパレットナイフなどでなめらかにほぐす。底のほうのシューに45gずつ詰め、中央をくぼませる。
③ キッチンペーパーにスパイス風味のグリオットのマセレを並べ、汁気を取り除く。②のくぼみに7粒ずつ並べる。
④ 口金をつけず、絞り袋にグリオットのコンフィチュールを入れ、③に8gずつ直線に絞る。
⑤ ピスタチオのクレーム・シャンティイを10切・8番の星口金をつけた絞り袋に入れ、④の上にらせん状に7反復絞る(1個50gほど)。
⑥ 上にかぶせるシューの上面を2か所ペティナイフでけずる。⑤にかぶせる。
⑦ キッチンペーパーにグリオッティーヌを並べ、汁気を取り除く。ナパージュ・ヌートルに浸して余分を落とし、底にアプリコットのコンフィチュールを少し絞る。⑥の削ったところにのせる。
⑧ エディブルフラワーの裏にもアプリコットのコンフィチュールをつけ、シューに飾る。

上から
・エディブルフラワー
・グリオッティーヌ
・パータ・シュトロイゼル
・パータ・シュー
・ピスタチオのクレーム・シャンティイ
・グリオットのコンフィチュール
・スパイス風味のグリオットのマセレ
・クレーム・ショコラ・ノワール
・パータ・シュー

Tantation fraise
タンタシオン・フレーズ

6　A la recherche de la pâtisserie intemporelle

「タンタシオン」は、重たくないタルト・オ・ショコラを作ろうという発想から、現代的に薄く仕上げたタルトのシリーズです。そのコンセプトとみずみずしさを表現したいという思いが結びつき、2016年の春に「タンタシオン・フレーズ」を作りました。湯煎でイチゴに火を入れ、引き出された果汁を使ってゼリー寄せにし、ガナッシュとイチゴのムースの上に重ねています。それぞれの層が薄いぶん、味も食感も繊細で軽やかなのが、従来のタルトにはない新たな魅力。鮮やかな赤とクリアな輝きで、見た目にも美しいひと品となりました。ガナッシュを薄くするという発想の源には、ボンボン・ショコラをごく薄く仕上げたパヴェ・オ・ショコラの存在もありました。舌の上ですっと消えていく、あの繊細な口溶けがすごく好きなのです。

上から
・エディブルフラワー
・イチゴのクレーム・シャンティイ
・イチゴのコンポート
・イチゴ風味のムース・ショコラ
・イチゴのガナッシュ
・パート・シュクレ

タンタシオン・フレーズ　　　　　　　　　　　　　　Tantation fraise

材料（直径8.5cm・30個分）

パート・シュクレ (p82)
(1個20g 使用)
Pâte sucrée　約600g

イチゴのコンポート　　Compote de fraise
(1個35g 使用)
イチゴ(冷凍)*　fraises　980g
グラニュー糖A　sucre semoule　140g
NHペクチン*　pectine　10g
グラニュー糖B*　sucre semoule　140g
板ゼラチン　gélatine en feuilles　14g
＊味が濃厚なボワロン社のポーランド産イチゴを使用。
＊NHペクチンとグラニュー糖Bを混ぜ合わせておく。

イチゴ風味のムース・ショコラ
Mousse chocolat à la fraise
(1個20g 使用)
クーベルチュールA（ビター、カカオ67%）
couverture noir　90g
クーベルチュールB（ミルク、カカオ40%）
couverture au lait　54g
イチゴのピュレ　purée de fraise　105g
生クリームA（乳脂肪35%）
crème fraîche 35% MG　60g
バター　beurre　14g
卵黄　jaunes d'œufs　28g
グラニュー糖　sucre semoule　28g
生クリームB（乳脂肪35%）
crème fraîche 35% MG　315g
＊クーベルチュールAは「マンジャリ」、Bは「ジヴァラ・ラクテ」（いずれもヴァローナ社）を使用。

イチゴのガナッシュ　　Ganache fraise
(1個15g 使用)
クーベルチュール*（ビター、カカオ67%）
couverture noir　218g
生クリーム（乳脂肪35%）
crème fraîche 35% MG　130g
トレモリン　trimoline　35g
バター　beurre　57g
イチゴのオー・ド・ヴィ　eau-de-vie de fraise　17g
＊クーベルチュールはヴァローナ社「マンジャリ」を使用。

イチゴのクレーム・シャンティイ
Crème Chantilly à la fraise
生クリーム（乳脂肪40%）
crème fraîche 40% MG　150g
イチゴのピュレ　purée de fraise　30g
粉糖　sucre glace　7.5g

ナパージュ・ヌートル　nappage neutre　適量
エディブルフラワー　fleur comestibl　適量

|作り方|

パート・シュクレ
① 生地を軽くもみ込み、しなやかな状態にして四角く整える。90度ずつ向きを変えながらパイシーターにかけ、厚さ2.25mmにのばす。
② 天板にのせ、冷蔵庫で約30分間休ませて扱いやすい固さにする。
③ 直径8.5cmの円型で抜き、シルパンを敷いた天板に並べる。160℃のコンベクションオーブンで12～15分間焼く。室温で冷ます。

イチゴのコンポート
① イチゴを冷凍のままボウルに入れ、グラニュー糖をまぶしてラップをかけ、しばらく置く。
② ボウルごと軽く沸騰している湯に1時間半浸ける（1）。果汁が出て、イチゴがやわらかくなればよい。ラップを密着させてかけ、室温で冷ましてから冷蔵庫で一晩休ませる。
③ シノワで漉して汁と果肉に分け、そのまましばらく放置して自然に汁気をきる（2）。果肉はペティナイフで縦半分に切る。
④ イチゴの果汁を銅ボウルに入れ、中火にかける。沸騰したら混ぜておいたペクチンとグラニュー糖を少しずつ加えながら、泡立て器で混ぜてしっかり煮溶かす。
⑤ 再度沸騰したらイチゴの果肉を加え、へらで混ぜる。沸騰したら2分半ほど煮詰めて火を止める。板ゼラチンを加えて混ぜ溶かす（3）。ボウルに移す。
⑥ 直径7.5cm、高さ1.8cmのセルクルの底にラップ紙をぴんと張って輪ゴムで止める。天板に並べ、⑤を35gずつスプーンで入れる（4）。ショックフリーザーで冷凍する。
＊イチゴの果肉は6～7切れずつ入れるようにする。

イチゴ風味のムース・ショコラ
① 2種のクーベルチュールを湯煎にかけ、½ほど溶かす。
② 銅鍋にイチゴのピュレ、生クリームA、バターを入れて火にかけ、混ぜながら沸騰させる。
③ 卵黄とグラニュー糖を泡立て器で溶けるまですり混ぜる。
④ ②の⅓量を③に加え、泡立て器でよく混ぜる。これを銅鍋にもどして中火にかけ、へらで混ぜながら82℃まで炊く（クレーム・アングレーズ）。
＊少し手前で火を止め、混ぜながら余熱で炊き上げる。
⑤ ①に漉し入れ、泡立て器で中心からすり混ぜ、徐々に広げて全体を均一になるまで混ぜる。
⑥ 深い容器に移し、スティックミキサーでツヤのあるなめらかな状態になるまで乳化させる。ボウルに移す。
⑦ 生クリームを6分立てにし、¼量を⑥に加えて泡立て器でよく混ぜる。これを残りの生クリームにもどし、ざっと混ぜたらゴムべらに持ち替えて均一になるまで混ぜ合わせる。
⑧ 口径9mmの丸口金をつけた絞り袋に入れ、冷凍したイチゴのコンポート上に20gずつ、うず巻き状に絞り入れる。セルクルを台に軽く打ちつけて平らにし、ショックフリーザーで冷凍する（A）。

イチゴのガナッシュ
① クーベルチュールを湯煎にかけ、½ほど溶かす。
② 生クリームとトレモリンを沸騰させる。①に注ぎ入れ、泡立て器で中心からすり混ぜ、徐々に広げて全体を混ぜる。
③ 深い容器に移し、スティックミキサーでツヤのあるなめらかな状態になるまで乳化させる。
④ ポマード状にやわらかくしたバターを加え、ゴムべらでざっと混ぜる。スティックミキサーでツヤのあるなめらかな状態になるまで乳化させる。イチゴのオー・ド・ヴィを加え、なめらかになるまでスティックミキサーで乳化させる。
⑤ 冷凍したAに15gずつのせ、パレットナイフで手早く平らにする。ショックフリーザーで冷凍する。
＊冷凍したところにぬるためガナッシュは固まりやすく、何度もいじると分離するので手早くぬり広げる。

組み立て
① バットにラップを貼り、パート・シュクレを並べてカカオバター（分量外）をスプレーで噴きつける。
② 〈イチゴのガナッシュ〉⑥のラップをはがし、イチゴのコンポートの表面にナパージュ・ヌートルを薄くぬる。セルクルを手で温めてはずし、①にのせる。

イチゴのクレーム・シャンティイ
① すべての材料をボウルに入れ、泡立て器でしっかり泡立てる。

仕上げ
① ティースプーンを軽く温め、イチゴのクレーム・シャンティイをクネル形に取って菓子の上面にのせる。エディブルフラワーを飾る。

Miroir pêche verveine
ミロワール・ペッシュ・ヴェルヴェーヌ

白桃とヴェルヴェーヌは、やさしい甘さの果実感とほどよい清涼感が感じられて、私の好きな組み合わせのひとつです。コンフィチュールのほか、夏のひと品としてヴェリーヌに仕立てたこともあります。それを進化させた形として、みずみずしいものをグラスの外に出してプティガトーにしたのが、2016年の夏に生まれた「ミロワール・ペッシュ・ヴェルヴェーヌ」です。ドーム形のお菓子の中にジュレを入れたものはよく見られますが、外に出して表面を覆うことで、口に入れた時のフレッシュさとジューシーさがぐっと強まります。ジュレには白桃のピュレをたっぷり加え、ゼラチンとペクチンを併用して果実感たっぷりのとろけるような口当たりに仕上げ、中の軽やかなムースとのバランスを取りました。まろやかで上品な白桃のジュレの中からヴェルヴェーヌのすがすがしい香りが解き放たれて、やわらかく混じり合う感じがとても気に入っています。まるで白桃のコンポートそのもののような見た目といい、ジュワッと広がるみずみずしい果実感といい、自分としてはどこかお菓子屋さん離れした、アシエット・デセール的なお菓子を作れたような気がしています。

上から
・ヴェルヴェーヌの葉
・白桃のジュレ
・白桃のムース
・ヴェルヴェーヌのババロワ
・ビスキュイ・ジョコンド

ミロワール・ペッシュ・ヴェルヴェーヌ　　Miroir pêche verveine

材料　（直径7cm、高さ4cmのドーム型・24個分）

ビスキュイ・ジョコンド　Biscuit Joconde
(57×37cm、高さ1cmのシャブロン型・1枚分)
全卵　œufs entiers　330g
トレモリン　trimoline　19g
アーモンドパウダー　amandes en poudre　247g
粉糖　sucre glace　199g
薄力粉　farine ordinaire　68g
卵白*　blancs d'œufs　216g
グラニュー糖　sucre semoule　33g
溶かしバター　beurre fondu　49g
＊卵白は冷やしておく。

白桃のムース　Mousse à la pêche
(1個12g使用)
生クリーム (乳脂肪35%)
crème fraîche 35% MG　65g
白桃のピュレ*　purée de pêche blanche　145g

グラニュー糖A　sucre semoule　5g
レモン果汁　jus de citron　10g
水　eau　10g
グラニュー糖B　sucre semoule　40g
卵白*　blancs d'œufs　20g
板ゼラチン　gélatine en feuilles　5g
＊卵白はよく冷やしておく。
＊白桃のピュレを室温にもどしておく。

ヴェルヴェーヌのバヴァロワ
Bavarois à la verveine　(1個22g使用)
生クリームA (乳脂肪35%)
crème fraîche 35% MG　225g
ヴェルヴェーヌの葉 (乾燥)　verveine　6g
グラニュー糖　sucre semoule　40g
板ゼラチン　gélatine en feuilles　6g
生クリームB (乳脂肪35%)
crème fraîche 35% MG　225g

白桃のジュレ　Gelée de pêche
(1個70g使用)
白桃のピュレ
purée de pêche blanche　1275g
水　eau　175g
レモン果汁　jus de citron　35g
グラニュー糖A　sucre semoule　120g
NHペクチン*　NH pectine　10g
グラニュー糖B*　sucre semoule　30g
板ゼラチン　gélatine en feuilles　33g
＊NHペクチンとグラニュー糖Bを混ぜ合わせておく。

ナパージュ・スブリモ (p258)
napage "sublimo"　適量
ヴェルヴェーヌの葉 (乾燥)　verveine　適量

作り方

ビスキュイ・ジョコンド
① p88〈ビスキュイ・ジョコンド〉①〜④を参照して生地を作る。
② シルパットに57×37cm、高さ1cmのシャブロン型をのせ、①を流して平らにならす。型をはずし、シルパットごと天板にのせる。
③ 190℃のコンベクションオーブンで約8分間焼く。シルパットごと網にのせ、室温で冷ます。
④ シルパットをはがして直径6.5cmのセルクルで抜く(1)。

白桃のムース
① グラニュー糖と水を火にかけ、118℃まで煮詰める。
② ①が90℃に達した時点で卵白をミキサーボウルに入れ、高速のミキサーで泡立てる。
③ ①を②に注ぎ入れながら、しっかりボリュームが出るまで泡立てる。中速に落としてキメを整え、約40℃まで冷めたらバットに移して冷凍庫に入れ、室温程度になるまで冷やす(2)。
＊メレンゲを軽くふんわりした状態で使用するため、メレンゲが冷めるまでミキサーで撹拌し続けずに、途中で冷凍庫に入れて冷やす。
④ 白桃のピュレ、グラニュー糖A、レモン果汁を合わせる。溶かした板ゼラチンに少量加え、泡立て器で均一になるまで混ぜる(3)。残りの白桃のピュレを入れたボウルに加え、ゴムべらで混ぜる。
⑤ 生クリームを7分立てにし、③のメレンゲを加えて泡立て器でざっと混ぜ合わせる(4)。④の半量を加えて混ぜ、残りの半量を加えてゴムべらで混ぜる(5)。

⑥　口径12mmの丸口金をつけた絞り袋に⑤を入れ、直径6cmのドーム型のフレキシパンに12gずつ絞り入れる(6)。天板ごと軽く台に打ちつけて生地を平らにし、ショックフリーザーで冷凍する。

ヴェルヴェーヌのババロワ
①　生クリームAを沸騰させ、火を止めてヴェルヴェーヌの葉を入れる(7)。混ぜてふたをし、10分間アンフュゼする。漉して225gを計量する(8)。
②　板ゼラチン、グラニュー糖を順に加え、そのつどゴムべらで混ぜ溶かす。
＊渋みが出ないよう、漉す際には葉を軽く押す程度にとどめる。
③　足りないぶんの生クリーム(分量外)を足す。氷水にあて、混ぜながら約26℃に冷ます。
④　生クリームBを7分立てにし、⅓量を③に加えて泡立て器で混ぜ合わせる。残りの生クリームを加えてざっと混ぜたら(9)、ゴムべらに持ち替えて均一になるまで混ぜる。
⑤　混ぜ残しがないよう、生クリームが入っていたボウルに移してムラなく混ぜる。
⑥　口径12mmの丸口金をつけた絞り袋に入れ、白桃のムースを流したフレキシパンに22gずつ絞り入れる(10)。ショックフリーザーで冷凍する(A)。

白桃のジュレ
①　白桃のピュレに水、レモン果汁を混ぜ、約60℃に温める。
②　銅ボウルにグラニュー糖の¼量を入れて弱火にかける。泡立て器で混ぜ、周りから溶けてきたら残りのグラニュー糖を3回に分けて加え、そのつど混ぜ溶かす。火を少し強め、混ぜながら色づける。火を止め、余熱で赤茶色に色づける(焦がさないこと)。
＊火を止めると全体に細かい泡が沸き上がったのち、沈まる。
③　①を少しずつ加える(11)。再度火にかけ、泡立て器で混ぜながら沸騰させる。混ぜておいたグラニュー糖BとNHペクチンを加え、へらに持ち替えて30秒ほど混ぜて溶かす。
④　火を止めて板ゼラチンを加え、混ぜ溶かす(12)。ボウルに移し、氷水をあてて約30℃まで冷ます(13)。

組み立て・仕上げ
①　白桃のジュレをデポジッターに入れ、直径7cmのドーム型のフレキシパンに16gずつ流し入れる。ショックフリーザーで冷凍する。
②　①に残りのジュレを少量流し入れ、型からはずしたAを裏返して入れる。指で押して接着させる(14)。
③　白桃のジュレを②のすき間に少しあふれるくらい流し入れる。ビスキュイ・ジョコンドをかぶせ、接着させる(15)。ショックフリーザーで冷凍する。
④　天板に網をのせ、③を型からはずしてのせる。約30℃に調整したナパージュ・スプリモを頂点から回しかける(16)。裾についた余分なナパージュをパレットナイフでぬぐう。
⑤　台紙にのせ、ヴェルヴェーヌの葉を飾る(17)。

フルーツのフレッシュさを深めたい時、私はよく軽めに焦がしたキャラメルを加えます。果実味を邪魔することなくコクや力強さが生まれ、インパクトのある味わいに仕上がります🖊

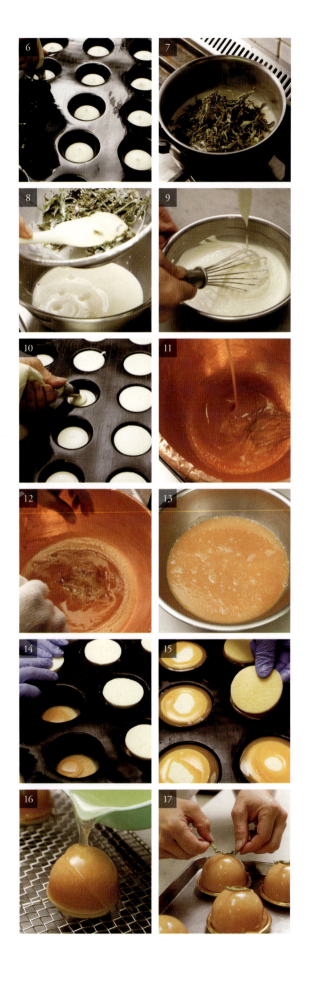

Les desserts à l'assiette

デザート

7

レストランの悦び
Le plaisir sucré au restaurant

　私がレストランに憧れを抱くようになったのは、辻静雄さんの『パリの料亭(レストラン)』という本を読んでから。この本で初めて3ツ星レストランの存在を知り、ファサードのある店構えや日本にはない店の風景や格式に、まるでフランス映画に恋い焦がれるかのように憧れたのを鮮明に思い出します。

　ある日、日比谷を歩いていた私は一軒のレストランの前で足を止めました。お店の名は「ラ・プロムナード」。瀟洒なファサードといい、落ち着いた佇まいといい、頭の中で描いていた高級フランス料理店そのものがそこにある。「ここで食事をしてみたい！」。そう思った私は迷わず扉を開け、予約はしておらず、1人であることをメートル・ドテルに告げました。幸い、店内にお客はおらず、席は確保できそうな様子。にもかかわらず、彼は「あいにく満席です」と言うではありませんか。「ここで食事をするには予約をし、きちんとした服装で出かけなければいけない。普段着でふらりと立ち寄ってはいけない。一流レストランとは、そういうものだ」。その時、私は悟りました。後日、改めて電話で予約をし、服装を整えて訪れた私はごく自然にお客として迎え入れられ、シェフの説明に耳を傾けながら食事をし、至福の時を過ごすことができました。「ルノートル」に勤めて2年目、まだ10代だった私の、初めての高級レストラン体験でした。

　その後も都内のフランス料理店に足を運び、そのたびに肉や魚はもちろん、付け合わせのほうれん草ひとつにも貫かれた質の高い仕事に驚き、洗練された店内やサービスに感嘆し、レストランの世界に魅きこまれていきました。今ではフランス料理に限らず、いろいろなジャンルの、自分より若い世代の料理人のお店にもよく行きます。彼らは伝統や既存の枠組みといった重荷を必要以上に背負うことなく、自由に屈託なく挑戦しているのが魅力的。表現にもおもしろみがあり、興味をそそられます。時には、自分にはないものを見せつけられ、動揺することも。それを真似するかといえば、やはり自分なりのお菓子のスタイルを貫く方を選んでしまいますが、日々の仕事で凝り固まった頭をほぐす意味でも、大きな刺激となっていることは間違いありません。

　私がレストランに魅かれるもう一つの理由は、今の時代において、お菓子はファッションやデザインなどの表面的な変化がとかくもてはやされがちなのに対して、料理はもっと本質的かつ哲学的に進化していると感じられることにあります。パリの料理人たちを見ても、ベースはフランス料理に求めながらも、そこから好奇心を広げ、デンマークの「NOMA」に代表される北欧の流れを汲みこんだり、素材そのものを深く掘り下げたり、流れゆく時代の中で揺るぎのないものを表現しようとしている気がします。パリでお店を開いている日本人シェフのお店にもよく行きますが、みんな冷静で浮つかず、地に足がついている。だから何度も通って、彼らの世界観を感じたいと思うのです。

　週末だけ店内で提供しているアシェット・デセールは、私にとって、料理的な発想をそのまま生かし、お菓子のさまざまな制約を離れて自由に遊べる楽しい仕事です。ジレンマからの解放、と言えばよいでしょうか。「お菓子なら、この配合から踏み外しちゃいけない」「フランス菓子だったらこうあるべき」という考えを一度忘れ、純粋に目の前の素材と向き合うのが楽しいのです。その作業は、ガトーとは違って非常に感覚的。削ぎ落とし、研ぎ澄ました味とスタイルのなかに、私の目指す普遍が見えてくる気がするのです。

右上：サン＝ジェルマン・デ・プレのカフェ「レ・ドゥ・マゴ」／右下：レストラン「シェ・ジョルジュ」／左上：レストラン「シャルティエ」の夜／左下：階段横のエレガントな曲線

Chou-fleur / Noix de coco / Orange   カリフラワー／ココナッツ／オレンジ

アシェット・デセール（皿盛りデザート）は、料理のような感覚で「前菜」「メイン」などとイメージして作ることもよくあります。これは、その前菜にあたるひと皿。やさしい味わいのカリフラワーを主役に、風味に丸みのあるココナッツを合わせ、清涼感のあるオレンジの香りで全体を引き締めています。アイスクリームにエスプーマや液体窒素を用いることで、同じ冷たい中にも温度差や食感の変化が生まれ、楽しみながら味わっていただけると思います。

材料 （8皿分）

ココナッツとカリフラワーのソルベ
Sorbet à la noix de coco et au chou-fleur

- カリフラワー（正味） chou-fleur 150g
- バター beurre 20g
- 水 eau 適量
- ココナッツのピュレ purée de noix de coco 400g

カリフラワーのムース　Mousse au chou-fleur
（作りやすい量）

- カリフラワー（正味） chou-fleur 300g
- バター beurre 30g
- 水 eau 適量
- グラニュー糖 sucre semoule 30g
- ハチミツ miel 20g
- オレンジの皮（細かくすりおろす） zeste d'orange râpés ½個分
- コアントロー Cointreau 10g
- 生クリーム（乳脂肪35%） crème fraîche 35% MG 200g

オレンジとキャラメルのディスク
Disques d'orange et de caramel

（直径4cm、厚さ1mm。作りやすい量）

- オレンジ果汁 jus d'orange 20g
- レモン果汁 jus de citron 14g
- グラニュー糖 sucre semoule 66g
- 薄力粉 farine ordinaire 20g
- 溶かしバター beurre fondu 42g

カリフラワーのチップ　Chips de chou-fleur
（作りやすい量）

- カリフラワー chou-fleu 適量

ソルベ・ブラン　Sorbet blanc

- クーベルチュール（ホワイト）* couverture blanc 92g
- 牛乳 lait 300g
- 生クリーム（乳脂肪47%） crème fraîche 47% MG 83g
- トレモリン trimoline 38g
- グラニュー糖* sucre semoule 38g
- 増粘剤* improver de la viscosité 2.5g
- オレンジのリキュール* liqueur d'orange 12g

*グラニュー糖と増粘剤を混ぜ合わせておく。増粘剤はユニペクチン「ヴィドフィックス」を使用。
*クーベルチュールはヴァローナ社「イヴォワール」を使用。
*オレンジのリキュールはコンビエ社「ソミュールトリプルセック」を使用。

作り方

ココナッツとカリフラワーのソルベ
① 小房に分けたカリフラワーをバターでスュエする（色づけずに炒める）。表面がしんなりしたら水をひたひたに加え、水が⅓程度になるまで約5分間煮る。
② 煮汁ごとジューサーミキサーにかけてピュレにする。ココナッツのピュレを加えて攪拌し、パコジェットの容器に移してショックフリーザーで冷凍する。
③ 使用前にパコジェットで攪拌する。冷凍庫に少し入れてはスプーンで全体を混ぜるのを数回繰り返し、扱いやすい固さに調整する。

カリフラワーのムース
① 小房に分けたカリフラワーをバターでスュエする。表面がしんなりしたら水をひたひたに加え、水が⅓程度になるまで約5分間煮る。
② 煮汁ごとジューサーミキサーにかけてピュレにする。グラニュー糖、ハチミツ、オレンジの皮のすりおろし、コアントローを加え、均一になるまで攪拌する。生クリームを加えてなめらかに乳化するまで混ぜ、ボウルに移して氷水にあてて冷ます。
③ サイフォンに入れ、亜酸化窒素ガスを充填する。冷蔵庫で一晩冷やす。
＊一晩ねかせることで、しっかりしたエスプーマ（泡）になる。

オレンジとキャラメルのディスク
① オレンジとレモンの果汁、グラニュー糖をよく混ぜる。薄力粉を加えて粉が見えなくなるまで混ぜ、約60℃の溶かしバターを加えてムラなく混ぜる。ラップをかけて冷蔵庫で一晩休ませる。
② シルパットを敷いた天板に直径4cm、厚さ1mmの丸いシャブロン型をのせ、①をパレットナイフですり込む。
③ 180℃のコンベクションオーブンで8分間焼く。室温で冷まし、乾燥剤とともに密閉容器で保存する。

カリフラワーのチップ
① カリフラワーを小房に分けて、厚さ1mmにスライスする。50℃に設定した野菜乾燥機に並べ、24時間乾燥させる。

ソルベ・ブラン
① クーベルチュールを湯煎にかけ、½ほど溶かす。
② 鍋に牛乳、生クリーム、トレモリン、混ぜ合わせたグラニュー糖と増粘剤を入れて火にかけ、へらで混ぜながら煮溶かし、沸騰させる。
③ ②を46g計量して①に加え、泡立て器で中心からすり混ぜる。もう一度②を46g入れ、同様に混ぜる。残りを3～4回に分けて加え、そのつど混ぜる。
④ オレンジのリキュールを加え混ぜ、ボウルに氷水をあててしっかり冷ます。
⑤ 別のボウルに液体窒素を入れ、④を注ぎながら泡立て器でそぼろ状になるまで混ぜる。網にあけて余分な液体窒素を除き、フードプロセッサーで粉末状に攪拌する。ショックフリーザーで冷凍する。

仕上げ
① ココナッツとカリフラワーのソルベを球状にとって皿にのせ、オレンジとキャラメルのディスクを1枚のせる。その上に、カリフラワーのムースのエスプーマを絞る。
② ソルベ・ブランを入れた容器に液体窒素を注ぎ、泡立て器で手早く混ぜてサラサラにする。①にかけ、カリフラワーのチップを散らす。

Raisins mi-secs faits maison 自家製干しぶどう

ブドウは、生でもドライでも大好きなフルーツです。「自分で作れば、その両方のよさを生かしたものができるに違いない」と思い、自家製の干しぶどうを実験的に作ってみました。房ごとオーブンで乾燥させるように焼くだけのシンプルさながら、噛みごたえのある皮に守られて、中身は味が凝縮し、このうえなくフルーティ。フレッシュなチーズのムースとともに盛り付けた佇まいも、静物画のように凛として、会心の出来になりました。

材料 （10皿分）

ブドウのミ・セック　Raisins mi-secs
ブドウ（ピオーネ）　raisins　5房

シェーヴルのムース　Mousse à la chèvre
グラニュー糖　sucre semoule　45g
水　eau　15g
卵白　blancs d'œufs　50g
シェーヴルチーズ*　fromage de chèvre　80g
フロマージュ・ブラン　fromage blanc　120g
クレーム・ドゥーブル　crème double　100g
生クリーム（乳脂肪47％）
crème fraîche 47% MG　140g
＊卵白は冷やしておく。
＊シェーヴルチーズは、サント゠モール・ド・トゥーレーヌなどクセのないフレッシュタイプを使用。

オリーブオイル　huile d'olive　適量
黒コショウ　poivre noir　適量

作り方

ブドウのミ・セック
① ブドウを房ごと水で洗う。天板に格子状の網をのせてブドウをのせ、95℃のコンベクションオーブンに入れて約8時間乾燥させる。そのまま捨て火の中に一晩入れ、セミドライの状態にする。室温で冷ます。

シェーヴルのムース
① グラニュー糖と水を118℃まで煮詰める。
② ①が90℃に達したら、卵白を高速のミキサーで攪拌し始める。しっかり泡立ったら①を少しずつ注ぎ、しっかりボリュームが出るまで泡立てる。中低速に落としてキメを整え、約40℃まで冷めたらバットに移して冷凍庫に入れ、室温程度まで冷やす。
＊メレンゲを軽くふんわりした状態で使用するため、メレンゲが冷めるまでミキサーで攪拌せず、途中で冷凍庫に入れて冷ます。
③ シェーヴルチーズをボウルに入れ、フロマージュ・ブランを少量ずつ加えてゴムべらでなめらかに溶きのばす。
④ 別のボウルでクレーム・ドゥーブルを空気を含ませるように泡立てる。③に加え、ゴムべらで均一になるまで混ぜ合わせる。
⑤ 生クリームをしっかり泡立てて④に加え、ゴムべらでムラなく混ぜ合わせる。②のメレンゲを加え、均一に混ぜる。
⑥ シノワに厚めのクッキングペーパーを敷き、深めのポットなどにのせる。⑤をシノワにあけ、ラップをかけて冷蔵庫に一晩入れ、自然に水気をきる。ボソボソとした状態になる。

仕上げ
① ブドウのミ・セックを半分に切り、皿に盛る。
② シェーヴルのムースをスープスプーンなどですくい、ブドウの手前にのせる。オリーブオイルをたらし、粗挽きと細かく挽いた黒コショウをふる。

Carotte / Orange / Gingembre　人参／オレンジ／生姜

野菜をあえてデセールに使うからには、素材の味を生かしつつ、「塩味の料理で食べたかった」と感じさせない仕上がりにしなくてはなりません。ニンジンをグラッセしてからピュレを作り、風味を引き出す手法は、キュイジニエから教わりました。そこにショウガを加えて野菜くささを和らげ、オレンジでフルーティさを加えています。温度や食感に違いによって、時間差で花開く味と香りが魅力的なひと皿です。

材料　（8皿分）

クラックラン・アマンド　Craquelin amandes
（作りやすい量）
- 水　eau　33g
- グラニュー糖　sucre semoule　100g
- アーモンドダイス　amandes hachées　75g

ムラング・オランジュ　Meringue orange
（作りやすい量）
- 卵白*　blancs d'œufs　100g
- グラニュー糖　sucre semoule　100g
- 粉糖　sucre glace　100g
- オレンジの濃縮ピュレ　orange blonde concentre?　30g

*卵白はよく冷やしておく。

オレンジの皮のパウダー
Poudre de zestes d'orange
（作りやすい量）
- オレンジの皮　zeste d'orange　2個分
- 水　eau　適量
- 基本のシロップ（p250）　base de sirop　200g

ニンジンのムース　Mousse à la carotte
（8皿分）
- ニンジン　carotte　250g
- バター　beurre　25g
- 水　eau　適量
- ショウガ（すりおろす）　gingembre　15g
- ハチミツ　miel　35g
- オレンジ果汁　jus d'orange　40g
- 生クリーム（乳脂肪35％）　crème fraîche 35% MG　165g
- グラニュー糖　sucre semoule　30g
- 板ゼラチン　gélatine en feuilles　4.2g

ショウガのパンナコッタ
Panna cotta au gingembre
（8皿分）
- ハチミツ　miel　18g
- ショウガ（すりおろす）　gingembre　12g
- 牛乳　lait　40g
- 生クリーム（乳脂肪35％）　crème fraîche 35% MG　120g
- 板ゼラチン　gélatine en feuilles　1.8g

ニンジンのミ・コンフィ　Carottes mi-confits
（8皿分）
- ニンジン　carotte　1本
- 黄ニンジン　carotte jaune　1本
- 基本のシロップ（p250）　base de sirop　400g
- 水　eau　200g

オレンジのソルベ　Sorbet à l'orange mandaline
（8皿分）
- オレンジ果汁　jus d'orange　400g
- オレンジの果肉　orange　100g
- 卵黄　jaunes d'œufs　100g
- グラニュー糖　sucre semoule　40g
- 牛乳　lait　90g
- オレンジの皮（細かくすりおろす）　zestes d'orange　½個分

*オレンジの果肉はカルチエに切る。

エディブルフラワー　fleur comestible　適量

作り方

クラックラン・アマンド
① p255「クラックラン・アマンド」①～③の要領で作る。オーブンペーパーを敷いた天板に広げ、ペーパーをかぶせてめん棒で薄くのばす。
＊キャラメルとアーモンドが辛うじてくっついている状態にする。
② 室温で冷ます(1)。乾燥剤とともに密閉容器に入れて保存する。

ムラング・オランジュ
① 卵白を高速のミキサーで泡立てる。5分立て、7分立て、9分立てのタイミングでグラニュー糖を⅓量ずつ加え、目が詰まり、ねっとりした質感のメレンゲを作る。
＊泡立ちの目安は、p77〈ココナッツのムラング・フランセーズ〉①を参照。
② オレンジの濃縮ピュレを加え、ざっと混ぜる(2)。粉糖を加えて軽く混ぜ合わせたら、ミキサーからおろしてゴムべらでムラなく混ぜる。
③ オーブンペーパーを敷いた天板に高さ8mmのバールを2本置き、②のメレンゲをパレットナイフでざっと平らにする(3)。
④ 100℃のデッキオーブンで1時間焼く。そのまま捨て火のオーブンで一晩乾燥させる(4)。適当に割り、乾燥剤とともに密閉容器に入れて保存する。

オレンジの皮のパウダー
① オレンジの皮を薄くむき、白い部分はペティナイフで削ぎ落とす。たっぷりの湯で2回ゆでこぼしてはさっと水で洗う。
② 鍋に基本のシロップと①を入れ、沸騰したら弱火にして4分煮る(5)。室温で冷ます。
③ 皮の水気をきってシルパンではさみ、90℃のコンベクションオーブンで6時間ほど乾燥させる(6)。
④ フードプロセッサーで粉末状にし、目の細かい網で漉す(7)。網に残ったものは再度フードプロセッサーにかけて網で漉す。漉したパウダーは乾燥剤とともに密閉容器に入れて保存する。

ニンジンのムース
① ニンジンの皮をむいて1cm幅の半月切りに、太い部分はその半分に切る。
② 鍋に①とバター、ひたひたの水を入れる。紙ぶたをし、水を足しながらニンジンがやわらかくなるまで煮る(8)。紙ぶたをはずし、汁気が少し残る程度まで水分をとばす。
③ 銅鍋にハチミツとショウガのすりおろしを入れ、ショウガが透き通るまで混ぜながら加熱する(9)。＊加熱してショウガの酵素を弱めないと、ゼラチンで固まらない。
④ オレンジ果汁、グラニュー糖を順に加えて混ぜ溶かす。火を止め、板ゼラチンを加え混ぜ溶かす(10)。
⑤ ジューサーに②のニンジンとその煮汁、④を入れてピュレ状にする。生クリームを2回に分けて加え、そのつど均一になるまで撹拌する(11)。ボウルに移し、氷水をあてて室温まで冷ます。
⑥ サイフォンに⑤を入れて亜酸化窒素ガスを充填し(12)、冷蔵庫で一

晩冷やす。
＊一晩ねかせることで、しっかりしたエスプーマ（泡）になる。

ショウガのパンナコッタ
① 銅鍋にハチミツとショウガのすりおろしを入れ、ショウガが透き通るまで混ぜながら加熱する。
＊加熱でショウガの酵素を弱めないと、ゼラチンで固まらない。
② 合わせた牛乳と生クリームを加えながらへらで混ぜ（13）、沸騰したら火からおろし、板ゼラチンを加えて混ぜ溶かす。
③ ショウガをへらでぎゅっと押しながらボウルに漉し入れ、氷水をあてて固まる直前まで冷やしてから（14）、冷蔵庫で冷やし固める。

ニンジンのミ・コンフィ
① 2種類のニンジンの皮をむき、薄い輪切りにする。口径24mmの丸口金で丸く抜く。
② 沸騰した湯に①を入れ、2分間ほどゆでてザルにあけて水気をきる。沸かした基本のシロップで1分間ほど煮る（15）。
③ ボウルに移し、シロップに浸けたまま室温で1時間半ほどマリネする。

オレンジのソルベ
① オレンジ果汁を中火で半量になるまで煮詰める。
② 卵黄とグラニュー糖を泡立て器ですり混ぜる。牛乳を加えて混ぜる。
③ ①を火からおろし、オレンジの果肉と②を加える（16）。火にかけ、クレーム・アングレーズの要領で混ぜながら82℃になるまで炊く。
④ 火からおろし、すりおろしたオレンジの皮を加えて混ぜる。ボウルに移し、氷水にあてて充分冷やす。パコジェットの容器に入れて（17）、ショックフリーザーで冷凍する。パコジェットで粉砕し、（18）冷蔵庫で冷やしておく。
＊オレンジの皮は火からおろしてから加え、爽やかな香りだけを加える。

仕上げ
① クラックラン・アマンドとムラング・オランジュを、それぞれ手で8mm角程度に砕く。
② ボウルに液体窒素を注ぎ入れ（19）、オレンジのソルベを入れる。泡立て器を立ててそぼろ状に砕く（20）。
③ ①のムラング・オランジュと②を同量ずつ合わせ、冷凍庫に入れておく。
④ 皿に直径6.5cmのセルクルをのせ、ニンジンのムースを1/3の高さまで絞り出す。ショウガのパンナコッタをスプーンでのせ、砕いたクラックラン・アマンドを散らす（21）。上にニンジンのムースを絞り、スプーンの背でなだらかな山状にならす。②をこんもりのせて表面を覆い（22）、セルクルをはずす。
⑤ オレンジの皮のパウダーを茶漉しでふる。ニンジンのミ・コンフィの汁気をとって立体的にあしらい、エディブルフラワーを飾る（23）。

Tomate / Fraise / Poivron rouge　トマト／イチゴ／赤パプリカ

イタリアンレストランで食べた前菜から発想し、野菜やハーブ、フルーツを多彩に組み合わせて、サラダ感覚のアシエット・デセールに仕立てました。パプリカの厚みのある味わいにイチゴとトマトがさわやかなフレッシュ感を与え、グレープフルーツの苦みがすっきりした後味を残します。間にはさんだアメが軽やかに砕けるとともに、バジルの香りがふわっと広がって、やさしい食感の和ハーブと調和するのも魅力的です。

材料　（10皿分）

飴のクロッカン、バジル風味
Croquant de sucre au basilic transparence

（作りやすい量、1皿につき2枚使用）

バジルの葉(生)　feuilles de basilic　10g
フォンダン　fondant　250g
水アメ　glucose　170g

赤パプリカとブラッドオレンジのクーリ
Couli de poivron rouge et d'orange sanguine

（37×28.5cm、高さ3mmのシャブロン型・1枚分）

赤パプリカ　poivron rouge　3個
ブラッドオレンジ果汁*
jus d'orange sanguine　75g
グラニュー糖　sucre semoule　25g
塩　sel　ひとつまみ
＊ブラッドオレンジを搾り、漉したものを使用。

トマトとイチゴのソルベ
Sorbet au tomato et à la fraise

フルーツトマト　tomate　1.25kg
粉糖　sucre glace　125g
トマト　tomates　500g
グラニュー糖　sucre semoule　50g
ピンクグレープフルーツ果汁
jus de pamplemousse rosé　100g
イチゴのピュレ　purée de fraise　300g
基本のシロップ(p250)　base de sirop　適量

トマトとイチゴのサラダ
Salade de tomatos et de fraises

フルーツトマト　tomate　5個
イチゴ*　fraises　15個
赤パプリカとブラッドオレンジのクーリ
coulis de poivron rouge et d'orange sanguine　適量
＊イチゴは小粒のものを使用。

和のハーブミックス*
merange de herbs　適量

オレンジ風味のオリーブオイル
huile d'olive à l'orange　適量
＊赤ジソ、青ジソ、ワサビ菜、水菜、ターサイ、レッドピリカラなど。食べやすくちぎっておく。

作り方

飴のクロッカン、バジル風味

① バジルの葉を1cm角程度にちぎる。

② フォンダンと水アメを銅鍋に入れ、混ぜながら中火にかける。全部溶けたら火を強めて162℃になるまで煮詰める。火を止めて①を加え、バジルから水分が出るまでへらでよく混ぜる(1)。

＊バジルの水分をしっかり出しきることで、ムラやベタつきのないアメになる。プチプチという水分が出る音が消えるまで、しっかり混ぜ続ける。

③ 大理石にシルパットを敷き、②を薄く流す(2)。室温で固まったら適当な大きさに割り、乾燥剤を入れた密閉容器に入れて一晩おく。

＊一晩おくことで表面のベタつきがなくなるまで乾燥させる。

④ フードプロセッサーにかけ、粉末状にする(3)。

⑤ 天板にシルパット、13×4.5cmのシャブロン型をのせ、④を茶漉しでふる(厚さは0.5mmが目安／4)。型をはずし、170℃のコンベクションオーブンで約2分間焼いてアメを溶かす(5)。

⑥ シルパットごと大理石の台にのせ、固まったらすぐに乾燥剤とともに密閉容器に入れて保存する。

赤パプリカとブラッドオレンジのクーリ

① 赤パプリカのへたをくり抜き、水洗いして種を取り除く。アルミ箔で包み、天板に直接あたらないようにセルクルなどにのせ、170℃のコンベクションオーブンで約45分間焼く。そのまま室温で冷ます。

② 赤パプリカの皮をむき(6)、果肉と汁をジューサーに入れる。ブラッドオレンジ果汁、グラニュー糖、塩を加えて攪拌し、ピュレ状にする(7)。

③ OPPシートを貼った天板に37×28.5cm、高さ3mmのシャブロン型をのせ、②を流して平らにする(8)。ショックフリーザーで冷凍する。残りは仕上げ用に取りおく。

④ ③を型からはずし、カッターで端を切り落としてから16×7.5cmに切り分ける(9)。ショックフリーザーに入れておく。

トマトとイチゴのソルベ

① 沸騰した湯にフルーツトマトを約20秒間入れて氷水に浸け、皮を湯むきする。へたを取って縦半分に切り、スプーンで種を取り除く。

② 天板にシルパットを敷いて網をのせ、トマトの切り口を上にして並べて粉糖の¼量をふる(10)。100℃のコンベクションオーブンで約30分間焼く。

③ オーブンから取り出してトマトを裏返す(11)。粉糖の¼量をふりかけてオーブンに入れ、さらに約30分間焼く。

④ ②〜③をもう一度行なう。水分がだいぶ残っていれば、もう一度トマトを返し、粉糖をふらずにさらに乾燥させる。室温で冷ましておく(12)。

＊仕上がり量の目安は250g。

⑤　トマトを①と同様にして皮を湯むきし、縦半分に切ってスプーンで種を取り除く。ジューサーにグラニュー糖とともに入れ、種がつぶれない程度に粉砕する(13)。
⑥　シノワにペーパータオルを2重に敷き、深い容器にのせる。⑤を流し入れ、シノワにラップをかけて冷蔵庫で一晩静かに漉す(14)。漉した汁は透明になる(約200gとれる)。
⑦　ジューサーに④のフルーツトマトと⑥の透明な汁を半量入れてざっと粉砕する(15)。残りの⑥を加えてよく回す。
⑧　あらかた粉砕したらピンクグレープフルーツ果汁を加え、全体がなめらかになったらイチゴのピュレを加えてさらに回す(16)。
⑨　糖度を計り、24% brixに調整する。糖度が足りなければ基本のシロップ(分量外)を加える。パコジェットの容器に入れ、ショックフリーザーで冷凍する。
⑩　使用時にパコジェットにかけてソルベにする。冷凍庫に入れてはスプーンで混ぜるのを数回繰り返し、扱いやすい固さにする(17)。
⑪　OPPシートを貼った天板に18×18cm、高さ2cmのカードルを置き、⑩のソルベをその中にすき間なく詰める。パレットナイフで表面を平らにし、ショックフリーザーで冷やし固める。
⑫　型の側面をバーナーで温め、ソルベをはずす。軽く温めた平刃包丁で12×4cmに切り分け、ショックフリーザーに入れておく。

トマトとイチゴのサラダ
①　〈赤パプリカとブラッドオレンジのクーリ〉①と同様に、フルーツトマトの皮を湯むきし、へたを取って縦8等分に切る。イチゴはへたを取り、縦4等分に切る。
②　取りおいた赤パプリカとブラッドオレンジのクーリ少量を①にからめる(18)。

仕上げ
①　皿に冷凍した赤パプリカとオレンジサンギーヌのクーリをのせ、飴のクロッカン、トマトとイチゴのソルベを重ねる。
②　トマトとイチゴのサラダを高さが同じになるように並べ、赤パプリカとオレンジサンギーヌのクーリを少量かける。
③　飴のクロッカンをのせ(19)、和のハーブミックスを盛ってオレンジ風味のオリーブオイルをたらす(20)。

Yomogi / Citron　よもぎ／レモン

和食店でヨモギを使った料理を味わっていた時、ふと浮かんだのがレモンとの組み合わせです。ヨモギは火を入れると苦みが強くなるので、生のままアパレイユに加えてソルベにしました。レモンによって苦みにさわやかさが加わって、和に寄りすぎず、かといって洋でもない、清涼感のあるやさしいハーモニーが表現できたと思います。温かいヨモギのフリットを添えてコントラストを出し、シンプルに仕上げています。

| 材料 | (10皿分)

ヨモギのソルベ　Sorbet yomogi
ヨモギ(正味)*　yomogi　100g
牛乳　lait　400g
グラニュー糖*　sucre semoule　40g
増粘剤*　improver de la viscosité　3g
生クリーム(乳脂肪35%)　crème fraîche 35% MG　100g
レモンの皮(細かくすりおろす)　zeste de citron râpé　½個分

*ヨモギは水洗いし、キッチンペーパーで水分を取る。茎の黒い部分を取り除く。ほかのパーツで使うヨモギもすべて同様にする。
*グラニュー糖と増粘剤を混ぜ合わせておく。増粘剤はユニペクチン「ヴィドフィックス」を使用。

ヨモギパウダー　Poudre de yomogi
(作りやすい量)
ヨモギ　yomogi　50g
基本のシロップ(p250)　base de sirop　200g

レモンの皮のパウダー　Poudre de zestes de citron
(作りやすい量)
レモンの皮　zestes de citoron　2個分
基本のシロップ(p250)　base de sirop　200g

ヨモギのフリット　Frites yomogi
ヨモギ　yomogi　30枝
薄力粉　farine ordinaire　100g
冷水　eau　180g
太白ゴマ油　huile de sésame　100g

| 作り方 |

ヨモギのソルベ
① 鍋に牛乳、混ぜ合わせたグラニュー糖と増粘剤を入れ、泡立て器で混ぜながら沸騰させる。
② 火からおろし、生クリームを加えて混ぜる。氷水をあててしっかり冷やす。
③ パコジェットの容器にヨモギ、②、細かくすりおろしたレモンの皮を入れ、ショックフリーザーで冷凍する。
④ 使用直前にパコジェットにかけてソルベにする。冷凍庫に入れてはスプーンで混ぜるのを数回繰り返し、扱いやすい固さに調整しておく。

ヨモギパウダー
① ヨモギを基本のシロップにくぐらせる。シルパットを敷いた天板に並べる。
② ヨモギの上からもシルパットをかぶせ、80℃のコンベクションオーブンで4時間乾燥させる。室温で冷ます。
③ フードプロセッサーにかけて粉末状にする。網で漉し、細かいものだけを取り出す。網に残ったヨモギを再度フードプロセッサーで粉砕し、網で漉す。これを3回ほど繰り返す。乾燥剤とともに容器に入れて保存する。

レモンの皮のパウダー
① レモンの皮をエコノムで薄くむく。白い部分が残っていれば、ペティナイフでそぎ落とす。
② 鍋にたっぷりの水と①を入れ、沸騰したらザルにあけてゆでこぼす。水でさっと洗う。これをもう一度行なう。
③ ②のレモンの皮と基本のシロップを鍋に入れ、沸騰したら弱火にして4分間ほど煮る。火を止め、室温で冷ます。
④ シルパットを敷いた天板に並べ、上にシルパンをかぶせて手で平らにする。90℃のコンベクションオーブンで6時間乾燥させ、室温で冷ます。
⑤ フードプロセッサーにかけて粉末状にする。網で漉し、細かいものだけを取り出す。網に残ったレモンの皮を再度フードプロセッサーで粉砕し、網で漉す。これを3回ほど繰り返す。乾燥剤とともに容器に入れて保存する。

ヨモギのフリット
① ボウルに冷水、薄力粉を入れて泡立て器で軽く混ぜる。ヨモギをくぐらせ、170℃の太白ゴマ油で揚げる。
② 油をきって紙にのせ、温かいうちに粉糖を両面に軽くふる。

仕上げ
① ヨモギのソルベをスプーンでクネル形にして皿にのせる。フリットを2～3枝添え、ヨモギパウダー、レモンの皮のパウダーを順に茶漉しでふりかける。

Figue / Hibiscus　　いちじく、ハイビスカス

イチジクが好きなのはきっと、子供の頃暮らしていた家の庭にイチジクの木があったから。それ以来見たことがないくらいの大きな実が成り、とてもおいしかったのを憶えています。甘みが強いフルーツなので、酸味と合わせると風味が引き立ちます。ここでは、イチジクをブラッドオレンジの果汁やハーブとともに煮て、ハイビスカスを香らせた酸味のある泡で、驚きを表現。パンナコッタのまろやかさがそれらをまとめています。

材料 （10皿分）

白イチジクのポシェ、ブラッドオレンジ風味
Figues pochées à l'orange sangine

白イチジク	figues blanches	10個
ブラッドオレンジ果汁*	jus d'orange sangine	450g
ハチミツ	miel	80g
セージ（生）	sauge	6g
バター	beurre	25g
ラヴェンダー（ドライ）	lavande	2.5g

＊ブラッドオレンジは果汁を搾って使う。

ヴァニラ風味のパンナコッタ　Pannacotta à la vanille

生クリーム（乳脂肪35%）	crème fraîche 35% MG	700g
カソナード	cassonade	110g
ヴァニラビーンズ	gousse de vanille	1/4本
板ゼラチン	gélatine en feuilles	4g

ハイビスカスのエミュルジョン　Emulsion de hibiscus

水	eau	500g
フランボワーズ（冷凍）	framboise	125g
グラニュー糖	sucre semoule	75g
ハイビスカスティー（茶葉）	feuille de hibiscus	15g
フレーバーティー（茶葉）*	tea mélange	8g
シナモンスティック	bâton de cannelle	1/2本
ミントの葉	feuilles de menthe	3g

＊フレーバーティーはルピシア「ピエロ」を使用。

ブラッドオレンジのソース　Sauce orange sangine

白イチジクのポシェの煮汁		100g
ミントの葉	feuilles de menthe	適量
大豆レシチン	lécithine de soja	適量

作り方

白イチジクのポシェ、ブラッドオレンジ風味
① 白イチジクはへたの部分を残して皮をむく。
＊イチジクはへたを切って火を入れると煮崩れてしまう。
② 銅鍋にブラッドオレンジ果汁、ハチミツ、セージ、バター、ラヴェンダーを入れ、①を重ならないように並べて火にかける。
＊イチジクが2/3くらい浸かるよう、鍋の大きさを選ぶ。
③ 沸騰したらふたをせずに鍋ごと200℃のデッキオーブンに入れ、5分ごとに煮汁をイチジクに回しかけながら、約30分間加熱する。
④ 煮汁に浸けたまま室温で冷まし、冷蔵庫で保存する。
＊煮汁はソースに使う。

ヴァニラ風味のパンナコッタ
① 鍋に生クリーム、カソナード、ヴァニラビーンズの種とサヤを入れて沸騰させる。
② 火からおろし、板ゼラチンを加えて混ぜ溶かす。ボウルに移してラップをかけ、室温で冷ます。冷蔵庫で冷やし固める。

ハイビスカスのエミュルジョン
① 鍋に水、フランボワーズ、グラニュー糖を入れ、弱～中火にかけて約20分間静かに煮る。火を止めてハイビスカスティーとフレーバーティーの茶葉を入れ、ふたをして5分間アンフュゼする。
② 別の鍋に①を漉し入れ、シナモンスティックを入れる。中火で2/3量になるまで煮詰める。
③ 火からおろしてミントの葉を加える。ボウルに移し、ラップをかけて室温で冷ましてから冷蔵庫で保存する。

ブラッドオレンジのソース
① イチジクのポシェの煮汁を1/2量になるまで煮詰める。

仕上げ
① 器にヴァニラ風味のパンナコッタを80gのせる。
② 白イチジクのポシェのへたを切り落とし、①の上に盛る。ブラッドオレンジのソースをスプーン1杯ほどかける。
③ ハイビスカスのエミュルジョンからミントの葉を取り出し、大豆レシチンを加えてスティックミキサーで泡立てる。30秒ほど放置し、容器ごと軽く台に打ちつけ、弱い泡を消し、上面に残る固い泡だけをスプーンで流し入れる。ミントの葉を添える。

Pomme / Marron / Noisette りんご／栗／ヘーゼルナッツ

材料　（10皿分）

パン・デピスのトースト　Pain d'épices toast
（作りやすい量）
中力粉*　farine　9g
コーンスターチ　fécule de maïs　9g
ライ麦全粒粉*（細挽き）　seigle du blé　40g
ベーキングパウダー　levure chimique　3.6g
塩　sel　1.4g
シナモンパウダー　cannelle en poudre　1.8g
キャトルエピス　quatre épice　1.5g
アニスパウダー　anis en poudre　1.8g
牛乳*　lait　27g
オレンジマーマレード　orange en marmelade　61g
水アメ　glucose　25g
ハチミツ　miel　61g
全卵*　œufs entiers　29g
溶かしバター　beurre fondu　29g
＊中力粉は日清製粉「リスドオル」を使用。
＊ライ麦全粒粉は日清製粉「アーレファイン」を使用。
＊牛乳と全卵をよく冷やしておく。

クレーム・ド・マロン　Crème de marron
栗のコンポート*　compote de marron　500g
パート・ド・マロン　pâte de marron　260g
バター　beurre　100g
粉糖　sucre glace　10g
水アメ　glucose　30g
＊栗のコンポートはp183〈栗のコンポート〉と同じもの。

ポタージュ・ド・マロン　Potage de marron
牛乳　lait　300g
生クリーム（乳脂肪35％）　crème fraîche 35% MG　150g
クレーム・ド・マロン　crème de marron　450g
ラム酒　rhum　20g

リンゴのジュレ　Gelée de pomme
リンゴ果汁　jus de pommes　2160g
シードル　cidre　450g
ゼラチンミックス*　gélatine　18g
グラニュー糖　sucre semoule　18g
＊リンゴ果汁は、紅玉をジューサーにかけてからシノワで漉したもの。p189〈リンゴとユズのジュレ〉①を参照。
＊ゼラチンミックスはゼライス社「CTゼリーミックス」を使用。

ヘーゼルナッツのエミュルジョン
Emulsion noisettes
ヘーゼルナッツ（皮むき・ホール）　noisettes　115g
牛乳　lait　300g
グラニュー糖　sucre semoule　30g

ノワゼット・キャラメリゼ（p256）
noisettes caramelisées　適量
ヘーゼルナッツオイル　huile de noisettes　適量
大豆レシチン　lécithine de soja　適量

> 作り方

パン・デピスのトースト
① ボウルに中力粉、コーンスターチ、ライ麦全粒粉、ベーキングパウダー、塩、シナモンパウダー、キャトルエピス、アニスパウダーを入れ、牛乳を加える。ゴムべらで均一になるまで混ぜる。
② 水アメとハチミツを軽く温めて①に加え、混ぜる。溶きほぐした全卵も加えて混ぜる。
③ 約60℃の溶かしバター、オレンジのマーマレードを順に加え、そのつど均一に混ぜる。
④ 37×10cm、高さ4cmのカードルにオーブンペーパーをぴんと張り、ずれないようにテープでとめる。天板にのせ、中に③を流し入れる。
⑤ 170℃のコンベクションオーブンで約10分間焼く。そのまま室温で粗熱をとる。
⑥ オーブンペーパーをはがし、パンデピスを型からはずす。端を切り落として18×1cmに切り分ける。
⑦ シルパットを敷いた天板に並べ、170℃のコンベクションオーブンで約10分間トーストする。室温で冷ます。

クレーム・ド・マロン
① p185〈クレーム・ド・マロン〉①〜④の要領で作る。

ポタージュ・ド・マロン
① 牛乳と生クリームを火にかけ、約50℃に温める。
＊冷たいままだと分離してしまう。
② クレーム・ド・マロンをボウルに入れ、①を少量ずつ注ぎ入れながら泡立て器でざっと混ぜる。
③ ジューサーに移し、ラム酒を加えてなめらかになるまで断続的に攪拌する。漉して室温で冷まし、冷蔵庫で保存する。

リンゴのジュレ
① リンゴ果汁を強火にかけ、1/4量（約540g）になるまで煮詰める。
② ①と並行してシードルを1/10量になるまで煮詰める。①に加えて泡立て器で混ぜる。
③ ゼラチンミックスとグラニュー糖を混ぜ合わせ、②に加えながら混ぜ溶かす。氷水にあてて、混ぜながら粗熱をとる。
④ 皿に60gずつ流し入れ、冷蔵庫で冷やし固める。

ヘーゼルナッツのエミュルジョン
① ヘーゼルナッツを160℃のコンベクションオーブンで10〜15分ローストする。包丁の腹で2〜4等分に砕く。
② 鍋に牛乳、①とグラニュー糖を入れて火にかける。沸騰したらごく弱火にし、へらで混ぜながら2分間ほど加熱する。火を止め、ふたをして5分間アンフュゼする。
③ ジューサーに移し、断続的に攪拌してヘーゼルナッツをざっと砕く。
＊ヘーゼルナッツは渋みが出るので、ざっと砕いて風味を強く出す程度にとどめる。
④ シノワで自然に漉す。
＊渋みが出ないようにヘーゼルナッツは押さえず、自然に漉す。

仕上げ
① ポタージュ・ド・マロンが沈殿しやすいので、混ぜてからリンゴのジュレの上に90g注ぐ。
② ヘーゼルナッツのエミュルジョンに大豆レシチンを加えて深い容器に入れ、スティックミキサーで泡立てる。30秒ほど放置し、容器ごと軽く台に打ちつけ、弱い泡を消して残った固い泡だけをスプーンですくって①に流す。
③ ノワゼット・キャラメルゼを細かくきざみ、②の泡にそっと散らす。ヘーゼルナッツオイルを回しかけ、パン・デピスのトーストを添える。

Riz / Citron / Bulbe de lys 米／レモン／ゆり根

日本では「リ・オ・レは、米が甘いのが嫌」という声をよく聞き、常日頃残念に思っていました。苦手意識を驚きに変えてもらいたくて、私が加えたのはレモンの香り。炊き上げた米に混ぜ込み、フレッシュな香りだけをまとわせることで「ごはんぽさ」を軽減し、食べやすく仕上げました。ホクホクしたユリ根は、大学芋のようにキャラメリゼ。正月料理にもしばしば登場する特別感のある素材を使うことで、驚きと喜びを演出しています。

材料 （10皿分）

サブレ・ブルトン　Sablé Breton
(15枚分)
バター　beurre　175g
グラニュー糖　sucre semoule　70g
フルール・ド・セル　fleur de sel　4g
卵黄　jaunes d'œufs　25g
アーモンドパウダー
amandes en poudre　25g
薄力粉　farine ordinaire　140g

リ・オ・レ　Riz au lait
(作りやすい量)
米(丸米)　riz　100g
牛乳　lait　450g
グラニュー糖　sucre semoule　50g
塩　sel　適量
ヴァニラビーンズ　gousse de vanille　¼本
バター　beurre　20g
レモンの皮(細かくすりおろす)
zeste de citron　½個分
卵黄　jaunes d'œufs　2個分

ユリ根のキャラメリゼ　Bulbe de lys Caramelisé
ユリ根　bulbe de lys　5個
バター　beurre　適量
グラニュー糖　sucre semoule　適量
コニャック　Cognac　適量
レモンの皮(細かくすりおろす)
zeste de citron　適量
レモン風味のオリーブオイル
huile d'olive au citron　適量

作り方

サブレ・ブルトン

① 室温にもどしたバターを、ビーターをつけたミキサーでやわらかくする。グラニュー糖、フルール・ド・セルを加えて低速で混ぜる。混ざったらビーターやボウルについた生地をゴムべらではらう。
② 溶いた卵黄を少しずつ加えながら低速で混ぜる(1)。混ぜ合わせたアーモンドパウダーと薄力粉を加え、粉が見えなくなるまで混ぜる(2)。途中でビーターやボウルの生地をはらう。
③ ラップを広げて生地をのせ、平らにする(3)。ラップで包み、冷蔵庫で一晩休ませる。
④ 台に取り出し、厚さ約2cmの正方形に整える。90度ずつ向きを変えながらパイシーターにかけ、厚さ3mmにのばす。打ち粉をふった天板にのせ、扱いやすい固さになるまで冷蔵庫で休ませる。
⑤ 直径7.5cmの円型で抜き(4)、シルパンを敷いた天板に並べる。150℃のコンベクションオーブンで約16分間焼き、室温で冷ます(5)。

リ・オ・レ

① 米を鍋に入れ、水(分量外)をたっぷり注ぐ。強火にかけ、へらで混ぜながら沸騰したらそのまま1分間ゆでる。
＊沸騰後も混ぜ続けることで、米のぬめりをとる。
② ザルにあけ、さっと水洗いしてぬめりを落とす(6)。
③ 大きめの鍋に②を入れ、牛乳、グラニュー糖、塩、ヴァニラビーンズの種とサヤを加えて強火にかける。軽く沸いたらごく弱火にし、アルミ箔でふたをして約15分間加熱する。
④ 強火にし、沸騰状態を保って水分をとばすようにへらで混ぜる(7)。牛乳にとろみがつき、半分ほど煮詰まったら火を止め、レモンの皮のすりおろしを加える。
⑤ 溶いた卵黄を少しずつ加えながら、へらでムラなく混ぜる。
⑥ ボウルに移し、バターを加えて全体になじませる(8)。ラップをかけて、室温で粗熱をとる。

ユリ根のキャラメリゼ

① ユリ根を洗って水気を取り、1枚ずつ鱗片をばらす。
② フライパンにグラニュー糖を広げて火にかけ、溶けたらバターを加えてなじませる。ユリ根を加え、からめながら強火でソテーする(9)。
③ キャラメルが深い茶色になったら、コニャックをふり入れてフランベする(10)。
④ フライパンごと180℃のコンベクションオーブンに入れ、5分間焼く。ユリ根の縁が香ばしく焼け、キャラメルが煮詰まってくる。

仕上げ

① 皿にサブレ・ブルトンを1枚置き、直径6.5cm、高さ1.7cmのセルクルをのせる。その中にリ・オ・レを詰めて平らにする。
② ユリ根のキャラメリゼをリ・オ・レの上に立体的に盛りつけ(11)、皿の上にも美しくあしらう。セルクルをはずす。
③ ②にレモンの皮をすりおろす。皿に落ちた皮はふきんではらう。
④ レモン風味のオリーブオイルをユリ根に回しかける(12)。

Pomme de terre / Banane / Rhum　じゃがいも／バナナ／ラム酒

発想の源は、レストランで供されたイワシのパンケーキです。コースにおけるメインのような存在として、アシェット・デセールに落とし込んでみようと考え、このひと皿を作りました。キレのよい質感にするため、生地にはジャガイモを加え、いったんフライパンで焼いてから、オーブンでスフレのようにふっくら焼き上げています。バナナのソテーには、しっかりラム酒を効かせて存在感のある味わいに仕上げました。

材料 （10皿分）

ジャガイモのクレープ生地
Appareil à crêpe de pomme de terres
（作りやすい量）
- ジャガイモ＊　pomme de terre　225g
- 強力粉　farine de gruau　100g
- グラニュー糖　sucre semoule　20g
- 全卵　œufs entiers　120g
- 牛乳　lait　200g
- 溶かしバター　beurre fondu　30g

＊ジャガイモはメークインを使用。分量はゆでて皮をむいたあとの正味量。

バナナのソテー　Banane sautées
（10皿分）
- バナナ＊　bananes　6本
- バター　beurre　80g
- グラニュー糖　sucre semoule　40g
- ラム酒　rhum　適量

＊バナナは充分熟したものを使用する。

スフレ生地　Appareil à soufflé
（10皿分）
- クレーム・パティシエール（p248）　crème pâtissière　300g
- 卵黄　jaunes d'œufs　60g
- 卵白＊　blancs d'œufs　50g
- グラニュー糖　sucre semoule　17g

＊卵白をよく冷やしておく。

- ラム酒　rhum　適量

ソース・アングレーズ　Sauce Anglaise
（作りやすい量）
- 牛乳　lait　250g
- 卵黄　jaunes d'œufs　60g
- グラニュー糖　sucre semoule　63g
- ヴァニラビーンズ　gousse de vanille　1/4本

作り方

ジャガイモのクレープ生地
① ジャガイモを竹串がスッと通るやわらかさにゆで、湯をきって皮をむく。熱いうちに裏漉し(1)、ボウルに225g入れる。
② 別の大きめのボウルに強力粉とグラニュー糖を混ぜ合わせる。溶きほぐした全卵、牛乳の1/4量を加え、1分間ほど泡立て器でグルグルと力強く混ぜてグルテンを出す(2)。泡立て器やボウルについた生地をはらう。
③ 残りの牛乳を約3回に分けて加え、そのつどよく混ぜる(3)。①のジャガイモに3回に分けて加え、そのつどムラなく混ぜる(4)。
④ 約40℃の溶かしバターを③に加え、混ぜる(5)。ラップをかけて冷蔵庫で約1時間休ませる。

ソース・アングレーズ

① 銅鍋に牛乳、ヴァニラビーンズの種とサヤを入れて沸騰させる。
② 並行して卵黄とグラニュー糖を泡立て器ですり混ぜる。
③ ①の⅓量を②に加え(6)、泡立て器でよく混ぜる。銅鍋にもどして中火にかけ、へらで混ぜながら82℃まで炊く(クレーム・アングレーズ／7)。
④ 火からおろし、ボウルに漉し入れる。氷水にあてて冷ます。

バナナのソテー

① バナナの皮をむき、端を切り落として厚さ1cmの輪切りにする。
② フライパンにグラニュー糖を薄く広げ、強火にかける。全体が溶けたら火からおろし、バターを加えてへらでなじませる。
③ 再度火にかけ、バナナを手早く並べてフライパンを揺すりながらソテーする(8)。焼き色がついてきたら1枚ずつ裏返し、さらに焼く。
④ 焦げ目がついたらラム酒を加えてフランベし(9)、シルパットに広げる。室温で冷ます。

スフレ生地

① ボウルにクレーム・パティシエールを入れ、溶きほぐした卵黄を加えてゴムべらでよく混ぜる(10)。
② ミキサーボウルに卵白とグラニュー糖を入れ、ツヤが出てしっかり角が立つまで泡立てる。
③ ②のメレンゲの⅓量を①に加え、ゴムべらでよく混ぜる。
④ 残りのメレンゲを泡立て器でざっと泡立て直し、③に加えてゴムべらでムラなく混ぜる(11)。

仕上げ

① クレープパンをよく熱し、鍋底を濡れ布巾にあてて熱をとる。
② あらためて中火にかけ、ジャガイモのクレープ生地をレードルで流し入れる。表面に気泡がフツフツと上がってきたら、バナナのソテーを10〜11切れ並べ、その上にスフレ生地をこんもりとのせる(12)。
③ 皿をかぶせて②を裏返し、温めておいた天板にのせる。170℃のコンベクションオーブンで約10分間焼く(13)。
④ ジャガイモのクレープの周りにソース・アングレーズをたっぷり流し、ラム酒を回しかける(14)。

Bière / Huile de noisette / Gavotte ビール／ヘーゼルナッツオイル／ガヴォット

苦みと甘みを合わせたくて、たどり着いたのがビールです。ブルターニュ産のソバを30%使っている「テレン・デュ」は、苦みとともに香ばしさも広がる味わい深い黒ビール。これを使ったアイスクリームに、同じブルターニュ銘菓のガヴォット（クレープ・ダンテル）を、ヴェルジョワーズで作って添えました。ザクザクした食感とコクがアクセントとなり、仕上げに垂らしたノワゼット・オイルが、香ばしさを際立たせます。

材料 （8皿分）

ビールのアイスクリーム　Glace à la bière
牛乳　lait　255g
生クリーム（乳脂肪35%）　crème fraîche 35% MG　77g
卵黄　jaunes d'œufs　77g
グラニュー糖　sucre semoule　64g
ビール*　bière　128g
＊フランス・ブルターニュのランスロ社「テレン・デュ」を使用。

パータ・ガヴォット　Pâte à gavotte
（作りやすい量）
バター*　beurre　45g
ヴェルジョワーズ　vergeoise　150g
卵白*　blancs d'œufs　75g
薄力粉　farine ordinaire　45g
＊バターと卵白を室温にもどしておく。

チョコレートのパータ・クランブル
Pâte à crumble au chocolat
（作りやすい量）
クーベルチュール（ビター／カカオ125%）
couverture noir　20g
発酵バター　beurre　100g
ヴェルジョワーズ　vergeoise　100g
アーモンドパウダー　amandes en poudre　60g
カカオパウダー　cacao en poudre　20g
薄力粉　farine ordinaire　80g
＊クーベルチュールはヴァローナ社「P125クール・ド・グアナラ」を使用。カカオ分が高く、生地に力強いカカオ感を与える。

シュークル・ヴェルジョワーズ
Sucre vergeoise
（作りやすい量）
ヴェルジョワーズ　vergeoise　適量

ヘーゼルナッツオイル　huile de noizettes　適量

作り方

ビールのアイスクリーム
① 牛乳と生クリームを沸騰させる。
② 並行して、卵黄とグラニュー糖を泡立て器ですり混ぜる。
③ ①の1/3量を②に加えて泡立て器でよく混ぜる。鍋に戻して中火にかけ、へらで混ぜながら82℃まで炊く（クレーム・アングレーズ）。
④ ボウルに漉し入れ、氷水にあてて室温程度に冷ます。ビールを加えてよく混ぜ、パコジェットの容器に入れてショックフリーザーで冷凍する。
⑤ 使用直前にパコジェットにかけてアイスクリームにする。冷凍庫に入れてはスプーンで混ぜるのを数回繰り返し、扱いやすい固さに調整する。

パータ・ガヴォット
① バターをポマード状にやわらかくする。ヴェルジョワーズを加えてすり混ぜる。
② 卵白を少量ずつ分けて加え、そのつど乳化するまで泡立て器ですり混ぜる。
＊ここでしっかり乳化させないと、焼成時に生地が広がってしまう。
③ 薄力粉を加えて粉が見えなくなるまで混ぜる。ラップをかけて冷蔵庫で一晩休ませる。粗い気泡が抜け、なめらかな状態になる。
④ シルパットを敷いた天板に25×2.5cmのシャブロン型をのせ、③をパレットナイフですり込む。型をはずす。
⑤ 170℃のコンベクションオーブンで約5分間焼く。すぐに三角パレットではがして裏返し、手で巻く。粗熱をとり、乾燥剤とともに密閉容器に入れ、保存する。

チョコレートのパータ・クランブル
① クーベルチュールを湯煎にかけて溶かす。
② ①以外の材料をフードプロセッサーでざっと混ぜる。①を加えて攪拌する。途中で底から生地を混ぜ、羽根や容器についた生地をはらう。そぼろ状になればよい。
③ バットに移して手で握るようにしてまとめ、ざっとならす。ラップを密着させてかけ、冷蔵庫で一晩休ませる。
＊ヴェルジョワーズがなじみ、ジャリジャリ感が和らぐ。
④ 手で軽く握ってまとめなおす。ヘーゼルナッツ大の小さな塊にほぐし、シルパットを敷いた天板に並べる。
＊生地を練ると食感が悪くなるので注意。
⑤ 165℃のコンベクションオーブンで約12分間焼く。室温で冷まし、乾燥剤とともに密閉容器に入れて保存する。
＊カカオパウダー入りの生地は焦げくさくなりやすいので、焼きすぎない。

シュークル・ヴェルジョワーズ
① バットにヴェルジョワーズを広げ、オーブンの上など暖かい場所に2日間置いて乾燥させる。
② ①をフードプロセッサーで粉砕して網で漉す。網に残ったヴェルジョワーズを再度フードプロセッサーにかけ、網で漉す。何度かくり返して粉糖のような細かい状態にする。

仕上げ
① ビールのアイスクリームをクネル形にとり、皿にのせる。アイスクリームと皿にパータ・ガヴォットを3個のせる。
② チョコレートのパータ・クランブルを指で砕きながらふりかけ、シュークル・ヴェルジョワーズもふる。少量のヘーゼルナッツオイルをたらす。

Fumée au sakura / Bière サクラのチップの香り／ビール

燻製の香りが好きで、アシェット・デセールで生かせないかと考えたのが、牛乳を燻製にかけてアイスクリームを作る方法。香りが強すぎると味わいがきつくなるので、桜のチップを使い、やわらかく香りをつけました。ビールのサバイヨンを合わせたのは、バーベキューのイメージから。味わいと香りがまろやかなホワイトビールを使うことで、燻製の香りとかち合うことなく、互いを引き立てながら上品に混じり合います。

材料　（6皿分）

燻製のアイスクリーム　Glace fumée
牛乳　lait　360g
卵黄　jaunes d'œufs　60g
グラニュー糖　sucre semoule　60g
ヴァニラビーンズ　gousse de vanille　1本
生クリーム(乳脂肪35%)
crème fraîche 35% MG　72g

ヴェルジョワーズ風味のパート・シュクレ
Pâte sucrée au vergeoise
(30個分、1個あたり20g使用)
バター*　beurre　162g
ヴェルジョワーズ　vergeoise　108g
アーモンドパウダー　amandes en poudre　36g
全卵　œufs entiers　54g
薄力粉　farine ordinaire　270g
＊バターと全卵を室温にもどしておく。

ビールのサバイヨン　Sabayon bière
(作りやすい量)
白ビールA＊　bière blanche　100g
卵黄　jaunes d'œufs　40g
グラニュー糖　sucre semoule　40g
白ビールB＊　bière blanche　10g
板ゼラチン　gélatine en feuilles　1g
＊白ビールは「ヒューガルデン」を使用。

作り方

燻製のアイスクリーム
① 牛乳をボウルに入れ、桜のスモークウッドをセットした燻製器に入れて30分間ほど燻し、香りをまとわせる(温燻／1)。途中3回ほど混ぜる。
② 銅鍋に①の牛乳、ヴァニラビーンズの種とサヤを入れて沸騰させる(2)。
③ 卵黄とグラニュー糖を泡立て器ですり混ぜる。②の1/3量を加え、泡立て器でよく混ぜる。銅鍋にもどして中火にかけ、へらで混ぜながら82℃になるまで炊く(クレーム・アングレーズ)。
④ 火からおろし、生クリームを加えて混ぜる(3)。漉してパコジェットの容器に移し、ショックフリーザーで冷凍する。
⑤ 使用直前にパコジェットで攪拌し、アイスクリームにする。冷凍庫に入れてはスプーンで混ぜるのを繰り返し、固さを調整する(4)。

ヴェルジョワーズ風味のパート・シュクレ

① バターをビーターをつけた低速のミキサーでポマード状にする。合わせたヴェルジョワーズとアーモンドパウダーを加え、粉が見えなくなるまで混ぜる。ビーターやボウルの生地をゴムべらではらう。
＊先にアーモンドパウダーを加えることで、水分を加えた時に乳化しやすくなる。混ぜすぎると油脂が出るので注意。
② 溶いた全卵を5〜6回に分けて加え、低速のミキサーでそのつど混ぜて乳化させる。途中でビーターやボウルについた生地をはらう。薄力粉を加え、粉が見えなくなるまで断続的に混ぜ合わせる。
③ 生地を手で平らにし、ラップで包む。冷蔵庫で一晩休ませる(5)。
④ 台に取り出して生地を軽く揉み込み、四角く整える。90度ずつ向きを変えながらパイシーターにかけ、厚さ2.75mmにのばす。
⑤ 天板に広げ、直径8.5cmの円型で抜く。扱いやすい固さになるまで冷蔵庫で約30分間休ませる。
⑥ 直径6.5cm、高さ1.7cmのセルクルにポマード状のバター（分量外）を指で薄くぬり、敷き込む（フォンサージュ→p265）。冷蔵庫で30分間休ませる。
⑦ シルパンを敷いた天板に並べ、セルクルの内側にアルミカップをぴったりはめて重石を入れる。170℃のコンベクションオーブンで約14分間焼く。いったん取り出して室温で10分間ほど粗熱をとり、重石とアルミカップ、セルクルをはずす(6)。再度170℃のコンベクションオーブンに入れて約5分間焼き、そのまま室温で冷ます。

組み立て

① ヴェルジョワーズ風味のパート・シュクレに燻製のアイスクリームをパレットナイフで少しずつすき間なく詰める。冷凍庫に入れておく(7)。

ビールのサバイヨン

① 白ビールAを火にかけ、10gになるまで煮詰める(8)。
② 卵黄とグラニュー糖を泡立て器ですり混ぜる。
③ ②に①と白ビール8gを加え、よく混ぜ合わせる(9)。沸騰直前の湯煎にかけ、軽くとろみがつくまで混ぜる(10)。湯煎からおろして板ゼラチンを混ぜ溶かす。
④ ミキサーボウルに移し、しっかり空気を含むまで高速で泡立てる(11)。冷めたらボウルに移して氷水をあて、時折ゴムべらで混ぜながら冷やす。

仕上げ

① 皿に燻製のアイスクリームを詰めたパート・シュクレを置く。その上にビールのサバイヨンをスプーンでこんもりのせる。バーナーで軽く焦げ目をつける(12)。

Pain perdu パン・ペルデュ

パン・ペルデュといえばおやつという印象ですが、それを「パリセヴェイユ」らしいスタイルで、洗練されたアシエット・デセールとして表現してみました。使用したのは、モダンなキューブのフォルムに切ったブリオッシュ。じっくりアパレイユに漬け、フライパンで表面を焼いてからオーブンでふっくら焼き上げました。スフレのようにまろやかな味と食感に、スパイスの効いた赤ワインのソースがよく合います。

材料 （9皿分）

パータ・ブリオッシュ　Pâte à brioche
（5×5cm。9個分）
- 全卵*　œufs entiers　3個
- 牛乳*　lait　30g
- 中力粉*　farine　150g
- 強力粉　farine de gruau　150g
- 上白糖　sucre blanc　72g
- トレモリン　trimoline　7.5g
- モルト　malt　0.8g
- 生イースト　levure fraîche　18g
- 塩　sel　6g
- バター　beurre　150g

*全卵と牛乳、バターをよく冷やしておく。
*中力粉は日清製粉「リスドオル」を使用。

アパレイユ　Appareil
（作りやすい量）
- グラニュー糖　sucre semoule　45g
- レモンの皮（細かくすりおろす）　zeste de citron râpé　1個分
- 牛乳　lait　360g
- 生クリーム（乳脂肪35％）　crème fraîche 35% MG　360g
- 全卵　œufs entiers　340g

赤ワインソース　Sauce vin rouge
（作りやすい量）
- グラニュー糖　sucre semoule　60g
- 赤ワイン　vin rouge　500g
- ハチミツ　miel　40g
- シナモンスティック　gousse de cannelle　1本
- カルダモン　cardamome　1個
- クローブ　clou de girofle　3個
- ヘーゼルナッツ（皮むき）*　noisettes émondées　30g
- レーズン　raisins　20g
- ドライチェリー　griotte sec　20g

*ヘーゼルナッツを160℃のコンベクションオーブンで約10分間ローストし、粗く砕く。
*レーズンとドライチェリーを水洗いし、水気をきっておく。

レモン風味のオリーブオイル
huil d'olive au citron　適量

[作り方]

パータ・ブリオッシュ

① ミキサーボウルに全卵、牛乳、中力粉、強力粉、上白糖、トレモリン、モルトを入れ、フックをつけた低速のミキサーで粉が見えなくなるまで混ぜる。冷蔵庫で30分間休ませる。
＊上白糖を使うことでしっとり感を出す。

② 生イーストを加えて低速のミキサーで混ぜる。塩を加え、なじんだら中低速に上げて20分間ミキシングし、しっかりグルテンを出す。生地を引っ張ると、向こうが透けるくらい薄くのびるようになる。

③ バターをビニールで包んでめん棒で叩き、しなやかさを出す。②に3回に分けて加え、なめらかになるまで混ぜる。捏ね上がりの温度は23℃が目安。

④ 表面を張らせるように生地を手で丸め、ボウルに入れる。ラップをかけ、湿度80度、温度30℃のホイロで発酵をとる。

⑤ 2倍程度にふくらんだら打ち粉をふった台に取り出し、四隅から生地をたたむようにガス抜きをする。裏返してビニールで包み、冷凍庫で約1時間半冷やして発酵を止める。

⑥ 冷蔵庫に1時間入れ、生地を落ち着かせる。
＊この状態で3日間保存可能。

⑦ 成形する。台に打ち粉をふり、⑥を125gずつ分割する。四隅からたたむようにして生地を丸めて裏返し、手の平で転がして表面がつるんと張った球状に整える。

⑧ テフロン加工の食パン型(9×30cm、高さ9cm)に、⑦を綴じ目を下にして2個入れる。ふたをして湿度80度、温度30℃のホイロで約1時間発酵をとる。

⑨ 170℃のコンベクションオーブンで30～35分焼成する。型から取り出して網にのせ、室温で冷ます。

アパレイユ

① ボウルにグラニュー糖とすりおろしたレモンの皮を入れて手ですり混ぜ、香りを立たせる。

② ボウルに牛乳と生クリームを入れ、①を加えてゴムべらで混ぜる。

③ 別ボウルに全卵を溶きほぐす。②を3回に分けて加え、そのつど泡立て器でよく混ぜる。

赤ワインソース

① 銅鍋にグラニュー糖を入れて弱火にかけ、混ぜながらごく薄い色合いのキャラメルを作る。

② 赤ワインを約50℃に温め、①に少しずつ注ぎながら泡立て器で混ぜる。お茶出しパックにカルダモン、クローブを入れ、シナモンスティック、ハチミツと一緒に加える。140gになるまで煮詰める(途中でスパイスは取り出す)。

③ ヘーゼルナッツとレーズン、ドライチェリーを加え、再度沸かす。室温で冷まし、冷蔵庫で保存する。

仕上げ

① ブリオッシュの焼き面を波刃包丁で切り落とし、5cm角に切る。

② 深めのバットにアパレイユを入れ、①を並べてバットをのせ、冷蔵庫で約1時間浸す。上下を裏返し、冷蔵庫でさらに1時間浸す。裏返して網にのせて約5分間おき、余計な汁気を落とす。

③ クレープパンにバターを薄く引き、充分温める。②の全面をきれいに色づける。温めておいた天板に移して170℃のコンベクションオーブンで約5分間、熱々に温める。
＊オーブンで温めることで、スフレのようにふわふわの食感になる。

④ 皿に③をのせて赤ワインソースをかける。レモン風味のオリーブオイルを回しかける。

Abricot / Lavande / Citron　あんず／ラヴェンダー／シトロン

長野県軽井沢で夏に行われたイベントで、アンズをテーマに考えたのがこのひと皿です。煮崩れないようそっと火を入れたアンズのコンポートに、ラベンダーの花を加えてナチュラルな香りをまとわせ、レモンは引き立て役としてクリームに加え、マイルドに。薄い餃子の皮を使ったラヴィオリのシコシコした食感と、中から出てくるクリームのやわらかさの対比が、おもしろくて気に入っています。

材料　（10皿分）

アプリコットのコンポート、ラヴェンダー風味
Compote d'abricot à la lavande

- アンズ(生)　abricots　5個
- 水　eau　20g
- グラニュー糖　sucre semoule　20g
- ラヴェンダー(ドライ)　lavande　1g

ラヴェンダー風味のクレーム・シトロン　Crème citron à la lavande

（40皿分）

- 生クリーム(乳脂肪35%)　crème fraîche 35% MG　125g
- 牛乳　lait　125g
- ラヴェンダー　lavande　2g
- 卵黄　jaunes d'œufs　72g
- グラニュー糖　sucre semoule　80g
- プードル・ア・フラン　poudre à flan　16g
- バター　beurre　50g
- レモンの皮(粗くすりおろす)　zeste de citron râpé　1.5g

ラヴィオリ　Ravioli

（40皿分）

- 餃子の皮　ravioli　80枚

アプリコットのクーリ　Coulis d'abricot

- アンズ　abricot　200g
- 基本のシロップ(p250)　base de sirop　約50g
- レモン果汁　jus de citron　5g

レモンの皮とラヴェンダーのエミュルジョン
Emulsion de zeste de citron et de lavande

（作りやすい量）

- 牛乳　lait　150g
- レモンの皮(粗くすりおろす)　zeste de citron râpé　½個分
- ラヴェンダー(ドライ)　lavande　0.5g
- グラニュー糖　sucre semoule　10g
- 大豆レシチン　lécithine de soja　大さじ½

[作り方]

アプリコットのコンポート、ラヴェンダー風味
① アンズに縦半分に切り込みを入れてひねり、種を取り除く。
② 銅鍋に①のアンズ、グラニュー糖、水、ラヴェンダーを入れ(1)、ごく弱火にかける。沸いてきたらアンズを裏返し、鍋を傾けたりしながらシロップを全体に行き渡らせ、アンズの果汁を引き出すように煮る(2)。全体に火が通り、やわらかくなればよい。
＊アンズはある段階で一気に煮崩れるので、その一歩手前を見極めて煮上げる。皮をむかず、少量の水を加えて火を入れるのも、煮崩れを防ぐため。
③ ボウルに入れてラップをかけ、冷めたら冷蔵庫で一晩休ませる。

ラヴェンダー風味のクレーム・シトロン
① 銅鍋に生クリームと牛乳を入れ、沸騰させる。火を止めてラヴェンダーを加えて混ぜ(3)、ふたをして5分間アンフュゼする。
② 漉してラヴェンダーを軽く押して絞る(4)。250gを計量し、足りなければ生クリームと牛乳を同割ずつ加える。銅鍋に戻して沸騰させる。
③ 別のボウルで卵黄とグラニュー糖を泡立て器ですり混ぜる。プードル・ア・フランを加え、粉が見えなくなるまで混ぜる。
④ ②の¼量を③に注ぎ入れ、泡立て器でよく混ぜる。②の鍋に戻し、クレーム・パティシエールの要領で混ぜながら炊く。火からおろし、混ぜながら余熱で30秒ほど火を入れる。
＊生クリームの油脂が分離しないよう、炊きすぎに注意。
⑤ すりおろしたレモンの皮を加え、氷水にあててへらで混ぜながら約40℃まで冷ます(5)。
＊レモンの皮はこのタイミングで加えることで渋さやえぐみが出ず、爽やかな香りだけがクリームに加わる。
⑥ バターをポマード状にし、⑤に加えて泡立て器で混ぜ合わせる(6)。
⑦ 深い容器に移し、スティックミキサーで撹拌してツヤのあるとろりとなめらかな状態になるまで乳化させる(7)。途中で羽根や容器についたクリームをゴムべらではらう。冷蔵庫に入れて絞りやすい固さに整える。
⑧ 口径12mmの丸口金をつけた絞り袋に⑦を入れ、直径4cmの円形に絞り出す。ショックフリーザーで冷凍する。
＊直径4cmの円を描いた紙を天板にのせ、OPPシートをかぶせて、その円を目安に絞る。

ラヴィオリ
① 餃子の皮の周りに刷毛で水(分量外)を多めにぬる。
② 冷凍したクレーム・シトロンを①の中央に置き、上からも餃子の皮をかぶせる。直径4.5cmのセルクルの裏で押さえて接着させ(8)、その周りを指でくっつける。直径6cmの円型で抜く(9)。
③ 直径5cm、直径5.5cmの円型の裏側を順に押してしっかり皮をくっつける。天板に並べ(10)、ショックフリーザーで冷凍する。
＊ゆでる間に皮が開かないよう、力を入れてていねいに接着する。

アプリコットのクーリ
① アンズに縦半分に切り込みを入れてひねり、種を取り除く。
② ①とレモン果汁をジューサーでピュレ状になるまで攪拌し、目の細かい網で漉す(11)。網に残ったアンズもていねいに漉しきる。
③ ②にボーメ30°のシロップを加え、甘みを調整する(12)。冷蔵庫で保存する。

レモンの皮とラヴェンダーのエミュルジョン
① 銅鍋に牛乳、すりおろしたレモンの皮を入れて沸騰させる。
② 火を止めてラヴェンダーを加え、混ぜる(13)。ふたをして5分間アンフュゼする。
③ 漉してラヴェンダーを軽く押して絞る(14)。グラニュー糖を加えて混ぜ、ラップをかけて粗熱をとり、冷蔵庫で保存する。
④ 使用前に大豆レシチンを加え(15)、泡立て器で混ぜる。2〜3分間放置する。

仕上げ
① 沸騰した湯にラヴィオリを入れ、くっつかないようにして1分半ゆでる(16)。氷水にとり、粗熱がとれたらペーパーで水気を取る(17)。
② アプリコットのコンポートを果肉とシロップに分ける。
③ ラヴィオリに②のコンポートのシロップをからめる(18)。
④ 皿に②のシロップを少量流し、アプリコットのコンポートを1切れのせる。
⑤ ラヴィオリをのせ、コンポートに使ったラベンダーをいくつか散らす。
⑥ 深い容器に入れ、スティックミキサーで泡立てて30秒ほどおく。軽く台に打ちつけて弱い泡を消し、残った固い泡だけを使用する。
⑦ レモンの皮とラヴェンダーのエミュルジョンの泡をこんもりのせる(19)。皿の手前にアプリコットのクーリを添える。

Pêche / Eau 桃／水

桃とシャンパンの組み合わせから発想を広げ、炭酸水を使ってよりさっぱり、清らかなひと皿に仕上げました。桃のコンポートは火を入れずに熱いシロップにつけ、フレッシュな質感を大切にしています。透明感が美しいジュレは、溶かしたゼラチンに静かに炭酸水を注ぎ入れて、できるだけ泡を逃さず、シュワッとした口当たりに。底に忍ばせたパンナコッタが、ジュレと桃のみずみずしさにコクを添えています。

材料 （8皿分）

桃のコンポート　Compote de pêche
（作りやすい量。1皿あたり¼個使用）
白桃　pêche blanche　6個
白ワイン　vin blanc　720g
水　eau　300g
グラニュー糖　sucre semoule　540g
レモン果汁　jus de citron　36g
ヴァニラビーンズ　gousse de vanille　½本
クレーム・ド・ペッシュ*　crème de pêche　153g
*クレーム・ド・ペッシュは桃のリキュール。

水のジュレ　Gelée d'eau
（8皿分）
炭酸水*　eau minerale gazeuse　800g
板ゼラチン　gélatine en feuilles　12g
*ペリエを使用。

ヴァニラ風味のパンナコッタ(p217)
pannacotta à la vanille　650g
アマランサスの葉　feuilles d'amarante　適量
基本のシロップ(p250)　base de sirop　適量
オレンジ風味のオリーブオイル
huile d'olive à l'orange　適量

作り方

桃のコンポート
① 沸騰した湯に白桃を1分間ほど入れて氷水に浸け、皮を湯むきする。深い容器などに入れる。
② 鍋に白ワイン、水、グラニュー糖、レモン果汁、ヴァニラビーンズの種とサヤを入れ、沸騰させる。
③ ①の容器に②を注いで白桃を浸す。室温で冷まし、粗熱がとれたら桃のリキュールを加えて静かに混ぜる。
④ 桃がシロップに浸かるようにラップをかぶせて落としぶたをし、冷蔵庫で一晩漬ける。

水のジュレ
① 炭酸水のボトルを冷蔵庫から取り出して15分間ほど室温に置く。
*ペリエが冷たいとゼラチンが固まり、温度が高いと泡が立ちすぎるので、しばらく室温に置いてほどよい温度にする。
② ボウルに溶かした板ゼラチンを入れ、炭酸水を壁にあてるように少量加え、よく混ぜてゼラチンを溶かす(1)。
③ ②と同様に①をゆっくり注ぎ入れながら、ゴムべらで静かに混ぜる(2)。炭酸ができるだけ消えないよう、混ぜる回数もできるだけ少なくする。
④ ビンの内側をつたって落ちるように、③をゆっくり、静かに注ぎ入れる(3)。
⑤ あふれ出すギリギリいっぱいまで注ぎ、ラップをかけてふたをかたく締める。裏返してバットにのせ、冷蔵庫で冷やし固める(4)。
*気泡が消えてしまうので、当日中に使いきる。

仕上げ
① 器にヴァニラ風味のパンナコッタを80g、その上から水のジュレを100gほど盛り、桃のコンポートの種をはずして¼個のせる。基本のシロップをかける。
② オレンジ風味のオリーブオイルを回しかけ、アマランサスの葉をのせる。

Abocat / Abricot　アボカド／あんず

厳密に言うとアボカドはフルーツに分類されるようですが、私の印象としては野菜です。その独特な舌触りとリッチなコクを生かしつつ、よりフルーティに楽しんでもらおうと挑戦し、力強いアンズの酸味を合わせてみました。オレンジが香るアボカドのクリームと、やわらかいアンズのジュレが一体になって広がる、甘いようなさわやかなような、なんとも言えない果実味に魅力を感じています。

材料　（10皿分）

アボカドのクリーム　Crème à l'abocat
アボカド（正味）　abocat　145g
レモン果汁　jus de citron　適量
グラニュー糖　sucre semoule　20g
オレンジの皮（細かくすりおろす）
zeste d'orange　⅓個分
アンズのピュレ　purée d'abricot　80g
生クリーム（乳脂肪35%）　crème fraîche 35% MG　60g
板ゼラチン　gélatine en feuilles　2.6g

アプリコットのコンポート　Compote d'abricot
アンズ　abricot　300g*
グラニュー糖　sucre semoule　30g
水　eau　30g
＊アンズの分量は種を取り除いたあとの正味量。

アプリコットのジュレ　Gelée d'Abricot
アプリコットのコンポート　compote d'abricot　140g
グラニュー糖　sucre semoule　6g
レモン果汁　jus de citron　10g
レモンの皮（細かくすりおろす）
zeste de citron râpé　¼個分
板ゼラチン　gélatine en feuilles　2g

アプリコットのエミュルジョン　Emulsion d'Abricot
（作りやすい量）
アプリコットのコンポートのシロップ
sirop de compote d'abricot?　上記全量
水　eau　シロップの½量
大豆レシチン　lécithine de soja　大さじ½

アボカド　abocat　適量

作り方

アボカドのクリーム
① アボカドの皮をむいて種を取り除き、適当な大きさに切る。レモン果汁をふりかけて軽く混ぜ、変色を防ぐ。
② ①とグラニュー糖、すりおろしたオレンジの皮、アンズのピュレをジューサーに入れ、なめらかなピュレ状になるまで撹拌する。
③ 生クリームを加え、さらに撹拌する。充分乳化したらボウルにあける。
④ 溶かしたゼラチンに③を少量加え、泡立て器でよく混ぜる。これを③に戻し、しっかり混ぜる。容器に入れて冷蔵庫で保存する。

アプリコットのコンポート
① アンズに縦半分に切り込みを入れてひねり、種を取り除く。
② p238〈アプリコットのコンポート、ラヴェンダー風味〉②の要領でコンポートにする（ラヴェンダーは加えない）。
③ ボウルに入れてラップをかけ、室温で冷ます。冷蔵庫で一晩休ませる。
④ 漉して果肉とシロップに分け、果肉はジュレに、シロップはエミュルジョン（泡）に使う。

アプリコットのジュレ
① ジューサーにアプリコットのコンポートの果肉、グラニュー糖、レモン果汁、すりおろしたレモンの皮を入れ、なめらかなピュレ状になるまで撹拌する。
② 溶かしたゼラチンに①を少量加え、泡立て器でよく混ぜる。残りの①にもどして泡立て器でしっかり混ぜる。冷蔵庫で冷やし固める。

アプリコットのエミュルジョン
① アプリコットのコンポートのシロップに水を加えてのばし、泡立て器で混ぜる。大豆レシチンを加え、泡立て器で混ぜる。2〜3分間放置する。
② 深い容器に入れ、スティックミキサーで泡立ててから30秒ほど放置する。残った固い泡だけを盛りつけに使用する。

仕上げ
① 皿にレンゲをのせ、アボカドのクリームをクネル形にとってのせる。アプリコットのジュレをスプーンで薄くすくい取り、のせる。
② 薄くスライスしたアボカドの果肉を1〜2枚のせる。アプリコットのエミュルジョンを添える。

Pizza aux pommes　ピッツァ・オ・ポム

パリのホテル「プラザ・アテネ」で働いていたとき、アラン・デュカスがロメルトフという丸みのある陶製の器で、薄切りリンゴを何層にも敷いて焼き、提供していました。それを自分なりに進化させ、薄焼きにしたのがこのひと品です。リンゴとカソナードだけのシンプルな配合ですが、薄いスライスを三層に重ねてオーブンで焼くことで、ほどよく水分が抜けるのがよいところ。生ともコンポートとも異なる、凝縮した味わいが楽しめます。

材料 （直径23cm、1皿分）

ポム・キュイ　Pommes cuits
リンゴ（フジ）　pommes　4個
カソナード　cassonade　200g

ヴァニラ風味のクレーム・シャンティイ　Crème Chantilly à la vanille
（作りやすい量）
生クリーム（乳脂肪35%）　crème fraîche 35% MG　100g
ヴァニラパウダー　vanille en poudre　適量
粉糖　sucre glace　5g

黒コショウ　poivre noir　適量

作り方

ポム・キュイ
① リンゴの皮をむき、縦半分に切って芯を丸くくり抜く。波刃のペティナイフで厚さ約1mmにスライスする(1)。
② 直径23cmの丸皿に、①を少しずつ重ねながらうろこ状にきれいに並べる(2)。皿の縁より1cmほどリンゴをはみ出すように並べる。
③ カソナードを全体に軽くふりかける(3)。
④ 皿の向きを90度ずらし、②～③をくり返す(4)。
⑤ 皿からはみ出たリンゴをハサミで切り落とし、丸く形を整える(5)。アルミ箔をふんわりかぶせて上から手のひらで押さえ、皿ごと包む(6)。
⑥ 天板にのせ、180℃のコンベクションオーブンで約1時間焼く。いったん取り出してアルミ箔を開け、リンゴ全体にカソナードを薄くふりかける(7)。
⑦ 再度アルミ箔で包み、オーブンに戻してさらに約30分間焼く。取り出してアルミ箔をはずし、全体にカソナードを軽くふりかける。
⑧ アルミ箔をかぶせずにオーブンにもどし、さらに約30分間焼く(8)。

ヴァニラ風味のクレーム・シャンティイ
① すべての材料をボウルに入れ、泡立て器で8分立てにする。

仕上げ
① ポム・キュイにヴァニラ風味のクレーム・シャンティイをスプーンですくい、叩きつけるようにかける。黒コショウをまんべんなく挽き、粗くきざんだ黒コショウをところどころ散らす。

Les préparations de base

基本のパーツと動作

クリーム、メレンゲ、シロップ

クレーム・パティシエール　　　　　　　　　　　　　　　Crème pâtissière

材料（仕上がり量約720g）
牛乳　lait　500g
ヴァニラビーンズ　gousse de vanille　⅓本
卵黄　jaunes d'œufs　120g
グラニュー糖　sucre semoule　125g
薄力粉　farine ordinaire　22.5g
コーンスターチ　fecule de maïs　22.5g
バター　beurre　50g

1 銅ボウルに牛乳とヴァニラビーンズの種とサヤを入れ、沸騰させる。

2 並行して、ボウルに卵黄とグラニュー糖を入れ、溶けるまで泡立て器ですり混ぜる。薄力粉とコーンスターチを加え、粉が見えなくなるまで混ぜる。

3 1の¼量を2に注ぎ入れ、よく混ぜる。これを1に戻し入れる。
＊牛乳が冷めるとあとで余分に火を入れなければならない。2に加える量は¼量にとどめ、銅ボウルの火もつけたままにする。

4 混ぜながら強火にかけ、時々鍋肌についたクリームをへらで落としながら炊く。もったりした状態からコシが切れた状態になり、ツヤが出て、プクップクッと大きな気泡が上がってきたら火からおろす。

5 バターを加え、泡立て器でよく混ぜて乳化させる。
＊ここできちんと乳化させないと、冷やした時になめらかさに欠け、もそっとした質感になる。

6 バットに移して平らにする。ラップを密着させてかけ、ショックフリーザーで急冷してから冷蔵庫で保存する。

◎使用時は、必要な量を室温にもどし、ゴムべらで静かに混ぜてなめらかな状態にする。

クレーム・シャンティイ　　　　　　　　　　　　　　　Crème Chantilly

材料（作りやすい量）
生クリーム（乳脂肪40％）
　crème fraîche 40% MG　200g
粉糖　sucre glace　12g

1 ミキサーボウルに生クリームと粉糖を入れ、高速で泡立てる。

2 6分立てほどになったらミキサーからおろし、泡立て器で好みの泡立て具合に仕上げる。
＊泡立て具合は用途に応じて変える。写真は10分立て。

クレーム・オ・ブール

Crème au beurre

材料(仕上がり量約580g)
全卵　œufs entiers　56g
卵黄　jaunes d'œufs　24g
グラニュー糖A　sucre semoule　10g
ヴァニラペースト　pâte de vanille　1.6g
エクストラ・ド・ヴァニーユ*　extrait de vanille　3g
水　eau　44g
グラニュー糖B　sucre semoule　160g
バター　beurre　300g
*天然濃縮ヴァニラ原液。

1
ミキサーボウルに全卵と卵黄、グラニュー糖A、ヴァニラペースト、エクストラ・ド・ヴァニーユを加えて高速のミキサーで泡立てる。しっかりボリュームが出たら低速に落とす。

2
並行して、銅鍋に水とグラニュー糖を入れて強火にかけ、120℃になるまで煮詰める。鍋底をさっと水に浸けてそれ以上火が入るのを止める。

3
1を高速に上げ、2を注ぎながら撹拌する。約50℃に冷め、少し粘りが出てホイッパーの筋がしっかり見えるようになったら、中速に落としてクリームが室温になるまで混ぜながら冷ます。

4
ポマード状のバター(約22℃が目安)を6回に分けて3に加え、そのつど高速で混ぜる。3回目以降は、きちんと乳化させる。
*バターを少量ずつ加えることで、力強い乳化状態が得られる。乳化しなくなるので、シロップの温度やバターの溶かしすぎに注意。

5
乳化した状態。ミキサーからおろし、ゴムべらで底からすくい混ぜて均一に整える。

◎使用時に泡立ちが弱くなっていたら、高速のミキサーで泡立て直す。また、冷蔵庫や冷凍庫で保存したものは、使用時に室温に戻してから高速のミキサーで泡立て直す。

ムラング・イタリエンヌ

Meringue Italienne

材料(作りやすい量)
卵白　blancs d'œufs　100g
グラニュー糖A　sucre semoule　16g
グラニュー糖B　sucre semoule　147g
水　eau　37g
*卵白はよく冷やしておく。

1
ミキサーボウルに卵白とグラニュー糖Aを入れ、高速のミキサーでしっかり泡立てる。

2
並行して、銅鍋にグラニュー糖Bと水を入れて火にかけ、118℃になるまで煮詰める。

3
2を注ぎ入れながら撹拌を続ける。全体が混ざったら中速に落とし、室温程度に冷めるまで撹拌を続けてキメを整える。

4
しっかり角が立ち、ツヤのある状態に仕上げる。

クレーム・フランジパーヌ　　　Crème frangipane

材料（作りやすい量）
- バター*　beurre　180g
- アーモンドパウダー　amandes en poudre　180g
- グラニュー糖　sucre semoule　180g
- 全卵*　œufs entiers　134g
- プードル・ア・フラン　flan en poudre　22g
- ラム酒　rhum　30g
- クレーム・パティシエール　crème pâtissière　226g

*バターと全卵を室温にもどしておく。

1　バターをビーターをつけたミキサーでポマード状にし、グラニュー糖を加えて低速で混ぜる。アーモンドパウダーを加え、粉が見えなくなるまで混ぜる。

2　溶きほぐした全卵を約5回に分けて加え、そのつどよく混ぜて乳化させる。
*半分ほど入れ終えたところと最後にミキサーを止め、ビーターとボウルについた生地をはらう。

3　ラム酒、プードル・ア・フランを順に加え、そのつど低速で混ぜる。ミキサーを止めてビーターとボウルについた生地をはらい、粉が見えなくなるまで混ぜる。

4　クレーム・パティシエールを5回に分けて加え、そのつどよく混ぜる。ビーターとボウルについた生地をはらい、均一な状態になるまで混ぜる。

5　バットに移し、カードで平らにならす。ラップを密着させてかけ、冷蔵庫で一晩休ませる。

◎使用時は、低速のミキサーでなめらかにほぐしてから用いる。

基本のシロップ　　　Base de sirop

材料（作りやすい量）
- 水　eau　1000g
- グラニュー糖　sucre semoule　1200g

1　鍋に水とグラニュー糖を入れ、泡立て器で混ぜながら、グラニュー糖が完全に溶けるまで加熱する。

◎冷まして使用する。

パート・ド・カフェ　　　Pâte de café

材料（作りやすい量）
- 水　eau　100g
- インスタントコーヒー　café soluble　100g

1　鍋に水とインスタントコーヒーを入れ、中火にかける。絶えずへらで混ぜながら、コーヒーが溶けるまで加熱する。室温で冷まし、冷蔵庫で保存する。
*沸騰させるとコーヒーが焦げるので、注意。

◎パリセヴェイユでコーヒーエッセンスとして使用している。

キャラメル・バーズ　　Base de caramel

材料(作りやすい量)
グラニュー糖　sucre semoule　150g
水　eau　50g

1
銅鍋にグラニュー糖と水を入れ、中火にかける。軽く煙が上がり、深いキャラメル色になるまで焦がす。

2
火からおろして漉し、室温で冷ます。冷蔵庫で保存する。

オレンジ風味のオリーブオイル　　Huile d'olive à l'orange
レモン風味のオリーブオイル　　Huile d'olive au citron

材料(作りやすい量)	**材料**(作りやすい量)
E.V. オリーブオイル	E.V. オリーブオイル
huile d'olive　100g	huile d'olive　100g
オレンジの皮(薄くむく)	レモンの皮(薄くむく)
zeste d'orange　5g	zeste de citron　5g
ヴァニラビーンズ	ヴァニラビーンズ
gousse de vanille　½本	gousse de vanille　½本

1
オリーブオイルを60℃になるまで温める。火からおろしてオレンジの皮(またはレモンの皮)と縦に裂いたヴァニラビーンズ(種はこそげ取らない)を加え、室温で冷ます。

2
瓶に詰めてふたをし、1週間漬ける。

◎使用中もオレンジやレモンの皮とヴァニラビーンズを取り出さず、風味を移す。

チョコレート

チョコレートのテンパリング
Tablage du chocolat

1　クーベルチュールを湯煎にかけて溶かす。ビターは52℃、ミルクは48℃、ホワイトは42℃に調整する。

2　ボウルに¼量ほど残して大理石の台に流し、三角パレットで薄く広げる。

3　三角パレットとL字パレットを持ち、三角パレットでクーベルチュールをすくってはL字パレットですり切りながら、中央に寄せては薄く広げる。とろみがつき、固まり始める直前まで冷ます(ビターは28℃、ミルクは26℃、ホワイトは25℃が目安)。

4　2のボウルにもどして、取り置いたクーベルチュールとよく混ぜる。

5　ビターは31.5℃、ミルクは30℃、ホワイトは29℃に調整する。温度が低い場合は、少し湯煎にかけて温める。

ミルクチョコレートのコポー
ビターチョコレートのコポー
Copeaux de chocolat au lait
Copeaux de chocolat noir

材料(作りやすい量)
クーベルチュール(ミルク、カカオ40％)
couverture au lait　1000g
＊ヴァローナ社「ジヴァラ・ラクテ」のブロックタイプを使用。

材料(作りやすい量)
クーベルチュール(ビター、カカオ64％)
couverture noir　1000g
＊カカオバリー社「エクストラビター」のブロックタイプを使用。

1　クーベルチュールを温かい場所に置いて中まで均一にやわらかくする。直径7cmの円型を45度傾け、奥から手前へとクーベルチュールを削り取る。

2　削ったコポー。きれいに丸まったもの、丸まりかけたものなどあえて不揃いに削って表情を出してもよい。丸まりが足りないものは、指で巻いて整える。

ビターチョコレートのプラケット

Plaquettes de chocolat noir

材料(40×30cm、2枚分)
クーベルチュール(ビター、カカオ61%)
couverture noir　400g
＊ヴァローナ社「エキストラ・ビター」を使用

1
縁なし天板にアルコールを吹きつけてOPPシートをのせ、カードで空気を抜くようにこすってぴったり貼りつける。

2
天板の裏、レードル、L字パレットをドライヤーで温める。冷たくなくなればよい。

3
テンパリングをしたクーベルチュールをレードルで天板に流し、L字パレットで均一に薄くのばす。
＊OPPシートよりやや大きくのばす。

4
ツヤが消え、固まり始める手前で、必要な大きさに切る。OPPシートにつけたままにする。
＊p38「シュープレーム」の場合は5.2×4.2cmに、p69「タルト・ショコラ・プラリネ・ノワゼット」とp131「ショコラ・カフェ・トンカ」の場合は6×6cmに切る。(写真は七連カッターを使用)

5
プラケットが反らないように上にOPPシートと天板をのせ、室温で固める。

ミルクチョコレートのプラケット

Plaquettes de chocolat au lait

材料(60×40cmの天板1枚分)
クーベルチュール(ミルク、カカオ40%)
couverture au lait　400g
＊ヴァローナ社「ジヴァラ・ラクテ」を使用。

1
上記「ビターチョコレートのプラケット」1〜3と同様に、テンパリングしたクーベルチュールをのばす。

2
ツヤが消え、固まり始める手前で、必要な大きさに切る。
＊p43「ムッシュー・アルノー」の場合は8×4cmに切る。

3
プラケットが反らないように上にOPPシートと天板をのせ、室温で固める。

デコール・ショコラ　　Décor chocolat

材料（2.5×26cm）
クーベルチュール（ビター、カカオ61％）
couverture noir　適量
＊ヴァローナ社「エキストラ・ビター」を使用。

1 p253「ビターチョコレートのプラケット」1〜3と同様に、テンパリングしたクーベルチュールをのばす。1枚2.5×26cmのOPPシートを使う。

2 ペティナイフの先でOPPシートを探り、端を持ってシートごとつまみ上げる。

3 チュイル型に沿わせて波の形に整える。

4 OPPシートをはがし、温めたペティナイフで好みの長さに切る。

ホワイトチョコレートのボール　　Boule chocolat blanc

材料（5.5cmの球形）
クーベルチュール（ホワイト）
couverture blanc　適量
＊ヴァローナ社「イヴォワール」を使用。

1 テンパリングしたクーベルチュールを、直径5.5cmの半球型いっぱいに流し入れる。側面を軽く叩いて空気を抜く。

2 型を下にして余分なクーベルチュールを落とす。

3 型の縁についたクーベルチュールを三角パレットでこそげ落とす。OPPシートを貼ったバットに伏せて室温で固める。

4 半球型からチョコレートをはずし、熱した天板に断面をあてて軽く溶かす。

5 断面同士をくっつけて球状にし、室温で固める。

ナッツ類

クラックラン・アマンド   Craquelin aux amandes

材料(作りやすい量)
水　eau　25g
グラニュー糖　sucre semoule　100g
アーモンドダイス　amandes hachées　100g

1
銅ボウルに水とグラニュー糖を入れて強火にかけ、118℃になるまで煮詰める。火を止めてアーモンドダイスを加える。

2
木べらで混ぜ合わせて全体を白く糖化させる。塊があれば、手でほぐす。

3
混ぜながら強火にかける。鍋肌の砂糖が溶け始めたら中火にし、ボウルを回しながらアーモンドを底からすくい上げるようにして混ぜる。時々火からおろして混ぜ、焦げるのを防ぐ。

4
全体がまんべんなく茶色になったら(アメになるギリギリ手前の状態)、バットに移して室温で冷ます。乾燥剤とともに密閉容器に入れて保存する。

クラックラン・ピスターシュ   Craquelin à la pistache

材料(作りやすい量)
ピスタチオ(皮なし)　pistaches　200g
グラニュー糖　sucre semoule　200g
水　eau　50g

1
ピスタチオを天板に広げ、150℃のコンベクションオーブンで約12分間、焼き色がつかない程度にローストする。

2
銅ボウルに水とグラニュー糖を入れて強火にかけ、118℃になるまで煮詰める。火を止めて1を加え、木べらで混ぜ合わせて全体を白く糖化させる。

3
ザルにあけて余分な糖をふるい落とす。塊があれば、指先でほぐす。
＊ピスタチオの色を生かすため、糖がつきすぎないように適度にふるい落とす。

4
オーブンペーパーを敷いた天板に広げ、120℃のデッキオーブンで30分焼く。そのまま捨て火のオーブンに一晩入れて乾燥させる。乾燥剤とともに密閉容器に入れて保存する。
＊低温で乾かすように焼いてピスタチオの色を生かす。

ノワゼット・キャラメリゼ

Noisettes caramelisées

材料（作りやすい量）
ヘーゼルナッツ（皮付き） noisettes　200g
水　eau　40g
グラニュー糖　sucre semoule　75g
バター　beurre　6g

1 ヘーゼルナッツを天板に広げ、160℃のコンベクションオーブンで約10分間ローストする。目の粗い網に取り、手のひらで転がして皮をむく。

2 銅ボウルに水とグラニュー糖を入れて強火にかけ、118℃になるまで熱する。火を止めて1を加え、木べらで混ぜ合わせて全体を白く糖化させる。塊があれば、手でほぐす。

3 中火にかけ、ボウルを回しながらヘーゼルナッツを底からすくい上げるようにして混ぜる。時々火からおろして混ぜ、焦げないようにする。糖がほぼ溶けたら火を止めてバターを加え、混ぜる。

4 粒のまま使用する場合は、バットに移してカード2枚で混ぜながら冷ましてから、手で1粒ずつばらす。きざんで使う場合は天板に広げて室温で冷ます。乾燥剤とともに密閉容器に入れて保存する。

アマンド・キャラメリゼ

Amandes caramelisées

材料（作りやすい量）
アーモンド（皮付き） amandes　200g
水　eau　40g
グラニュー糖　sucre semoule　75g
バター　beurre　6g

1 上記「ノワゼット・キャラメリゼ」1〜3と同様にしてアーモンドを糖化し、焦げないようにキャラメリゼする。バターを加え混ぜる。
＊アーモンドは160℃のコンベクションオーブンで約15分間ローストし、皮はむかない。

2 天板に広げて室温に冷ます。乾燥剤とともに密閉容器に入れて保存する。

ヌガチン・アマンド　　　Nougatine d'amandes

材料（作りやすい量）
グラニュー糖　sucre semoule　200g
水アメ　glucose　33g
水　eau　約15g
アーモンドダイス　amandes hachées　135g

1　アーモンドダイスを天板に広げて、色づく手前まで160℃のコンベクションオーブンで約15分間焼き、保温しておく。

2　銅ボウルに水アメとグラニュー糖を入れ、縁に水をかけてグラニュー糖を湿らす。木べらで混ぜながら加熱し、キツネ色に色づける。火を止めて1を加え、全体が白く泡立ってくるまで混ぜる。

3　シルパットに2を流し、上にもシルパットをかぶせてめん棒を転がし、薄く平らにする。そのまま冷ます。

4　包丁で約3㎜角にきざむ。乾燥剤とともに密閉容器に入れて保存する。

ヌガチン・グリュエ　　　Nougatine grué

材料（60×40cmの天板1枚分）
バター　beurre　125g
グラニュー糖　sucre semoule　150g
NHペクチン　pectine　2.5g
牛乳　lait　50g
水アメ　glucose　50g
カカオニブ　grué de cacao　150g

1　バターを中火で溶かし、火を止めて水アメを加える。弱火にかけ、溶けたら混ぜ合わせたグラニュー糖とペクチンを加えて泡立て器でざっと混ぜる。火を止め、クリーム状に乳化するまで混ぜる。
＊しっかり乳化していないと、焼き上げた時にもろくなる。

2　弱火にかけ、人肌に温めた牛乳を加えて混ぜる。

3　均一に乳化したら、へらに持ち替えてさらに混ぜる。火を止めてカカオニブを加え、混ぜ合わせる。
＊素材を加える際に温度が下がりすぎないよう、混ぜる前に弱火にかけ、温度を上げておく。

4　大理石の台にオーブンペーパーを広げ、そこに3を流し、上にもオーブンペーパーをかぶせる。金属製のめん棒を転がしてペーパーと同じサイズに薄くのばす。天板にのせ、ショックフリーザーで冷やし固める。

5　上のオーブンペーパーをはがして、160℃のコンベクションオーブンで15分間焼く。網にのせて室温で冷ます。大きめに割り、乾燥剤とともに密閉容器に入れて保存する。

ナパージュ

ナパージュ・ヴァニーユ　　Nappage vanille

材料(作りやすい量)
ナパージュ・ヌートル*　nappage neuter　250g
ヴァニラペースト　pâte de vanille　1g
*アルディア「フリュジェルヌートル」を使用。

1　ナパージュ・ヌートルとヴァニラペーストを混ぜ合わせる。

ナパージュ・ア・ラ・ヴァニーユ　　Nappage à la vanille

材料(作りやすい量)
ナパージュ・ヌートル*　nappage neuter　250g
水　eau　50g
ヴァニラペースト　pâte de vanille　0.6g
*ピュラトス「ハーモニー・スブリモ・ヌートル」を使用。

1　すべての材料を混ぜ合わせる。

ナパージュ・スブリモ　　Nappage "sublimo"

材料(作りやすい量)
ナパージュ・ヌートル*　nappage neuter　300g
基本のシロップ(p250)　base de sirop　30g
*ピュラトス「ハーモニー・スブリモ・ヌートル」を使用。

1　すべての材料を混ぜ合わせる。

アプリコットのナパージュ　　Nappage abricot

材料(作りやすい量)
アプリコットのナパージュ　nappage d'abricot　200g
水　eau　40g
*アプリコットのナパージュは市販品。

1　鍋にアプリコットのナパージュと水を入れて火にかけ、へらですくい上げた時に、ゆっくりたれながら固まるくらいの濃度になるまで煮詰める。

2　漉して温かい状態で使用する。

グラサージュ、フロッカージュ

グラサージュ・ミロワール・ショコラ　　Glaçage miroir chocolat noir

材料（作りやすい量）
グラニュー糖　sucre semoule　416g
カカオパウダー　cacao en poudre　167g
水　eau　250g
生クリーム（乳脂肪35％）
crème fraîche 35% MG　250g
板ゼラチン　gélatine en feuilles　25g

1　カカオパウダーとグラニュー糖を泡立て器で混ぜ合わせる。

2　銅ボウルに水と1を入れて中火にかけ、ダマがなくなるまで混ぜる。へらに持ち替え、絶えず混ぜながら沸騰させる。
＊焦げやすいので注意。

3　火を止めて生クリームを加え、混ぜる。中火にかけ、混ぜながら再沸騰させる。

4　火を止めて板ゼラチンを加え、混ぜ溶かす。

5　漉して深い容器に入れ、スティックミキサーでなめらかになるまで撹拌する。ラップを密着させてかけ、冷蔵庫で一晩休ませる。

6　35℃に温めてグラサージュを溶かし、スティックミキサーでなめらかな乳化状態にもどしてから使う。

グラサージュ・ブロンド　　Glaçage blonde au chocolat

材料（作りやすい量）
パータ・グラッセ（ミルク）　pâte à glacer　460g
クーベルチュール（ビター、カカオ61％）
couverture noir　183g
サラダ油　huile végétale　69g
＊パータ・グラッセはカカオバリー社「パータ・グラッセ・ブロンド」を、クーベルチュールはヴァローナ社「エキストラ・ビター」を使用。

1　パータ・グラッセ、クーベルチュール、サラダ油をボウルに入れ、湯煎にかけて溶かす。約35℃に調整する。

2　使用時は、約35℃に温めてからスティックミキサーでなめらかな乳化状態にもどす。

チョコレートとキャラメルのグラサージュ　　　　　　　　　　　Glaçage miroir chocolat au lait et au caramel

材料(作りやすい量)
グラニュー糖　sucre semoule　180g
生クリーム(乳脂肪35％)
crème fraîche 35% MG　180g
基本のシロップ(p250)　base de sirop　50g
カカオバター　beurre de cacao　6g
クーベルチュール A (ホワイト)
couverture blanc　72g
クーベルチュール B (ビター、カカオ分61％)
couverture noir　72g
粉ゼラチン　gélatine en feuilles　6g
水　eau　30g
＊クーベルチュール A は「イヴォワール」、B は「エキストラ・ビター」(いずれもヴァローナ社)を使用。

1
銅ボウルにグラニュー糖の⅕量を入れて弱火にかけ、泡立て器で混ぜながら溶かす。ほぼ溶けたらまた⅕量を加え……と繰り返す。すべて溶けたら強火にして混ぜながら焦がす(キャラメル・ア・セック)。

2
並行して、別鍋に生クリームと基本のシロップを入れ、沸騰直前まで温める。絶えず混ぜながら1に注ぎ入れる。水でふやかした粉ゼラチンを加え、混ぜ溶かす。

3
湯煎にかけて⅔程度溶かしたホワイトチョコレート、ビターチョコレート、カカオバターに2を漉し入れる。

4
泡立て器で中心からすり混ぜ、徐々に広げて均一になるまで全体を混ぜる。深い容器に移し、スティックミキサーでツヤが出て、なめらかになるまで乳化させる。ふたをして冷蔵庫で保存する。

5
使用時は、グラサージュを35℃に温めて溶かし、スティックミキサーでなめらかな乳化状態にもどす。ボウルごと台に軽く打ちつけ、空気を抜く。

キャラメルとコーヒーのグラサージュ　　　　　　　　　　　Glaçage caramel café

材料(作りやすい量)
チョコレートとキャラメルのグラサージュ
glaçage chocolat au lait et au caramel　500g
パート・ド・カフェ (p250)　pâte de café　25g

1
チョコレートとキャラメルのグラサージュを35℃に温め、パート・ド・カフェを加えて混ぜ合わせる。スティックミキサーでなめらかになるまで乳化させる。ボウルごと軽く台に打ちつけて空気を抜く。

キャラメルのグラサージュ

Glaçage au caramel

材料(作りやすい量)
グラニュー糖 sucre semoule 278g
生クリーム (乳脂肪35%)
crème fraîche 35% MG 230g
コーンスターチ fecule de maïs 18g
板ゼラチン gélatine en feuilles 11g

1
p260「チョコレートとキャラメルのグラサージュ」1〜2の要領で、グラニュー糖でキャラメルを作り、別鍋で生クリームを沸騰直前まで温める(ただし、グラニュー糖は1/6ずつ加える)。

2
生クリームをキャラメルに、絶えず混ぜながら注ぎ入れる。沸騰状態を保つこと。

3
ボウルにコーンスターチと少量の2を入れて泡立て器でよく混ぜる。2に加えて再度沸騰させる。

4
火を止めて80℃まで冷めたら板ゼラチンを加えて混ぜる。深い容器に移し、スティックミキサーでツヤが出てさらりとした状態になるまで乳化させる。ふたをして冷蔵庫で保存する。

5
使用時は、約35℃に温めてからスティックミキサーで攪拌してなめらかな状態にもどす。

グラサージュ・ショコラ・ベージュ

Glaçage beige au chocolat

材料(作りやすい量)
生クリーム (乳脂肪35%)
crème fraîche 35% MG 283g
板ゼラチン gélatine en feuilles 3.8g
クーベルチュール(ブロンド、カカオ35%)
couverture blonde 500g
ナパージュ・ヌートル napage neuter 190g
＊クーベルチュールはヴァローナ社「ドゥルセ」を使用。ブロンド色とビスケットを思わせる風味が特徴。

1
生クリームを沸騰させて火を止め、板ゼラチンを加えて混ぜ溶かす。

2
湯煎にかけて2/3ほど溶かしたクーベルチュールに、1を3回に分けて加え、そのつど泡立て器で中心からすり混ぜて全体を均一に混ぜる。

3
全体が均一に混ざったら深い容器に移し、ナパージュ・ヌートルを加えて混ぜる。スティックミキサーでツヤが出てなめらかになるまで乳化させる。ふたをして冷蔵庫で保存する。

4
使用時は、約35℃に温めてからなめらかな状態に戻す。

ビターチョコレートのフロッカージュ　　Flocage de chocolat noir

材料(作りやすい量)
クーベルチュール(ビター、カカオ61%)
couverture noir　400g
カカオバター　beurre de cacao　200g
＊ヴァローナ社「エキストラ・ビター」を使用。

1
クーベルチュールとカカオバターをボウルに入れ、湯煎にかけて混ぜ溶かす。使用時に約50℃に調整する。

ピスタチオグリーンのフロッカージュ　　Flocage de cocolat blanc coloré

材料(作りやすい量)
クーベルチュール(ホワイト)
couverture blanc　400g
カカオバター　beurre de cacao　280g
色粉(緑、黄、赤)
colorant (vert, jaune, rouge)　適量
＊ヴァローナ社「イヴォワール」を使用。

1
クーベルチュールとカカオバターを湯煎にかけて混ぜ溶かす。3種の色粉を色合いを見ながら加え、ピスタチオグリーンに色づける。使用時に約40℃に調整する。
＊色粉はそれぞれ10倍のキルシュで溶く。

フルーツ、飾り用パーツ

オレンジの皮のコンフィ
Écorces d'orange confites

材料(作りやすい量)
オレンジの皮　zestes d'orange　2個分
基本のシロップ(p250)　base de sirop　適量

1
オレンジの皮を波刃のペティナイフで円形に薄くそぎ、水に浸ける。
＊p43「ムッシュ・アルノー」用に皮を丸むく。初めと終わりは力を入れず、真ん中あたりで力を強く入れてそぐと、縁が薄くなってコポーのように丸まった表情が出る。

2
鍋にたっぷりの水とオレンジの皮を入れる。強火にかけ、沸騰したらザルにあけてゆでこぼし、水でさっと洗う。もう一度繰り返す。

3
鍋に基本のシロップと2を入れて火にかける。軽く煮立った状態で4分間ほど加熱する。縁が軽く丸まったら火を止め、室温で冷ます。

4
シロップに浸けたまま保存し、キッチンペーパーで汁気をよく取ってから使用する。

オレンジの皮のジュリエンヌ
Écorce d'oranges julliennes confites

材料(作りやすい量)
オレンジの皮　zestes d'orange　2個分
基本のシロップ(p250)　base de sirop　適量

1
オレンジの皮をエコノムで薄く、長くむく。裏の白い部分はペティナイフで削ぎ落とし、細いせん切りにする。

2
鍋にたっぷりの水と1のオレンジの皮を入れる。火にかけ、沸騰したらザルにあけてゆでこぼし、水でさっと洗う。もう一度繰り返す。

3
鍋に2とひたひたの基本のシロップを入れて火にかける。沸騰したら弱火にして4分間ほど煮る。室温で冷ます。

4
シロップに浸けたまま保存し、キッチンペーパーで汁気をよく取ってから使用する。

スパイス風味のグリオットのマセレ Griottes macerées aux épices

材料(作りやすい量)
グリオット(冷凍)　griottes　330g
水　eau　160g
グラニュー糖　sucre semoule　195g
フランボワーズのピュレ
purée de framboise　33g
クローヴ　clou de girofle　1g
シナモンスティック　bâton de cannelle　2.5g
スターアニスパウダー
anis étoile en poudre　0.5g

1　クローヴ、シナモンスティック、スターアニスパウダーをお茶出し用パックに入れる。

2　鍋に水、グラニュー糖、フランボワーズのピュレ、1を入れて火にかける。沸騰したら火を止め、ふたをして5分間アンフュゼする。

3　グリオットを冷凍のままボウルに入れ、2を注ぐ。ラップをかけて冷蔵庫で一晩漬ける。

4　汁気をきってから使用する。

デコレーション用粉糖 Sucre décor

材料(作りやすい量)
粉糖　sucre glace　150g
デコレーション用粉糖*　sucre décor　350g
＊プードル・デコール(市販)を使用。

1　粉糖とデコレーション用粉糖を合わせてふるう。

◎市販のデコレーション用粉糖だけでは粉っぽいため、粉糖を加えて使用する。

基本の動作

パート・シュクレのフォンサージュ

セルクルに敷き込む場合
(直径6.5cm、高さ1.7cmのセルクルを使用)

準備
セルクルの内側にポマード状にしたバターを指で薄くぬっておく。

1 パート・シュクレを厚さ2.75mmにのばし、セルクルよりふた周り大きな円形(直径8.5cm)に抜く。抜いた生地は冷蔵庫で冷やす。

2 生地に打ち粉をし、手のひらにのせて手の温度を利用してしなやかな状態にする。

3 セルクルの真上に生地をかぶせ、型を両手で少しずつ回しながら、親指で生地を型の底まで送り込む。この時、型が台から浮かないようにする。

4 型の底と側面の角に親指をあて、生地を角まできれいに敷き込む。逆の手で型を回し、1周行なう。
＊角まで生地が入っていないと、焼成の際に側面の生地が溶け落ちて割れてしまう。

5 バットにのせて冷蔵庫で冷やしたあと、型の上にはみ出た余分な生地をペティナイフでそぎ落とす。

6 カカオパウダー入りのパート・シュクレの場合は、グルテンのつながりが弱いので、よりていねいに敷き込む。

カードルに敷き込む場合
(6×6cm、高さ2cmのカードルを使用)

準備
カードルの内側にポマード状にしたバターを指で薄くぬっておく。

1 パート・シュクレ(写真はカカオパウダー入り)を厚さ2.75mmにのばし、1個あたり23×2cmと5.3cm角に切った生地を1枚ずつ用意する。冷蔵庫で冷やす。

2 23×2cmの生地に打ち粉をまぶし、手のひらにのせて手の温度でしなやかにする。カードルの側面にすき間のないように生地を貼りつける。角は打ち粉をつけた竹串でしっかり押し込む。

3 重なった部分を1〜2mm残し、余った生地をペティナイフで切り落とす。指で重なった部分の厚さを整える。

4 5.3cm角の生地に打ち粉をし、手の温度でしなやかにしてから3の中に敷き、側面の生地と接着させてきれいな角を作る。底が浮かないように平らに敷き込む。この時、型が台から浮かないようにする。

5 バットにのせて冷蔵庫で冷やしたあと、型の上にはみ出た余分な生地をペティナイフでそぎ落とす。

タルトの生地を焼く／空焼きの準備

1 天板にシルパンを敷き、生地をフォンサージュした型を並べる。アルミカップをぴったり敷いて重石を入れて焼く。
＊アルミカップが側面に敷いた生地より高くなると生地がつぶれるので、型の内径に合わせてあらかじめ切り揃えておく（直径6.5cm、高さ1.7cmのセルクルの場合は直径8.7cmの円形に切る）。

2 焼き上がったら重石とアルミカップをはずし、室温で冷ます。

天板にOPPシートを貼る

1 天板やバットにアルコールを噴きつける。

2 OPPシートをピンと張って敷き、上からカードでこすって空気を抜く。

シャブロン型を使って生地をならす

1 作業台にオーブンペーパーを敷き、シャブロン型をのせる。型の内側に生地を流し入れる。

2 パレットナイフでざっと平らにならす。

3 型からあふれた生地を取り除きながら、バールや平刃包丁のように平らなものを手前から奥へ、奥から手前へとすべらせて平らにする。

4 シャブロン型を静かにはずし、オーブンペーパーごと天板にすべらせるようにのせる。

天板から生地をはずす／生地を裏返す

1
焼き上がった生地と天板の間にペティナイフを刺し入れ、生地を切り離す。

2
上にオーブンペーパーをかぶせて網をのせる。

3
網ごと裏返して上の天板をはずす。

4
生地についているオーブンペーパーをはがす。

5
4ではがしたところにオーブンペーパーをのせて天板をかぶせ、天板ごと裏返す。上の網とペーパーをはずす。

生地をそぎ落とす／生地の厚さを揃える

1
生地の底面や焼き面をそぎ落とす際は、波刃包丁で薄くそぎ落として表面を整える。

2
厚みを揃えてスライスする際は、必要な高さのバールを生地の両サイドに添え、その高さに合わせて波刃包丁でそぎ落とす。

3
生地は目的の大きさに切り分けたり、型抜きしてからそぎ落とすと厚さにバラつきが出ない。生地を並べて両サイドにバールを添え、その高さに合わせて波刃包丁でそぎ落とす。

菓子を切り分ける

1 菓子を切り分ける際は、平刃包丁をバーナーで軽く温め、まず上の層にだけ切り込みを入れる。
＊表面にヒビが入ったり、ガルニチュールが飛び出したりするので、下まで一気に切らない。

2 波刃のペティナイフに持ち替える。バーナーで軽く温めてから、目印として側面にカードを浮かせた状態で当てながら、それに合わせて菓子に対して垂直に約5mmの切り込みを入れる。

3 平刃包丁をバーナーで軽く温め、下まで完全に切り分ける。

柑橘類の皮をすりおろす

1 柑橘の皮は目的に応じて細かく、または粗くすりおろす。風味を強く出したい時は目が細かいグラインダー(写真右)を、香りだけをプラスしたい時は目が粗いグラインダー(左)を使ってすりおろす。

目の粗いグラインダーは「マイクロプレイン・フードグレーター」を使用。表皮だけをすりおろせる。

細かい仕事を積み重ねる

「パリセヴェイユ」のお菓子作りの工程が多いのには、譲れない理由があります。たとえば、ガナッシュ。なめらかな舌触りや口溶けのために、絶対に必要なのは乳化です。まず、生クリームと混ぜ合わせた時に40℃になるよう、配合によってクーベルチュールの溶かし具合を見極めながら、あらかじめ溶かしておきます。そして、クーベルチュールに対してまず1/2量の生クリームを加え、泡立て器ですり混ぜて乳化させたのち、スティックミキサーを使ってさらになめらかな乳化状態を作ります。それから残りの生クリームを加え、同じように乳化。一度に生クリームを加えるのではなく、まず半量を混ぜてベースを作ってから二段階に分けて加えることで、確実で質の高い乳化が得られるというわけです。

また、「ムッシュ・アルノー」に登場するクレーム・シャンティイ・ショコラも、生クリー

Un jour de Paris S'éveille

パリセヴェイユの日常

「パリセヴェイユ」の朝は、毎日5時から始まります。厨房で次々に仕上げていくお菓子やヴィエノワズリーを、店頭のスタッフが受け取り、まだ薄暗い店内の棚に手際よく並べていく……。そんな1日の中で一番静かで、凝縮した時間がとても好きなのです。大きな窓から店の中をのぞくと、アンティーク調の大きな陳列台に焼き菓子やパンがおいしそうに並び、古いお菓子の型や道具がやさしい趣きを漂わせています。生菓子は少し洗練された装いで、かつ、ナチュラルにすっきりと。私が思い描く日常の中の上質が、そこにあります。

写真左から吉田昇平、後生川秀治郎、伊興田健人、佐藤光星、稚田健人、中本遼太、竹林奈緒、佐藤徹、片山美咲、武良遥香、高橋リサ、金子美明、大須賀千波、本田真実、岡澤高志、中澤紘平、尾藤貴史、伊丹友哉

チーム・パリセヴェイユ

　2003年。「パリセヴェイユ」を始めるにあたり、私はフランスに渡る前から住み、慣れ親しんでいた東横線の自由が丘を選びました。自分を含めたった8名で始めたパティスリー。やってもやっても終わらない仕事、それなのに店の経営は成りたっていない、これは大変なものを抱え込んでしまった、と思いました。あれから13年、今では20名を抱えるパティスリーとなり、この写真を見ながら少し誇りに思います。
　この店を始めるまで、店はほとんどシェフの力で動くものと思っていました。でもここにはまぎれもなく20名のチームがあります。私が時々自分の引き出しを開いては想像をふくらませ、それが無理難題であればあるほど右腕である佐藤は喜ぶ。そして二人のやりとりでさらにふくらんだものは、いつしか初めは想像もしなかった形へと変わります。その細部までがきちんと伝わるように、スタッフには極力1対1で、細かいニュアンスが伝わるように話をします。そしてこの写真に写るスタッフたちは、自分の得意分野を駆使してその難問に取りかかります。こうしてでき上がったものがお客さまの手に渡った時、きっと彼らは嬉しいはず。いや、すでに幾度となくその経験をこのパリセヴェイユでしてきたはずです。
　ここに写るチームの一員が苦しいことをも楽しみ、大きく成長してくれることを願います。お客さまが来てくださる。それが私たちの結果なのですから。

私に創作する楽しさを教えてくれた人たちへ

　あるデザイン事務所で仕事をしていた20代の頃、誰がこのデザインを見るとも知れない、小さな仕事の山に追われながら腐っている私の姿を見て、事務所の先輩であるディレクターが、自分の若い頃の作品ファイルを見せてくれました。私の作品同様、名刺やらマッチ箱のデザインやら、時にはスーパーのチラシなど小さな仕事ばかり。でも彼の作った名刺はどれもカッコよく、小さなマッチ箱ですら「これは取っておきたい」と思う魅力的なデザインで、その小さな仕事のためにどれだけの時間をかけたのかが伺えるものばかりなのです。そのちっぽけな仕事には、今や著名となった彼の、誰の記憶にも残るテレビコマーシャルに注ぐ力の入れようとなんら変わらない意欲を感じました。

　私は、どんな仕事、どんな職場にもポジティブな部分とネガティブな部分があると思います。どんなことも、楽しさを見つけられれば、その仕事は意欲的なものになり、楽しみに変わり、その結果魅力的なものへと発展してゆきます。20代に出会ったそのディレクターにとって、誰の手に渡るかわからない小さな名刺1枚のデザインも、彼が今世に送り出している、巨額な費用と万全のスタッフとキャストで作られるコマーシャルも、なんら変わらず楽しめる要素を持った作品作りだったのです。つまり、よいものを作る人はどんな仕事でもどんな場所（職場）でも、魅力的なものへと変える力のある人なのです。「自分だってこの華やかな大きな仕事をあずけてくれればカッコいいデザインに仕上げられるのに」と思いながら、地味な名刺のデザインに嫌気がさしていた私に、彼はもの作りの真髄を教えてくれました。

　スタッフには「店（会社）は社長のものではなく、そこに参加するすべての人のものだ」とよく言っています。今、目の前にあるものに精一杯の思いを込めて楽しめない人に、壮大な仕事をこなす舞台が現れても、人を感動させるものは生まれません。楽しむどころか、その重圧に押しつぶされてしまうことでしょう。

　構想から2年、本を制作するという重大な仕事をいただき、私はもの作りを心から楽しんでいるその道のプロ達と仕事をすることができました。「味」という想像の世界を言葉に落とし込む難問に取り組んでくれた瀬戸理恵子さん、私の菓子をいつも美味しそうに撮ってくれる大好きなカメラマン合田昌弘さん、いつも気を抜かず、ある時は我々のわがままを聞きながら、一つのものにまとめ上げてくれた編集の鍋倉由記子さん、菓子のイメージを最大限に生かすよう細部にまで気を配ってくれたデザイナーの成澤豪さん。そして、いつも100の要求を120で返してくれる私の右腕の佐藤徹。そして彼が投じる無理難題を、撮影が円滑に進むよう万全の体制を整えてくれた「パリセヴェイユ」のスタッフ達、いつ何時も大きく構えていてくれる妻に心から感謝を述べます。

2016年9月
金子美明

金子美明 Yoshiaki Kaneko

1964年千葉県生まれ。80年に「ルノートル」（東京・池袋。現在は閉店）入社。「パティスリー・ポン・デザール」（名古屋）などを経て、デザイナーを志し、松永真デザイン事務所へ。7年にわたりグラフィックデザインに従事する。94年、再び菓子の世界へ。「レストラン・パッション」（東京・代官山）に入り、98年より「ル・プティ・ブドン」（東京・代官山。現在は閉店）のシェフ・パティシエを務める。99年渡仏し、「シュクレ・カカオ」、「ラデュレ」（以上パリ）、「ル・ダニエル」（レンヌ）、「アルノー・ラエール」、「アラン・デュカス・ホテル・プラザ・アテネ」（以上パリ）、「パトリック・ロジェ」（ソー）などで経験を積む。2003年帰国し、「パリセヴェイユ」シェフ・パティシエに就任。09年よりオーナーシェフとなる。13年には「オ・シャン・デュ・コック」をフランス・ヴェルサイユにオープン。

パリセヴェイユ
東京都目黒区自由が丘2-14-5　電話／03-5731-3230
営業時間／10:00 〜 20:00（年中無休）

金子美明の菓子
パリセヴェイユ

初版発行	2016年9月10日
5版発行	2025年5月30日
著者©	金子美明　Yoshiaki Kaneko
発行者	丸山兼一
発行所	株式会社柴田書店
	〒113-8477　東京都文京区湯島3-26-9 イヤサカビル
	営業部　03-5816-8282（注文・問い合わせ）
	書籍編集部　03-5816-8260
	https://www.shibatashoten.co.jp
印刷	TOPPANクロレ株式会社
製本	大口製本印刷株式会社

本書収録内容の無断掲載・複写（コピー）・データ配信等の行為は固く禁じます。
乱丁・落丁本はお取替えいたします。

ISBN 978-4-388-06246-1
Printed in Japan